U0487412

清水江研究丛书 第一辑 张应强 / 主编

人神之间

湘黔桂界邻地区飞山公信仰研究

罗兆均 / 著

社会科学文献出版社
SOCIAL SCIENCES ACADEMIC PRESS (CHINA)

本书的研究和出版承蒙

中山大学历史人类学研究中心承担的国家社科基金重大项目“清水江文书整理与研究”（批准号：11&ZD096）

教育部人文社科重点研究基地重大项目“山地、流域与族群社会：西南民族地区的生态、文化多样性与社会变迁研究”（批准号：17JJD850004）

国家社科基金青年项目“渝湘黔界邻民族地区多元宗教文化互动与乡村治理创新研究”（批准号：18CMZ019）

资助

总　序

以一条江来命名一套研究丛书，确实需要做些说明。

贵州东南部的清水江，是洞庭湖水系沅水上游支流之一，亦名清江。清雍正年间设置的“新疆六厅”，其中就有因江而名的清江厅。历史上因江清而名的江河或相应治所不在少数，至今湖北西部仍有清江；民国初年改清江厅置县，也因与江西清江县重名而改名剑河县。清水江之名则渐至固定，用以指称这条源出贵州中部苗岭山脉、迤逦东流贯穿黔东南苗族侗族自治州多个市县的河流。

清水江是明清时期被称为“黔省下游”广阔地域里的一条重要河流，汇集区域内众多河流，构成了从贵州高原向湘西丘陵逐渐过渡的一个独特地理单位。特别是在清水江中下游地区，气候温暖、雨量充沛且雨热同期的自然条件，非常适于杉、松、楠、樟等木植的生长。是以随着明代以来特别是清雍正年间开辟“新疆”之后的大规模区域经济开发，清水江流域尤其是中下游地区，经历了以木材种植和采运贸易为核心的经济发展与社会历史过程。以杉树为主的各种林木的种植与采伐，成为清水江两岸村落社会最为重要的生计活动，随之而来的山场田土买卖、租佃所产生的复杂土地权属关系，杉木种植采运的收益分成以及特殊历史时期发生于地方社会的重大事件等，留下了大量契约文书及其他种类繁多、内容庞杂的民间文献。基于对清水江流域整体性及内在逻辑联系考虑，我们把这些珍贵的主要散存于清水江中下游地区的汉文民间历史文献统称为“清水江文书”，这一命名得到了学界的普遍认可和采用。不过需要进一步说明的是，与其说这种整体性及内在逻辑联系是一个客观事实或既有认识，毋宁说是一种理论预设，正需要通过精细个案研究去加以探索与论证。这可以说是组织这套丛书的一个最单纯直接的因由，也是本研究丛书出版希望可以达致的一个目标。

具有现代学术意义的对于清水江流域的深度关注和系统研究，吴泽霖先生或为开先河者，1950 年代完成调查并成书的《贵州省清水江流域部份地区苗族的婚姻》是重要代表作。而后 1960 年代由民族学者和民族事务工作者所进行的少数民族社会历史调查，也直接在清水江下游的苗侗村寨收集整理了一定数量的民间文书，并于 1988 年整理编辑出版了《侗族社会历史调查》。正是在这些已有的学术探索和积累的基础之上，笔者开始关注这个区域的材料和问题，并在 2000 年真正进入清水江流域开展调查研究工作。如果说两三年成稿、后经修订出版的《木材之流动：清代清水江下游地区的市场、权力与社会》，是对区域社会文化发展历史进程的综观式考察，那么其后继续推进的相关学术工作，包括清水江文书的收集、整理与研究，以及指导研究生在清水江两岸及更大地域范围的苗乡侗寨开展人类学田野调查等，则可视为既带有某种共同关怀，又因田野点不同或研究意趣迥异而进行的学术尝试。

或许，“清水江研究”可视为一个学术概念，一种其来有自的学术理念传承发展的研究实践，是围绕共同主题而研究取向路径各异的系列工作成果，也是在特定地域范围内密集布点开展深入田野调查，同时充分兼顾历史文献收集解读的研究范式探索。事实上，要想对这些论题多样、风格各异的研究进行总括性的介绍与评述，不仅徒劳而且多余，其间确有误解误读乃至抹杀不同研究独到见解及学术贡献的可能风险。因此，围绕以“清水江研究”名之的这套丛书，余下的就是这个研究群体在实践、交流、互动过程中遵循的原则或认可的价值，以及一些不同研究渐至形成的共识，可在此言说一二。

当我们把“清水江研究”看作一个整体，自然首先是清水江流域可视为一个整体。流域绝非一个纯粹的自然地理概念，流域的历史亦非单纯的自然史，而是与人类的活动交织和纠缠在一起。是以当我们在清水江流域不同地点开展田野工作，这些工作本身即包含了某种内在的共同性。这是显而易见的，构成了我们以为必然存在的整体性的最基础部分。这是流域内干支流水道网络形成的自然条件影响（支持或约束）人们实践活动的基本方面。其次，从政治、经济、社会、文化等层面，我们也不难看到，特定地域在其历史发展进程中形成了或者说呈现出某些共同的特性。如果说“新疆六厅”的设置，标志着地域社会进入王朝国家的政治体系，那么以杉木贸易为核心的区域经济社会生活，更是充分地表现出一种共同性和一致性。当原有的社会组织、社会制度在共同面对王朝国家的制度性介入，以及经济生活中出现一些适应市场机制的制度规范的时候，我们也看到了社会文化层面的某些同步改变与整合。这是一幅生动而丰富的历史画卷，如果说国家治理和市场经济共同构成了画卷材料的经纬或质地，那么杉木的种植与采运则是清水江故事的基本底色。

这样的一种整体性也具体体现在每个基于精细田野调查与深度文献解读的个案研究中。诚然，每项具体研究都自成一体，都有其自身的整体性，且这种整体性是由各自的问题意识以及相关材料的收集和运用所决定的。无论是聚焦山居村寨与人群以杉木种植为核心的经济社会生活，还是着重考察临江村落木材采运贸易的制度运转或人群竞争；也无论是对一个特定苗寨侗村日常生活深入细致的观察与剖析，还是多个相邻相关村寨复杂人群构成及相互关系的历时性比较；亦无论是从婚姻缔结及婚俗改革等传统主题入手探讨社会文化变迁，还是洞悉传统社会组织延续与转型对当下社会生活的意义赋予等，都无不明显呈现出各自的整体性。实际上，这也都是由整个流域整个区域的某种内在整体性所决定的。特别是当我们把“清水江研究”这样一个概念，扩展到超越了清水江流域，而包括了相邻的都柳江流域、舞阳河流域乃至下游的沅水干流等其他一些相关地区的时候，背后所考虑的其实也正是由清水江研究所引出的一些基本问题及某些内在的关联性或者说一致性。

编入“清水江研究丛书”、主要基于不同乡村聚落长期深入的田野调查的这些研究，在某种程度上可视为中国传统人类学关于乡村社区研究的一种延续。这一传统可以追溯到被誉为社会人类学中国时代的20世纪三四十年代。吴文藻先生曾强调，社区研究应结合空间的内外关系和历史的前后相续。正如有学者在回顾和反思后来的一些研究时所指出的，在实际的研究过程中往往存在不无偏颇的情况，即将中国乡村社区看成是不太受外界影响的一个整体，以致缺乏对乡村社会的历史性以及内外关系体系等的整合性考虑。在这个意义上，“清水江研究丛书”所涉及的不同村寨，虽说它们都是清水江流域整体的某些局部，但这样的一些局部，又是镶嵌在整个区域社会乃至中国社会文明的一个更大的系统之中的。故此，这些研究实践所带出的关于清水江流域的总体认识，同时提供了看待整个清水江流域如何进入中华文明系统的独特视角。这绝非简单的局部与整体关系、局部如何说明和构成整体、整体又如何在局部里面得以体现的问题，实际上涉及我们所践行的历史人类学研究如何兼顾内外关系和过去现在的方法论视角。

田野工作的重要性已无须再予强调，富有挑战性的是不同的田野点都或多或少地保留了清代以来的各类民间文献。当结合这些文献资料和田野调查以了解某一历史过程中的具体事件及特定人物时，不仅作为史料的各种文献的建构过程值得进行深入的发覆，而且作为历史主体的人的活动，以及历史事件在他们身上留下的痕迹等，都成为田野调查时需要高度的敏感性才能有所觉察和了解的。也因此之故，将过去与现在联结起来的历史民族志就成为“清水江研究”的基础性工作。它不仅是书写村落社会历史甚或“创造”其历史的独特方法，而且是探索和丰富历史人类学取向的有学术积累意义的研究实践。相信这些立足于精细个案及丰富材料，又富含区域和全局关怀的非常有层次感的民族志，都从不同的侧面充分展现了人、社会、自然关系的复杂性与多样性。

“清水江研究丛书”作为一个研究团队在中国历史人类学研究十分难得的试验场的系列工作成果，不能不说也得益于非常系统而完整的清水江文书的遗存。这一由民间收藏、归户性高、内在脉络清晰的民间文书，显然不只具有新史料带出新问题这种陈旧观念所能涵纳的一般意义，其更重要的价值在于提供了完整看待一个地方社会发展历程的全新眼光和别样视野，带给研究者一个回到历史现场的难得机会，帮助我们把探索的触角延伸到非常生动具体的过去，回到文书所关涉的那样一些特定历史时刻的社会生活之中。尤其是在清水江文书呈现出来的文字世界里，既可看到地方人群对主流文化的认同，也可见到在与文化他者的复杂关系中对自身主体性的确立。因此之故，结合深入细致的历史田野工作，我们可以真切感受到清水江文书中包含的极具地方性的思想意识和历史观念，同时也获得了探索特定地域社会动态发展极富价值的历史感和文化体验。

不难发现，在不同专题研究的民族志材料中，均以具体而鲜活的人的历史实践活动为中心，并且饱含研究者真实而丰富的同情之理解。我们的研究都建基于一个个既有共性又个性鲜明的村寨的田野工作，尤其是其中具体的人的实践活动，是探寻国家制度影响、了解不同人群互动交融、理解社会文化历史建构的根本着手点。在某种意义上来说，田野工作的深度不仅关乎对作为一个整体的区域社会的了解认识，更直接影响到立足历史文化过程生动细致描述的历史民族志的独特价值和魅力展现。可喜的是，在“清水江研究丛书”中，在研究者为我们呈现的栩栩如生、极富画面感的历史情境的描述中，不仅可以见到研究者与对象社会人群真情实感的互动与共鸣，还饱含了研究者对对象社会人群思想观念和表述习惯的充分尊敬和理解。或许，正是这样细致有力量感的民族志决定了这些研究的基本学术价值。至于是否在此基础上建立和发展起有关西南地区甚或中国社会历史文化的新视角和新范畴，以及在这样带有方向性的学术努力中贡献几何，则作者自知，方家另鉴。

张应强

2018 年初秋于广州康乐园马丁堂

目　录

CONTENTS

图表目录

导　言

湘黔桂界邻区域地处云贵高原东南斜坡的苗岭山脉向湘西南及桂北的丘陵、盆地过渡地段。在其山地与溪河相间的自然地貌上，一座座或雄伟庄严或小巧朴实的飞山庙矗立于幽静的田间地头或流水潺潺的溪河沿岸。穿着不同服饰的被以侗、苗、汉等族群标识的民众，在不同时空之下对飞山庙专祀神明飞山公杨再思顶礼膜拜。其香火历经多个朝代并绵延至今，已成为民众宗教文化生活中重要的组成部分，对该区域社会下的民众生产生活产生了极其重要的影响。本书试图以介于人神之间的飞山公杨再思为主线，呈现区域历史演变下的具有多样性、复杂性、地方性等特征的地域社会。

湘黔桂界邻地区，曾是历代中央王朝开疆拓土的边疆之地，历经唐宋以来的从“化外之地”到“入版图者存虚名，充府库者无实例”的历程，至明、清时期，中央王朝经过大力开拓才基本实现真正的统治，明洪武时期就有“自归附圣朝以来，俱入版籍，纳税当差，咸遵王化”等记载。从“诚州”“靖州”“绥宁”“通道”等地名就可以隐约看出该地区曾经经历的“王化”痕迹。历史文献记载的“飞山蛮”“五溪蛮”“武陵蛮”即当下所指称的侗、苗等居住于此的族群，与伴随边疆开拓的历史事件而进入的其他外来族群，共同形成了当下多族群杂居的现状。

该区域族群文化丰富且呈现多样性的特点，特别是在宗教文化方面。侗族社会中普遍流行着至高无上的祖母神“萨岁”信仰，有“建寨之前先建萨岁坛”之说；苗族社会传统宗教信仰文化浓厚，特别盛行祖先崇拜；汉族作为外来族群，其部分信仰文化已与其他族群信仰文化发生融合，但仍然具有区别于“土著”的外来移民文化特色。在这种多族群多元文化特点下，传统宗教信仰也被贴上了不同族群的文化标签。但我们仍能看到不同族群生产生活空间下众多飞山庙的存在，庙宇专祀着以飞山公或威远侯等指称的神明。部分飞山庙已湮没于历史尘埃之中，只留下文献记载或者一些残破的遗迹或者各种口承传说，也有一部分庙宇仍然保存至今，香火甚至较以往更盛。

飞山公杨再思为杨氏祖先，殁后为神，同时超越了其他地方神明，成为继观音、土地神之后该区域信众最多、香火最为旺盛的区域性神明。其已不局限于某一村寨、族群、家族，而是超越了地域、族群、文化等有形或无形的界限。这其实与历代中央王朝在对该区域治理之下的多元族群互动及其时空脉络下民众基于地方性、族群性等特征的生活实践有着密切关联。本书以区域研究为视角，通过对该区域飞山公信仰于不同空间场域中、不同人群历史记忆下的多样性实践，透过国家与地域社会在边疆治理的多元互动下的飞山公信仰“标准化”“正统化”过程及其特征的展现，探讨该区域社会民众的生活实践展现了怎样的地域社会结构、地域支配关系及其过程演变，从而有利于在历时性与共时性之下对该地域社会有深入的认识。

有关民间信仰与地域社会的研究，在人类学、社会史学的语境中，人类学、社会史学家在研究民间信仰时多采用国家与地域社会视角，意欲通过民间信仰的探讨来展现国家与地域社会的复杂互动关系。国内外人类学、社会史学家在探讨国家与地域社会的关系时，各有侧重。基于田野调查的困难性，国外学者多侧重于从文献展开探讨，因而侧重于关注“过去”；国内学者因田野调查便利等因素，较为关注“当下”。但不管是重“过去”还是“当下”，都为后来者的研究提供了丰富的、具有重要参考价值的研究成果。

早至 19 世纪末 20 世纪初，英国古典人类学家泰勒（Edward Tylor）和弗雷泽（James Frazer），以及法国社会学派的葛兰言（Marcel Granet）、德国社会学家韦伯（Max Weber）等，都曾涉猎中国民间的信仰、仪式与象征。[①] 从国家与地域社会视角研究中国民间信仰，源于国外人类学、社会史学家对中国民间信仰的研究。武雅士（Arthur Wolf）通过对中国民间信仰的研究，认为中国民间信仰基于人们的社会经历，并将其进行阶级的划分，从而存在一个共同的象征体系：神、祖先和鬼。其中，神代表帝国官僚，祖先代表给予自己财产、社会地位及生命的力量源泉，鬼代表村落外部之人及危险的陌生人。[②] 王斯福（Stephan Feuchtwang）通过对中国民间信仰中的城隍信仰、灶神传说等研究，认为民间社会信仰的实践，实质是按照帝国隐喻的逻辑在隐喻之下模仿帝国的行政、贸易和惩罚等体系。这些隐喻有着较强的象征意义，而其中模仿的逻辑是实现民间社会与帝国沟通的重要途径，这也是帝国所要达到的国家对地方社会的象征式的控制。[③] 芮马丁（Emily Martin Ahern）则通过文献与社区调查资料认为中国民间社会中的祭拜、仪式里的人神交往，就像平民百姓向官府汇报案件，神代表官或者上级、祭拜者代表百姓或者下级办事人员，人们对政治交流模式的创造实际反映了宗教仪式深受政治影响。

这些学者主要是基于对中国民间信仰整体性的研究，在于

---

① 参见〔英〕泰勒《原始文化》（重译本），连树声译，广西师范大学出版社，2005；〔英〕弗雷泽《金枝》，赵昍译，陕西师范大学出版总社有限公司，2010；〔法〕葛兰言《古代中国的节庆与歌谣》，赵丙祥、张宏明译，广西师范大学出版社，2005。

② Arthrur Wolf, *Introduction*: *Religion and Ritual in Chinese Scociety*, Stanford University Press, 1974, pp. 1 – 18.

③ 〔英〕王斯福：《帝国的隐喻：中国的民间宗教》，赵旭东译，江苏人民出版社，2009。

探寻民间信仰中国家的影子以及社会中民间的身影，其较少以具体的某一个案来展开国家与某一具体地域社会间的研究。但这些较具代表性研究成果的出现，带动了国内学者的研究兴趣。更为可贵的是，这些后来的研究者在参考这些研究成果的同时又反思其不足，这有利于进行更为深入的研究。民间信仰植根于民间社会（社会性），至今已有几千年的历史（历史性），这一客观事实的存在且日渐被学者觉察，助推了民间信仰研究方法、研究视角的创新。20 世纪 80 年代以来，人类学界部分学者表现出对历史的空前重视。同时，社会历史学界出现了一批对人类学课题深感兴趣的学者，民间信仰的研究成为多学科背景结合研究的主要热点之一，产生了一大批对我国民间信仰研究影响较大的成果。[①] 这主要体现于学者在研究民间信仰时历史文献与田野调查的结合，更促成了学者以个案的形式，展开区域性民间信仰与地域社会、国家关系等方面的研究，如：陈春声对宋明时期潮州地区的双忠公崇拜以及樟林地区三山国王信仰的研究，[②] 刘志伟对珠江三角洲地区白帝崇拜、大洲岛的神庙等的研究，郑振满对福建莆田江口平原的神庙祭奠的研究，[③] 赵世瑜对北京周边崇拜碧霞元君的各“顶”、东岳庙及其二者的关系和

① 王铭铭：《社会人类学与中国研究》，广西师范大学出版社，2005，第 153 页。

② 参见陈春声《宋明时期潮州地区的双忠公崇拜》，载郑振满、陈春声主编《民间信仰与社会空间》，福建人民出版社，2003；陈春声《社神崇拜与社区地域关系——樟林三山国王的研究》，《中山大学史学集刊》第 2 辑，广东人民出版社，1994；陈春声《三山国王信仰与清代粤人迁台——以乡村与国家的关系为中心》，载周天游主编《地域社会与传统中国》，西北大学出版社，1995；陈春声《信仰空间与社区历史的演变——以樟林的神庙系统为例》，《清史研究》1999 年第 2 期。

③ 参见刘志伟《神明的正统性与地方化——关于珠江三角洲地区白帝崇拜的一个解释》，《中山大学史学集刊》第 2 辑，广东人民出版社，1994；刘志伟《大洲岛的神庙与社区关系》，载郑振满、陈春声主编《民间信仰与社会空间》，福建人民出版社，2003。

各种祭祀群体间的互动研究。[①] 以上研究虽然研究地域有所区别，但是都旨在在国家与地方的视野下讨论民间信仰，将“国家与社会”“文化与权力”“信仰与象征”等问题融入分析，通过丰富的史料，讨论中央王朝在不同时期将其认可的神明在地域开化中的逐步地方化和民间化过程及其与地方社会的复杂互动，中央王朝将神明推向地方化和民间化的实质在于“教化”和“德化”地方民众，以培养其对中央王朝的认同。与此同时，郑振满、陈春声认为：把民间信仰作为理解乡村社会结构、地域支配关系和普通百姓生活的一种途径，特别是通过这种研究加深对民间信仰所表达的“社会空间”之所以存在的历史过程的了解，有助于揭示在这些过程中所蕴含和积淀的社会文化内涵。[②]

丁荷生（Kenneth Dean）调查了中国东南的福建地区的保生大帝、清水祖师、广泽尊王等地方信仰的演变过程，探讨了 20 世纪 70 年代后该地区道教与信仰习俗间的关系及其复兴过程，指出道教影响了地方信仰，为其信仰仪式提供了仪式构架。[③] 韩森（Valerie Hansen）讨论了唐宋期间五显、梓童、张王、妈祖四个具有重要影响的地方性神明的区域化过程，认为唐宋以来的商业革命中商人阶级形成、商人在地方社会建庙以及向上祈请官府封赐，是区域信仰神明形成的最主要因素，同时他也探讨了人与神的关系、国家对民间宗教的态度等问题。民众对神祇的选择主要看其是否灵验，同时，民间信仰的神祇在宋代趋于出身的平民化和人身化，其实质是民众理解之下的神祇的不断人格化。宋王朝对神明的

---

① 参见赵世瑜《小历史与大历史：区域社会史的理念、方法与实践》，三联书店，2006，第 188～238 页；赵世瑜《国家正祀与民间信仰的互动——以明清京师的“顶”与东岳庙为个案》，《北京师范大学学报》1998 年第 6 期。

② 参见郑振满、陈春声主编《民间信仰与社会空间》，福建人民出版社，2003。

③ Kenneth Dean, *Taoist Ritual and Popular Cults of Southeast China*, Princeton University Press, 1993.

大量赐封并不是国家单方面的措施，同时也体现了地方势力集团巩固自身地位的目的，对神明的赐封更体现了中央集权统治向地方社会的延伸。[①] 朱海滨对宋代以来流行于浙东地区的胡则信仰的形成、扩大与传播情况的研究认为，从地方神明向区域性神明的转变可以看出民间信仰的地域社会特点，不同地方往往根据该地区的行政区域、自然特征等编撰出神明的各种灵验传说故事，促成了其区域性的演变，但其也正是受地域社会特征的影响而无法成为全国性的神明。

范正义从社会史研究视角，以流行于闽台地区的区域性神明保生大帝为个案，探讨了民间信仰与地域社会运作的关系。通过对保生大帝信仰的形成与演变，不同人群与保生大帝信仰间的互动过程，东宫、西宫间的祖宫之争以及庙际关系网络的研究，展现了保生大帝信仰下的地方社会人群间的复杂互动过程，从而认为不同人群对自身利益的追求是地域社会正常运作的促动力。[②] 龙圣也从社会史学的视角研究宋、元、明、清时期湘西地区白帝天王信仰的建构和区域社会的关系，认为白帝天王信仰及其故事的建构是不同历史时期湘西边缘社会所发生的文化和族群观念变迁的缩影，折射了宋、元、明以来国家力量向这一区域投射下地方社会变动的若干侧面。[③]

赵旭东则试图通过对民间信仰中庙宇的重建及其庙会活动的具体过程的调查来探讨“地域社会下的权力与公正”问题。主要通过河北赵县李村改革开放后重修“张爷庙”以及农历十月十五举办庙会过程中的游神请神、送神送鬼等细节描述，提出庙宇在当地人生活中的现实作用，也反映了国家力量在乡村一元化支配格局的

---

① 〔美〕韩森：《变迁之神——南宋时期的民间信仰》，包伟民译，浙江人民出版社，1999。

② 范正义：《保生大帝信仰与闽台社会》，福建人民出版社，2006。

③ 龙圣：《变迁与认同：区域社会史视野下的湘西白帝天王信仰》，《宗教学研究》2013 年第 2 期。

转变，更是再生产出地域社会交往中的互惠原则。①

而民间信仰所表现出来的国家与地域社会的关系如何、国家对地方文化的大一统的实践过程如何，以及在这些过程中地域社会中民众、政府等不同人群是如何看待和采取行动的，这些都集中体现于中西方学者关于“标准化”的深入探讨中。主要的代表者为美国学者华生（James L. Watson），其基于20世纪六七十年代在香港新界乡村的田野调查，于1985年、1988年和1993年分别发表文章，在对其中民间信仰与丧葬仪式的研究中提出神明的“标准化”与仪式的“正统行为”，旨在解释中华帝国晚期的文化整合问题。华生通过探讨南方地区妈祖信仰的起源、历史演变以及当下不同人群对其的看法，认为国家寻求地方文化精英的帮助，意欲将地方神明妈祖标准化，并进行了各种努力，但是其敕封等行为并不是鼓励地方信仰本身，其鼓励的是象征，国家的最终目的是通过地方信仰文化的“标准化”实现对地方文化的整合。② 华生认为一个小神被国家收编，在进行较大改变后，又被当作一个地方认可的女神，重新强加于地方社会，观念在权力的各等级间来回流动，此即所谓神明的“标准化”。同一神明对于该地域不同的人群势力具有不同的象征意义，这走出了自涂尔干以来强调宗教的社会整合维度的研究传统。③ 国家对待文化整合的天才之处在于国家强加的只是结构而不是内容，庙宇祭祀的实际组织工作下放给了地方精英，而与官员保持良好的关系。这一体系的弹性，足以让社会中所有层次的人都建构他们自己对国家认

① 赵旭东：《权力与公正》，天津古籍出版社，2003。

② James L. Watson, “Standardizing the Gods: The Promotion of T'ien-hou (‘Empress of Heaven’) along the South China Coast, 960 – 1960,” in David Johnson, Andrew J. Nathan, Evelyn S. Rawski, eds., *Popular Culture in Late Imperal China*, University of California Press, 1985.

③ 杜树海：《中国文化的一统与多元何以达致？——中西学界有关神明“标准化”与仪式“正统行为”的争论》，《民俗研究》2013年第4期。

可神明的表述。[①] 同时，华生也强调了“标准化”之下存在很多的分歧，如苏堂栋认为华生所描述的“标准化”是一种国家推导文化规训的渐进过程及其因受到地方文人精英推动而发生的变迁，正统行为则是“国家授意的标准化”的行为。[②]

杜赞奇（Prasenjit Duara）通过对盛行于全国各地的关帝信仰的形成过程等进行研究，与华生研究的区域信仰妈祖的“标准化”展开对话，提出了不同于“标准化”的“刻划”概念。认为关帝信仰即一种文化象征，从宋到清各个王朝都不停地“刻划”着关帝的形象，其目的是按照王朝的目的来获取其象征标志，国家对民间信仰对象的不断“刻划”实质是在为民众与国家的对话、认同建构一种标志性的框架。[③] 另外，其他学者也对华生的“标准化”研究存在异议，认为华生的研究强调了中国文化的统一性，过于偏重讨论标准化的信仰和仪式在地方社会的渗透，而对民间和本地的习俗的延续性则没有足够关注。同时，也质疑王朝国家在地域社会推广正统化的信仰的有效性。[④]

而苏堂栋（Donald S. Sutton）主要是通过明清时期的丧葬仪式与中国文化研究该时段的仪式“标准化”及其差异性，以质疑华生仪式“标准化”的模式。他提出了“伪标准化”概念，即地方精英坦率地或有目的地以上行下效的外表掩饰地方风俗，把地方风俗装扮成正统的做法，使其获得正当性。[⑤] 宋怡明（Michael

---

① 〔美〕华生：《神的标准化》，韦思谛编《中国大众宗教》，陈仲丹译，江苏人民出版社，2006。

② 〔美〕苏堂栋：《明清时期的文化一体性、差异性与国家——对标准化与正统实践的讨论之延伸》，汤芸、张原译，《历史人类学学刊》第7卷第2期，2009年10月。

③ 〔美〕杜赞奇：《刻划标志：中国战神关帝的神话》，载韦思谛编《中国大众宗教》，江苏人民出版社，2006。

④ 科大卫、刘志伟：《“标准化”还是“正统化”？——从民间信仰与礼仪看中国文化的大一统》，《历史人类学学刊》第6卷第1、2期合刊，2008年10月。

⑤ Donald S. Sutton, “Death Rites and Chinese Culture: Standardization and Variation in Ming and Qing Times,” *Modern China* , 2007 (33): 125.

Szonyi）则主要通过对中国东南地区的五帝崇拜中神明名称虽然变化，但其信仰的传统性仍然会保留下来这一现象的研究，认为“标准化”是社会不同成员相互竞争下的宣称，“标准化”下存在一个“伪标准化”，其区别就在于与“标准化”的言行是否一致。五帝信仰虽被王朝定为淫祀，但作为地方精英书写的地方志书却并未如此认为，而这些地方精英在其“标准化”的书写过程中，其宣称其实是自我形象的展示与确认，也为他们提供了谈论自身的话语。[①] 康豹（Paul R. Katz.）针对华生的“标准化”提出“异端标准化”的概念，旨在揭示不同的标准化推动人群及其背后的目的。其观点主要是基于并未得到国家提倡却在江南地区普遍信奉的驱疫避灾的神明——瘟元帅个案的研究，说明了该神明按照道教式的“标准化”，即神明按照自身等级地位享受献祭和祭品，其体现出道教管理帝国的民间宗教传统，且决定了正统与异端的自身判断标准。康认为不同的群体都在进行不同标准的民间信仰、仪式的“标准化”，指出国家有国家的“标准化”，地方有地方的“标准化”，而仪式专家也有自己的“标准化”，其提出将“标准化”的过程转移至对推动“标准化”的不同人群进行研究。[②] 彭慕兰（Kenneth Pomeranz）则质疑了华生谈的国家“标准化”的效果，其通过碧霞元君的个案研究认为：华生所讲的王朝力量作为“标准化”的重要推动者，其内部实为分裂的。同时，地方精英与普通民众对碧霞元君的崇拜行为与仪式在不同地区、不同阶层、不同性别间走向了多样化，各个人群都在按照自身的标准围绕碧霞元君进行崇拜和展开仪式行为。彭慕兰的研究成果实际在于强调作为

---

① Michael Szonyi, “Making Claims about Standardization and Orthopraxy in Late Imperial China: Rituals and Cults in the Fuzhou Region in Light of Watson's Theories,” *Modern China*, 2007 (33): 47.

② Paul R. Katz, “Orthopraxy and Heteropraxy beyond the State: Standardizing Ritual in Chinese Society,” *Modern China*, 2007 (33): 72.

“标准化”主要推动者的王朝力量、地方精英、民众间的对抗性和地方社会下民间信仰发展的复杂性。①

科大卫、刘志伟对华生的“标准化”观点及其他学者有关“标准化”“正统化”的争议进行了深入探讨。科、刘认为问题不在于“标准化”的真伪，也不在于是否存在“异端的标准化”，而只是对“标准化”认知的差别。或者说，是我们的研究对象的自我认知与他们对大一统的认知之间的关系问题。“正统”是在不断竞争的过程中确立的，不同的人群看待“正统化”是不一样的。国家、地方、仪式专家等都有不同的“正统”。科、刘的观点主要是基于其长期对珠三角地带的研究，其特别强调“标准化”“正统化”概念是放置于长期历史脉络中理解的。②

同样通过民间信仰去探讨国家与地域社会的关系，贺喜则侧重于处于地方社会建构主体的民众自我角色。其通过冼夫人以及雷祖等区域性信仰的多个个案，探讨了粤西南信仰建构的社会史，即探讨介于祖先与神明的民间信仰，在不同朝代、制度下，不同认同程度的地方社会是怎样被建构的。其研究目的是通过祖先、神明的信仰模式，阐释在王朝大一统的礼仪与文化的推广下，地方社会如何借此塑造国家的形象与表达自身的认同。③张应强则将飞山神明纳入“标准化”“正统化”及地方文化的“差异性”等关键概念中讨论。从民间信仰看中国文化大一统的视角展开研究，通过不同的叙述主题，探讨飞山神明展示出的飞山公由祖先及地方社会代言人向神明的演变以及超越地方神的发展轨迹，并从其发展轨迹看国家、地方社会精英的影子，以达到认识湘黔界邻区域社会建构和文

---

① Kenneth Pomeranz, “Orthopraxy, Orthodoxy, and the Goddess (es) of Taishan,” *Modern China*, 2007 (33): 22.

② 科大卫、刘志伟：《“标准化”还是“正统化”？——从民间信仰与礼仪看中国文化的大一统》，《历史人类学学刊》第6卷第1、2期合刊，2008年10月。

③ 贺喜：《亦神亦祖：粤西南信仰构建的社会史》，三联书店，2011。

化变迁的目的。[①]

基于以上成果在研究视角、研究方法、研究对象、讨论的问题及观点等诸方面给予的启发，结合自身的学科背景及相关思考，笔者开启了以飞山公杨再思为研究对象的湘黔桂界邻多族群区域社会研究之旅。

飞山公杨再思信仰主要集中流行于湘黔桂界邻地区以侗、苗等为主体族群的村落社会，而有关飞山公杨再思的历史传说，不管是民间文献还是口承传说，都将其追溯至唐末宋初。因此，本书将唐末宋初侗、苗等族群的多元汇融作为历史背景。从曾任北宋御史中丞、尚书右丞等职的苏辙的《论唐义问处置渠阳事乖方劄子》可以看出，该区域社会于唐末宋初就在中央王朝的西南边疆开拓过程中与中央王朝发生了较为频繁的互动。而溪峒的自然特征及其多元族群的汇融状态，致使中央王朝在对该区域的社会治理中处于一种较为明显的鞭长莫及之态，王权曾尝试以不同路径渗入该区域社会，虽取得一定效果，但治理成效较为一般。代之而来的则是地方社会大姓自封刺史的“自管”模式，而飞山公杨再思就是以“刺史”身份走上历史传说叙事舞台的。该区域社会在多元族群特征下呈现祠庙林立之态，传统宗教文化氛围浓厚，同时外来宗教文化又较早渗入。族群的混融、多元信仰特征及其边疆治理等因素无疑与飞山公杨再思信仰有着某种紧密的关系。

飞山公杨再思信仰肇迹之地为该区域曾经的中心之地靖州飞山一带，其显著标志为该飞山头宝鼎的飞山祠庙。有关飞山公的最早记录《飞山神祠碑记》就以此山、此庙及中央王朝对该区域社会的治理为背景，通过灵应故事的讲述，开启代表官方视角

① 张应强：《湘黔界邻地区飞山公信仰的形成与流播》，《思想战线》2010年第6期。

的飞山神神话传说叙事。中央王朝的边疆开拓与民众的不断反抗相伴而行，推行文化、思想一统的维护地方统治的举措势在必行。基于湘黔桂界邻地区诸多族群的“多神信仰”特点等因素，推行统一的神明信仰则成为维护地方社会统治的最佳方式之一，而尤为重要的则是可以借助飞山公杨再思背后广大杨氏族人的地方势力。在神明“标准化”“正统化”的目的下，通过不断敕封的建构，飞山公被“刻划”为“忠于朝廷”“助朝平叛”“保境安民”“有求必应”等符合国家与地方共同需要的形象。其实可以看到该区域社会诸多的碑刻及其杨氏谱牒等民间文献都较多地记载了其多次的敕封，其被敕封的原因则被书写为维护一统的灵应性神迹。

当然，飞山公成为区域性神明，与地域社会和中央王朝不断互动有着密切关系。该区域社会的民众、杨氏人群等通过移民迁徙等历史记忆而将飞山公信仰推广于该区域，其标志就是大量被以飞山庙、飞山宫、飞山祠、威远侯、杨公庙等命名的庙宇出现在村落社会中。

作为该区域广布的专祀飞山公的庙宇，当地人在看待飞山公信仰的源流时，都将其追溯于靖州飞山，将靖州飞山庙视为各自庙宇的“总庙”。这主要体现在该区域祭祀仪式中要前往靖州飞山庙请神、庙宇复修时各种模仿靖州庙庙貌及其神像等。诸多的科仪文本、庙宇碑刻、早期文献等都在讲述着与靖州的关系。而作为“总庙”的靖州之境，因为庙宇及神像在岁月侵蚀及其间的运动中被破坏，在复修“总庙”的过程中，民间有关飞山庙及飞山公的历史记忆被唤醒，不同民众基于自身的记忆及其对飞山公的想象重构了飞山庙庙貌的过去及祭祀的特征等。基于飞山公的灵应及其对地方社会的保佑，人们在庙宇复修及飞山庙庙产之争的过程中扮演了不同角色，同时凸显了民众信仰的虔诚与民间的智慧，其实在这个过程中我们可以看到不同人群的互动，诸如以飞山公后裔自诩的杨氏人群、民众、地方精英人物及地方政府等。这些互动过程可以有助于理解不同群体在地方社会中扮演的不同角色及地方社会的变迁过程。当然，地方社会信仰实践的主体还是民众，这些民众基于历史记忆及其对飞山神的想象而建构出地方性特色浓厚的祭祀仪式，比如烧草鞋、马粮等，也为我们勾勒地方历史提供了素材。

飞山公信仰植根于该区域广大的村落社会，其信仰背后的村落社会结构亦是我们关注的重点。飞山公信仰的主体对象为该区域的广大民众，而地域社会之下，这些民众又被以某姓氏的身份而划分为不同人群，人们或聚族而居或分散居住。通过飞山公信仰探讨家族，有助于我们理解该区域社会的村落结构、移民历史、人群关系等。因此，本研究将重点基于六爽、沙溪、东山三个较具代表性的村落社会来探讨家族互动与信仰建构下的村落社会。

在时空脉络之下，其实可以看到诸多有趣的现象。比如人们赋予了飞山公水神的神职，同时又将飞山公与流行于江河沿岸的“同姓”水神杨公进行了混融；不仅如此，许多飞山公信仰氛围浓厚的村落社会甚至将飞山公视为北方杨业等人并将其供奉于庙堂，而如会同东山曾专祀飞山公神明的飞山庙不仅增加了诸多不同来历的神明且祭祀活动逐渐演变为四八姑娘节的民族节日活动。对这些有趣现象的关注，可以从信仰实践的视角加深对该区域社会生境的变化及其民众生活实践的认识。

其实，在湘黔桂界邻区域的飞山公信仰实践背后，始终有三个重要的群体，即以飞山公杨再思后裔自诩的杨氏、信奉飞山公的普通民众以及作为地方社会管理者的政府。该区域社会大量存在清代以来不同版本的《杨氏族谱》《三公合谱》《杨氏宗谱》等，这些谱牒是对飞山公杨再思记叙最多的文本载体，甚至部分地方志书有些记载为转载谱牒内容。除文本以外，诸多杨氏代表也活动于祖先神明之下。在杨氏看来，杨再思是以“英雄神祖”的身份存在的，某种程度上其祖先的角色超越神明角色，而神明角色同样被侧重讲述，因其为祖先角色增添了最荣耀的光环，探讨地方社会中杨氏宗族集体行动下的飞山公杨再思“英雄神祖”建构就具有一定的意义。而对于该区域广大的普通民众来说，飞山公已脱去了“杨氏祖先”的外衣，变成一位有求必应的神明，其灵验主要体现于民众讲述的不同类型的灵验故事以及不同空间场域下民众对飞山公进行的各种祭祀活动中。作为地方社会管理者的官方，也曾是飞山公杨再思历史传说的最先讲述者，在地方经济发展转型的当下，对同一神明的叙事已经发生了实质性转变，其基于地域社会特征，将飞山公杨再思视为推动当下经济发展的重要历史文化资源，尝试着采借杨再思背后的历史、族群等因素为地方发展服务。基于以上三个不同群体的视角，本书尝试探讨飞山公杨再思的多重身份于不同人群的现实实践，从而有利于从整体性关怀下认识该区域社会。

基于以上研究内容，本书特别重视田野调查与文献相结合。作为人类学传统研究范式，田野调查中的参与观察与深度访谈法是获得丰富的第一手田野资料的最基本方法，也是本书写作资料的主要获取途径。因为正史等对飞山公杨再思缺少相关记载，一些方志文本记叙也较为有限，在对其研究过程中笔者特别重视民间文献资料的搜集与整理。

笔者的田野调查主要分为三个阶段，即 2013 年 7 月上旬至 11 月初为第一阶段，2014 年 1 月初至 2 月末为第二阶段，2014 年 3 月中旬至 8 月末为第三阶段。在书稿的写作过程中，又于 2014 年 11 月下旬前往靖州参加飞山文化节，并借此机会对前面几次田野调查中存在不足的地方进行了一次弥补。

笔者初次来到田野点时，恰遇靖州县政协牵头的单位筹备研究飞山文化，其提供的一份官方飞山庙分布统计图为本书田野范围的选取提供了较大的参考价值。通过有关飞山庙记载文献的系统性梳理及综合前期地方政府或学者有关飞山庙分布的调查统计等，笔者最终将田野研究范围大致选取为湘黔桂界邻区域的“飞山蛮”“五溪蛮”曾活动的区域。如按当下行政区域划分，主要为湖南省绥宁、通道、靖州、会同、溆浦、新晃、芷江，贵州省黎平、榕江、锦屏、天柱、玉屏，广西壮族自治区的三江等地区。

基于区域研究，本书采取多点田野调查的方式以获取较为翔实完整的资料。因靖州是民间传说及文献记载中的飞山公信仰发源地，故以靖州为核心田野点，其他较为重要的田野点还包括绥宁县东山、会同县沙溪乡、通道县平坦乡、溆浦县大江口，黎平县佳所、六爽，锦屏县城，三江县高友、巴团、程阳等。这些田野点有的为侗族村寨，有的为苗族村落，有的为侗、苗、汉等族群杂居村，村落家族结构或为单姓村落，或为多姓村落，或为复主姓村落等。这些田野点有的曾经存在诸多飞山庙宇，有的则当下飞山庙尚存并且祭祀活动日盛。

作为正史无载、地方官方文本记载有限的区域性神明，其灵应传说被民众广泛讲述，如飞山公显灵抵抗土匪、护佑生命财产等。其祭祀仪式隆重而多元化，如烧草鞋、巡游等，这主要是民众基于地方生境下的飞山公形象想象与建构的。民间有关飞山公杨再思的历史记忆形象而生动，因此，笔者在田野过程中访谈了庙宇管理者、民间信众、民间仪式专家等群体，对靖州飞山庙中 34 位 55 ~ 90 岁的值班老人、祭祀活动中的仪式专家进行了长时间的参与观察，并进行了多次深入访谈。同时，也对靖州以外的沙溪、东山、高友、江口等地飞山庙的管理者及其信徒等进行过多次深入访谈，获得了大量的口述回忆材料。这些材料成为本书写作的重要素材，有助于我们从“文本以外更民间”的视角深入理解地域社会时空脉络下的民众生活与信仰实践。

同时，地方志书也是本书写作主要的文献来源。作为飞山公信仰核心区域的靖州，王权渗入较早，伴随而来的是外来移民及其文化的融入，文字书写变成生活的一部分。如南宋学者魏了翁曾谪居靖州，湖湘江浙之士多从之学，这对当地文化教育具有重要影响。

靖州也较早修撰地方志书，现存的地方志书包括明《靖州洪武志》、康熙《靖州志》、乾隆《直隶靖州志》、光绪《靖州乡土志》等，飞山公杨再思的相关文献记载就主要见于靖州历代所修的这些地方志书。志书中也较为全面地记载了当地的社会历史、族群文化、地方建制、宗教信仰等。同时，光绪《黎平府志》及早期县志等都为我们当下了解该区域提供了重要的文献类素材。

有关飞山公杨再思的最早历史传说见于《飞山神祠碑记》，该碑记成为飞山信仰源起的重要依据。靖州飞山庙于20世纪复修时，从正殿挖出的《重修飞山神祠碑记》被修补后存放于庙内走廊旁，既是历史的见证，也是我们了解庙宇历史的重要素材。而当下尚存的飞山庙中，基本都存在庙碑，记载了庙宇及其神明的相关事项，这些不同时代的碑记讲述了不同时代及不同村落的飞山公故事，能为我们构建飞山公区域信仰网络提供最为直接的帮助。因此，庙宇碑刻亦成为本书民间文献的重要来源。

当笔者深入田野，发现飞山公杨再思信仰背后的杨氏人群身影无处不在，从祖先论述到灵验及“正统性”建构，同时从清乾隆以来，不同版本的杨氏谱牒纷纷出现，或珍藏于家或放于杨氏祠堂。在该区域的村落社会中，随处可见或被岁月侵蚀无法辨认或残留着油印味的族谱，这些族谱在对姓氏追溯的同时，也在讲述家族移民的故事。在中国民间历史文献中，族谱可以说是最为基本的一个种类，也是迄今为学界所熟知和利用最多、最广泛的一种民间文献。族谱不只是一种供史家参考利用的文献资料，它首先是一种文本，一种与社会生活或社区生活有着密切关系的文本。[①] 这些谱牒对祖籍的追溯可能为不同地域，但多将杨再思书写为当地的始祖，同时有关杨再思的书写亦存在不同版本，这些都将成为讨论区域社

① 饶伟新：《导言：族谱与社会文化史研究》，载饶伟新主编《族谱研究》，社会科学文献出版社，2013，第1~3页。

会中家族结构、地域秩序等方面的重要材料。所以，族谱类材料成为笔者较为关注的文献来源，笔者搜集整理了该区域杨氏不同版本的族谱，并对龙、李、吴等姓氏的族谱材料也进行了相关整理。

当笔者深入乡间村落中被以飞山庙、威远侯祠等命名的祭祀飞山公杨再思的庙宇时，时常注意到庙内存留的由民间祭祀专家手书的祭祀科仪文本，有的庙中甚至可以看到十几年前的祭祀用文。而对于飞山公的相关祭祀，民间祭祀仪式专家是重要而特殊的一类人群，他们多处于高龄，当被问及庙宇祭祀相关的问题时，都会拿出自己平时使用的代代传承的仪式用文。这些科仪文本或为道或为佛，但多为两者的融合，同时也有专题书写祭祀飞山公的文本。这些科仪文本也将是本书重要的“民间”素材来源。

因此，本书的写作综合了历代碑刻、族谱类民间文献、不同时代的地方志书、民间口承传说、回忆类口述材料、庙宇复修档案、政府相关文件、科仪文本等不同类别材料。从文献中探知田野背后的骨架、以田野弥补骨架下欠缺的血肉。在此基础上，力图较完整地勾勒出飞山公信仰下的地域社会。

第一章　族群、祠庙与边疆治理

湘黔桂界邻地区地处云贵高原东南斜坡的苗岭山脉向湘西南及桂北的丘陵、盆地过渡地段，属于典型的亚热带季风湿润气候，常年气候温和，雨量充沛。在这种地理环境及气候特征之下，形成了山地与溪河相间分布的主要自然地貌。该区域内沟壑纵横，水系发达，溪河密布，如黔东南州境内有清水江、舞阳河、都柳江三大干流，大小河流有2900多条。其中发源于黔南布依族苗族自治州的清水江，流经麻江、凯里、黄平、施秉、台江、剑河、锦屏、天柱等九县。[①] 与湖南相邻的天柱县，境内主干河流为清水江，其溪河分布众多，如果将小溪算上，共有6404条。[②]《水经注》对舞阳河有相关记载称：舞溪，流自镇远，入沅州西与櫹溪合。[③] 而主要流经湖南靖州的渠水，有42条一级支流，从境内东、西两部山地汇入，整个水系呈不对称树枝状。渠水有东西两源，西源出于贵州省黎平县三龙乡平脉桅杆坡北麓，称洪州河；东源又名临口河，源出城步县南山大茅坪，经绥宁流入通道县县溪镇犁头嘴与西源汇合，始称渠江。渠江在靖州县境内流经5个乡镇于洪江市托口镇注入沅水，是沅江的一级支流之一。[④]

---

① 黔东南苗族侗族自治州概况编写组：《黔东南苗族侗族自治州概况》，贵州人民出版社，1986，第2～3页。

② 贵州省天柱县志编纂委员会：《天柱县志》，贵州人民出版社，1993，第122页。

③（清）龙绍讷：《亮川集》，黔东南州锦屏县志办编印，1993，第90页。

④ 靖州苗族侗族自治县概况修订本编写组：《靖州苗族侗族自治县概况》，民族出版社，2009，第2页。

因地处亚热带季风湿润气候区，加之受地貌影响，当地形成明显的山地气候特征；再加上土质条件好，土层深厚，土地肥沃，适宜植物生长，所以该地区植物繁茂，种类繁多，松、杉、阔叶林和各种经济作物众多，素有“宜林山国”之称，特别是杉木为该区域种植面积最广的经济木材。正是这样的地理环境及其多河流的特点，明清以来水路运输成为当地民众生活的一部分。而清代以来清水江流域木材之流动对当地人的生活产生了重要影响。① 地处渠水之畔的靖州，据《靖州乡土志》称：自清时期木材由水路运出本境，在常德及湖北各处销售，每岁运出之数约值白银五万两。② 历史文献中记载的各种“蛮人”“峒人”，即当下的侗、苗、瑶等族群就繁衍生息于这样的自然地理环境之中。

一　多元族群汇融与边疆治理

曾任北宋御史中丞、尚书右丞等职的苏辙在其《论唐义问处置渠阳事乖方劄子》中称：

> 臣窃见朝廷近差唐义问处置渠阳事，议者以为，义问无他才，不习边事。去年受命废渠阳军，为彝人所围，困危蹙迫，计无所出，时知沅州胡田在围，为设诡计诈欺诸彝，言义问当为奏复军额，及乞酋长加官，彝人信之，义问假此仅得脱归，寻遣急迎还前奏……义问所遣东南第七将王安入界阵亡，其陷没将校非一，方知众议果信不妄，兼访闻见，今作过杨晟台等，手下兵丁五六千人，虽种族蟠踞溪峒，众极不少。晟台桀

① 张应强：《清代清水江下游地区的市场、权力与社会》，三联书店，2006，第1～25页。

② （清）金蓉镜修（光绪）《靖州乡土志》，光绪三十四年（1908）刻印本，第36页。

黠，屡经背叛，贯得奸便，加以山谷重复，道路险绝，汉兵虽有精甲利械，无所施。若措置得所，本无能为，或计划乖方，实未易扑灭。义问前奏妄动，已为彝人所轻，今复经败衄，实难倚仗，盖古今命将，必因已试之效。内则兵民所信，外为彝蛮所畏，威名已著，古功效可期。今紧急屡闻，死伤已甚，理宜别加选任，以遏寇攘。臣切见知潭州谢麟，屡经蛮事，颇多勋绩，溪峒之间，服其智勇，众议皆谓欲制群蛮，未见有如麟者。伏乞指挥密院，检会麟前后履历功状。如众言不虚，乞赐委用，庶几蛮事可速平定……

兼臣访闻渠阳诸彝，蟠踞山间，道路险绝，中国之兵，入践其地，虽硅步不得便。昔郭逵知郡州，困于杨光潜，李诰从章惇自沅州入境，过界取之。逵诰皆西北战将，然并有败而无成者，地形不便也。今朝廷已指挥诸道发兵，数目不少，然非其人，臣恐既不得战，又不能守，老兵费财，渐至腹心之患，深可虑也。今朝廷欲弃渠阳，然其中屯戍之兵不下数千，义无弃之。群蛮为鱼肉，要使略行讨定，使之畏惮，首出渠阳，兵民然后可行。臣访闻湖南北士大夫，皆言群蛮难以力争，可以智伏。欲遣将相兼守镇，必用士人，欲行窥伺攻讨，必用士兵。舍此，欲以中国强兵敌之，终不能成其算。然此可以智伏，临事制宜，难以度也……。又闻渠阳诸蛮，与宜州群彝相接，宜蛮部族众多，与渠阳诸彝合谋作过，势必猖炽，卒难剪灭。乞指挥广西预行招抚，虽不得其用，但勿与协力，亦不为无益……①

苏辙向宋哲宗上奏的目的在于举荐“屡经蛮事、颇多勋绩”

① 尹翠华、黄晖、石华编《诗话飞山：奏疏·论唐义问处置渠阳事乖方劄子》，湖南人民出版社，2015，第170页。

的潭州谢麟，代替“并无他才且不习边事”的唐义问以平定诚州“蛮人首领杨晟台”之乱，因其地理特征及其多元族群聚居，建议对渠阳等地诸彝蛮不应力争，而应智伏。从其奏疏内容可知代表“正统”身份的官员“所闻”的湘黔桂界邻区域的地理特征、多元族群及与中央王朝之间关系等。

湘黔桂界邻区域历史上多称“洞”“峒”等，起源于隋唐时期。朱辅在《溪蛮丛笑》就描写了蛮人的居住环境：巢穴外虽峙险，中极宽广……周数十里皆腴。《隋书·地理志》亦载：南蛮杂类……俱无君长，随山洞而居，古先所谓百越也。为了不使人们将“洞”理解为山洞或洞穴，所以也用“峒”“峝”代替。[①] 该地区的民众因生活在这样的居住环境之中而多被称为“峒民”。

这些“峒民”在历史文献中据其居住地域又被以“武陵蛮”“辰州蛮”“五溪蛮”“飞山蛮”等指称，而这些“峒民”及各种“蛮”所指称的族群也就是历史上的侗族、苗族。宋代之前，有关其记载并不多见，到了宋代，关于“峒民”的记载多了起来。宋人朱辅在其《溪蛮丛笑》中写道：五溪之蛮，沅其故壤，环四封而居者，今有五，曰苗、曰瑶、曰僚、曰仡伶、曰仡佬。宋人陆游所著《老学庵笔记》卷四亦称：在辰、沅、靖州蛮有仡羚、有仡獠、有仡偻、有仡榄、有山猺，俗亦土著，男未妻者，手相握而歌，数人吹芦笙前导之。[②] 《宋史·西南溪峒诸蛮》已有姓氏载，其称：南宋乾道七年（1171），靖州有仡伶杨姓，沅州生界有仡伶副峒官吴自由。[③] 到了明清时，对侗、苗等族群称为伶、峒蛮、峒人、洞苗、侗家苗等。而侗族在民国时期被称为仲家、侗家，侗族

① 龙耀宏：《侗族族称考释》，《贵州民族研究》1993 年第 2 期。

② 黎平县民族事务委员会编《黎平县民族志》，贵州人民出版社，1989，第 9 页。

③ （元）脱脱等撰《宋史·西南溪峒诸蛮》卷 494，中华书局简体字本，1999，第 10930 页。

自称为“更”或“拉更”。[①]

这些记载中所指称的人群更多与今天的侗族有关。而生活在这一地区的苗族，大约于汉代以后，已从黄河流域迁徙至湖南、湖北、四川、贵州等界邻地区居住，当时统称为“武陵蛮”；东汉时期则将苗、侗等族群统称为“五溪蛮”。唐代樊卓著《蛮书》卷十中就较早有关苗族记载，称：黔、泾、巴、夏，四邑苗众。唐宋时期，部分苗族已定居于清水江下游等区域，《渠阳边防考》对苗族多有记载，其称：渠阳治境诸夷种落，有生苗、熟苗、峒蛮。[②]元、明、清的官私著作都称其为“苗”。官府把侗苗杂居地区连称为“洞苗”，明代对会同县清水江十八寨，即今之杨家、中寨、岔处等地区，通称为“苗里”，称其民众为“苗民”，而远口乡第七里，即今之远口、地湖、大样等地的苗人，因通汉语，官称“汉里”、民称“汉民”，从而对不同族群进行了一定的区分。

本书故事的主人翁即民间文献记载及传说中的飞山公杨再思就与该区域历史上的“飞山蛮”等有着重要的联系。“飞山蛮”又称“叙州蛮”，应为秦汉以来“五溪蛮”的一部分。[③]叙州为唐大历五年（770）年初设，原为巫州，唐贞观八年（634）分辰州龙标县置巫州，天授元年（690）改称沅州，开元中重改为巫州。叙州辖潭阳、郎溪、龙标三县。潭阳即今芷江地区，郎溪为今洪江市，龙标属今靖州（亦说黔阳）地区。[④]潭阳，即镡成，汉、晋皆属武陵。唐先天元年（712），析龙标置潭阳县，隶黔中采访使。后梁杨再思据潭郎，称诚州。潭朗云者，潭阳、朗溪二县也。镡成，或

① （元）脱脱等撰《宋史·西南溪峒诸蛮》卷494，中华书局简体字本，1999，第10930页。

② 靖州苗族侗族自治县县志编纂委员会：《靖州县志》，三联书店，1994，第779页。

③ 伍新福：《湖南民族关系史上卷》，湖南民族出版社，2006，第132页。

④ 邓敏文：《从杨再思的族属看湘黔桂边界的民族关系》，《怀化师专学报》1994年第1期。

以为今之潭溪。缙绅于靖州则冠以镡成，于黎平则冠以诚州。参互观之，大约在黎、靖之间者近是。而潭溪适介黎、靖之间，且镡、潭音同，则以为潭溪司者，固非附会之说也。汉《地理志》云："镡成县玉山，潭水所出。"郡志谓潭水在广西柳城潭中县，玉山即古州司之宝唐山。据此，则去靖二三百里。镡成之名，非靖所得专也。该志又以为汉时黎、靖皆镡成地，而独属之靖；亦如宋时黎、靖皆诚州地，而独属之黎耳。[①] 靖州会同县，乃古郎溪之地，郎溪之源出黎平湖耳司境。

"飞山蛮"主要是中央王朝或地方政府对曾居住、活动于靖州飞山地区或飞山附近或其酋首势力所及范围区域内"蛮酋"领导下的侗、苗、瑶等民族群体的代称。"飞山蛮"之称则与湖南省靖州县飞山有密切关系。宋王象之所著《舆地纪胜》载："据《图经》，飞山在州北十五里，俗呼为胜山，比诸山为最高峻，四面绝壁千仞。其颠甚平，且广宽，今置飞山堡。群峰特秀，高追霄汉。"[②] 人们据险于此，曰"飞山蛮"。《舆地纪胜》靖州景物马王城条云：今环飞山有壕堑，而"飞山之战"遗址尚存，其遗址即马王城。[③] 潘全盛原为叙州蛮酋，后盘踞飞山以抵御楚王马殷。《十国春秋·武穆王世家》载：后梁开平四年（910），叙州蛮潘全盛寇武冈。

飞山公信仰的发源地飞山即今靖州，唐宋时期有诚州、渠阳军等名，这也就是上文苏辙上奏的背景，即北宋时该区域社会的族群治理。明洪武《靖州志·历代沿革》载：

① （清）龙绍讷：《亮川集》，黔东南州锦屏县志办编印，1993，第91页。

② （宋）王象之：《舆地纪胜》卷七十二，李勇先校点，四川大学出版社，2005，第2564页。

③ （清）吴启凤主修，唐际虞、李廷森主纂（光绪）《靖州直隶州志》卷一，光绪五年（1879）刻印本，第16页。

> 靖州，唐为溪峒诚州，犹在羁縻化外之外，其域视今不及十一，溪峒所谓一团一堡之大者，非中国所谓州也，元和中，会溪蛮，南钩牂牁……五代之乱，盖附于楚，有宋建隆三年，节度使周行逢死，诸酋始各以其地自为长雄，太平兴国四年诚州十峒酋杨通蕴钦附，五年杨通宝来贡，以为诚州刺史，诚州通中国自此始矣，后杨通严及其子继替。章子厚开梅山之岁，两路招纳后五年，当熙宁九年始得诚州焉，诚为中国州自此始。[①]

以上文字对中央王朝与该区域的早期接触及后面初步将其纳入中央王朝控制的状况进行了介绍，说明早期诚州之地是中央王朝所不能辖制的区域。如乾隆《靖州直隶州志·沿革表图案》所称：诚徽州，其名起于蛮首之自治置，未尝奉朝廷命也。[②] 其主要的表现就是该区域族群唐末宋初以来反抗中央王朝统治的事件多有发生。以该区域的靖州为例，据清光绪《靖州直隶州志》《靖州乡土志》等记载，靖州不同族群与中央王朝间的斗争在15起以上。据《洪武靖州志》载：靖州中洞里苗民首领姚民敖组织苗民，习兵练武，于南宋乾道三年（1167）起兵抗服劳役，不输田赋，杀了催粮官员。元末，靖州苗族首领吴天保和杨留总聚众六万余人，先后攻克黔阳、溆浦、沅州、辰溪、辰州、武冈、广西等地，地方官员纷纷上奏，朝廷命湖广右丞沙班率师征剿，吴天保杀死湖广行省右丞沙班。明洪武十一年（1378），靖州民众参与到五开（今黎平）侗族首领吴勉的反抗斗争之中。

宋代以来，中央王朝为加强对该区域的管理及平定此类反抗，

---

① （明）唐宗元：《靖州洪武志》（不分卷），刻印本，无页码。

② （清）吕宣曾修，张开东纂（乾隆）《直隶靖州志》卷九，乾隆辛巳（1761）刻印本。

一方面以靖州为中心对周边族群实施安抚政策，另一方面运用军力实施镇压。北宋崇宁二年（1103），朝廷改诚州为靖州，下辖今黎平、锦屏、天柱、绥宁、通道、会同等地，州治为渠阳镇，驻防戍靖官兵3000余人。元至元十二年（1275），朝廷于靖州设立安抚司，翌年改为靖州路总管府。元大德十年（1306），靖州路总管府指挥驻州、县戍兵及屯兵达两万余人。明至正二十五年（1365），朝廷于靖州设军民安抚司，洪武十八年（1385）设靖州卫、五开卫（今黎平）、铜鼓卫（今锦屏），皆隶于州，官兵在万人以上。而诸如此类的屯兵及武力镇压，其实效果还是有限的。代之而来的是地方蛮酋“自署为刺史”，谭其骧对中央王朝对该区域的开拓及其地方蛮酋自治进行了简单梳理，其称：

> 迨至唐末，中原方疲于内争，自无力以统治边疆，一时蛮中酋豪渠帅，遂纷纷崛起，斥逐官吏，割据郡县，小者称雄侗寨，大者率仿中朝制度，自署为知州刺史，叙置属吏。朝廷因其成局，往往假于符命，于是湘西一带归于土司统治者，垂数百年。宋熙宁、崇宁间，新党用事，开疆拓土之议兴，章惇辈数用兵以征不服，而南江诚、徽、梅山诸蛮，遂复为王土；独北江因仍未革，历元明二代，至清雍正间始改土归流。①

可以看到中央王朝因无力统治该区域，地方蛮酋凭借其自身实力而积极参与到“自治”的地方管理中，并得到中央王朝的默认，以借其力实现对该区域的管理。

其中田氏酋长据今芷江、新晃、麻阳一带；舒氏酋长据今黔城、安江一带；杨氏酋长则据今靖州、会同、通道、绥宁、黎平一

---

① 谭其骧：《近代湖南人中之蛮族血统》，《史学年报》第2卷第5期，1939年，第3页。

带。据清乾隆时期所修的《开泰县志》称：后梁，杨再思自称为诚州，后周，杨正岩自称徽、诚二州。[①]

清时期所修的《亮川集·诚州考》亦称：诚州之名始于后梁，杨威远据镡郎称诚州，潭郎之地，皆诚州之地。[②] 至此，湘黔桂界邻区域开始了以杨姓为代表的地方蛮酋为主要管理者的时代，飞山公杨再思的神明传说叙事实践由此开始。从地方志、民间杨氏族谱等记载的"飞山蛮""五溪蛮"等活动区域和建有飞山庙的区域，可知道其大致分布区域，即当下的湖南省绥宁、通道、靖州、会同、黔阳、新晃、芷江、溆浦，贵州省黎平、榕江、锦屏、天柱、玉屏，广西壮族自治区的三江等地区。虽历经多个朝代的更替，飞山公香火延绵不绝，并流行于明清以后且被远播至重庆南部及湖北部分区域等，但湘黔桂界邻区域飞山公信仰氛围最为浓厚，不管是作为其信仰载体的飞山庙宇数量，还是信仰之魂的相关灵验历史传说的丰富性等，皆是其他区域不能比的。

二　侗、苗族群多元信仰下的祠庙林立

湘黔桂界邻地区的溪峒地理环境，再加上侗、苗族群等因素，形成了具有地域性与族群性等特征的传统宗教文化。而伴随着历代中央王朝对该地区的不断开拓，外来文化随之渗入，逐渐形成了该地域社会的多元宗教文化生态。乾隆《镇远府志》在对其境内庙宇介绍的前序部分称：

---

① （清）郝大成修，王师泰等纂《乾隆开泰县志》，乾隆十七年（1752）刻本，第27~28页。

② （清）龙绍讷：《亮川集》，第91页。

> 黔古鬼方相沿，吴楚尚鬼之风史，巫、巫保、端工、师娘之属煽惑，久经厉禁，而国家吉礼所颁，则不可不尽物尽志也，尽苾芬有荐，思崇德以报功，将享无愆期，诚民而阜物。先圣先贤、山川土榖之神，郡国所守有其举之莫敢废也……①

这些文字对该地具有地方特色的传统宗教信仰状况进行了介绍，然而从官方的视角，对民间宗教行为却多有贬低之意。传统宗教在苗、侗族群聚居地域社会中发挥了重要的作用，其突出特点为“万物有灵”观念下的多神信仰。比如苗族多流行盘瓠信仰及其祖先神信仰，而侗族多盛行至高无上的萨岁神信仰，但苗、侗等不同族群又共同信奉土地等神明。

该区域苗族属古“五溪蛮”的一部分，唐以前统称为蛮。《后汉书》《晋纪》《隋书》《太平寰宇记》等书均有记载，宋代朱辅的《溪蛮丛笑》亦有苗人崇信盘瓠的记载。到了明代还仍有许多人信奉盘瓠，如《明一统志》载：湖广靖州、永顺等司，皆出自盘瓠。《洞溪纤志》也称：苗人以十月为年节，岁首祭盘瓠。现在会同县境内还有部分村落信仰盘瓠，如高椅乡红坡村尚存“盘王庙”，连山乡大坪村苗寨亦保留了两百多年前的“盘王庙”。有的地方还笃信“蚩尤神”，道师常装扮为蚩尤神捉拿“邪神野鬼”，以救助危急病人。② 而逢年过节，也要祭祀盘瓠，以示数典不忘祖，所以苗族的祖先神信仰文化氛围特别浓厚。宋人朱辅在《溪蛮丛笑》中提及五溪苗族有杀牛祭祖的习俗，这是苗族传统的祖先崇拜形式。宋人鸿迈《容斋随笔·渠阳蛮俗》亦称：病

① （清）蔡宗建修，龚传坤纂（乾隆）《镇远府志》二十八卷，乾隆刻本，1965 年贵州省图书馆据南京图书馆复制油印本。

② 黄同金、粟多穗、李一西：《会同县民族识别概况》，载政协会同县文史委、民族事务委员会编《会同文史资料》第 3 辑（内部刊印），1988，第 4 页。

不谒医，但杀牛祭鬼，率以刀断其咽，视死所向以卜，多至十百头。[①] 在解放以前，该区域还流行举办盛大的椎牛祭祖仪式，后逐渐改变，当下苗族祭祖多用猪头。

而侗族尤其信奉“地神”，认为“地神”现形于蛇，实为祖宗，蛇神即祖宗家神，这是侗族先民以蛇为图腾的反映。与苗族的祖先神信仰相似，侗族的传统宗教突出地表现于祖先神信仰，主要体现于对侗族兴旺发达起保护作用的祖母神萨岁的虔诚信奉。关于萨岁，民间有三种不同版本的说法：

> 一是侗族的远祖母神，她有神奇的生育能力，生育天、地、众神、人间万物；二是神化的人，原名婢奔，在与朝廷作战中牺牲后，化作仙女，继续带领侗族人民战斗，最后击败官兵，杀死李点郎；三是侗族神化了的女娲神。从造人传说、芦笙习俗来源、保护功能、立四极之说、安萨岁坛接火种与炼五色石补天等方面的比较看，萨岁与女娲相似。[②]

在该区域的通道一带，侗族的民间宗教文化主要表现为自然多神崇拜和图腾崇拜。在侗族神明体系中，有造石锹、石斧让人刀耕火种的神；有造渔网、渔船让人漂洋过海打鱼谋生的神；有造梭镖、骨箭让人射杀禽兽的神；有造针线让人织布缝衣的神；有造铜刀、铜斧、铜锯让人砍树建房的神；有造刀、枪、宝剑让人战胜恶魔的神；还有驯养家畜保存谷种的神等。但这些神都是萨岁所生，受萨岁所管，萨岁无所不在，无所不能。[③]

---

① （宋）洪迈：《容斋随笔·渠阳蛮俗》，北京燕山出版社，1995，第822页。

② 通道侗族自治县民族宗教事务局编《通道侗族自治县民族志》，民族出版社，2004，第331页。

③ 通道侗族自治县概况修订本编写组编《通道侗族自治县概况》，民族出版社，2008，第30页。

可以说侗族对传说中的萨岁的崇拜达到至高无上的地步。在侗族地区有“凡安寨之前，先安萨岁坛”之说，可见萨岁对其生存的重大意义。时至当下，在该区域的南部侗族地区，萨岁坛随处可见，与飞山庙并存于村落之中。萨岁坛建坛很有讲究，由专业师傅通过占卜选择一风水宝地，一般在村寨背后的山脚下，挖一个深一尺左右，五尺见方的土坑，从右向左做成金、木、水、火、土五方位的几何形状，在土的四周安上 24 个呈白色的鹅卵石，其代表 24 位龙神。最外一层放置 8 个白色鹅卵石，按乾、坤、坎、离、震、艮、巽、兑八卦安置。在土字的周围安上各种用具，比如锅、碗筷、勺子，以及妇女织布所用的织布用具，并以桑树做成一把万年伞，顶端用五色线将一铜钱做成伞状，桑树插入孔内。将伞插入土字位置的正中间，上再盖一新簸箕，再用石头垒成小石包状，其上栽一棵万年青。萨岁坛安置好后，凡是村寨中举行各种活动、逢年过节都需要前来祭祀萨岁。

萨岁作为该区域侗族社会中一个传说中的祖母神，其并非真正存在的历史人物，而是侗族出于族群繁衍、生存而创造出来的始祖神。萨岁不像其他神明那样有具体的神像，虽有供奉至高无上萨岁神的“庙宇”萨岁坛，其却无神像。其经历了由神形模糊到具体的演化，在通道县皇都的一座庙宇式的萨岁坛内，人们就做了一尊和蔼可亲的女神像，享受民间香火祭祀（图 1－1）。

而苗、侗及汉等族群对土地神的信奉尤为普遍。该区域村落田间，所见最多的也就是土地庙。凡是苗乡侗寨的桥头、寨头、路口、坳口、家门外、寺庙前都有土地庙。凌纯声、芮逸夫所著《湘西苗族调查报告》也称：苗中每寨有土地庙一所，用岩板石块砌成。[①] 光绪《会同县志》对土地庙有过相关记载：岩门坳土地祠，后安二里伏乡保障、求嗣无不立应，香火甚胜。乾隆五十二

① 凌纯声、芮逸夫：《湘西苗族调查报告》，民族出版社，2003，第 113 页。

图1-1　侗族萨岁坛及萨岁神像

年，观察使王家宝捐俸创修祠宇，邑令丁钰题有德媲岩高额，嘉庆二十二年重修。[①] 该地民众将土地神当成管理人间生育的神明，可见土地神在民间的重要位置。光绪《黎平府志》在对该区域社会农事习俗进行介绍时称：农人具酒、食、纸钱祀土地以祈丰年。[②] 而当下村寨中人们大门前的土地神神职多被视为“早管人丁，夜管六畜”。会同县沙溪乡有一份传承于清末时期的“唱土地神”文本，其中写道：

> 土地神来土地神，土地神来有根源，土地神是肖家子，刘家门上亲外孙，父亲叫着肖外胜，刘氏娘娘是母亲，先前坐在西海边，后来洪州坐城边，等三坐在苏州地，苏州桥上坐九春，刘氏娘娘身有子，苏州生下小儿孙，顺风十年都生下，共我兄弟有十人，大哥取名肖智银，二哥取名肖智英，三哥取名肖智太，四哥取名肖智本，五哥取名肖智德，六哥取名肖智录，七哥取名肖智口，八哥取名肖智行，九哥取名肖智风，十

① （光绪）《会同县志》卷十三，清光绪二年（1876）刊本影印，成文出版社有限公司印行，第10~11页。

② （清）俞渭修、陈瑜纂（光绪）《黎平府志》卷二下，光绪十八年（1892）黎平府志局刻本，第111页。

哥取名肖智云……①

作为保佑本乡本土家宅平安、添丁进口、六畜兴旺，并且为百姓主持公道的土地神，在该地域社会中被人们赋予了真实的姓名，并按其神职不同而被视为十位兄弟，各管理民众生活中的不同方面，比如有管理家庭的土地神、有管理生产的土地神、有管理家畜的土地神。总之是十方土地神，各司其职，涉及民众基本生活的方方面面，这也是土地神成为该区域空间内分布最广神明的重要原因。

虽然侗族和苗族等在传统宗教信仰内容上呈现一定的差异性，但是不管侗族祖母神萨岁信仰还是苗族杀牛祭祖等，多是族群基于自身历史境遇及族群文化等因素通过宗教文化划分族群界限以强调本族群的自身认同、抗争外来势力的侵扰及实现社会与自我的发展的表现形式。这种宗教文化中展现出的族群界限划分实际上是对中央王朝对该区域社会治理策略下达成族群融合的目的不利的，其弱化了中央王朝所强调的文化认同。中央王朝在边疆治理下尝试着在该区域推行文化一统以强化侗、苗族群的文化认同，佛教、道教文化亦在此背景与目的下快速传入，且被侗、苗等族群所接纳、吸收，成为多元宗教信仰中的最重要组成部分。

据明代《衡岳志》记载，东汉末年，张道陵曾自天目山游南岳，谒青玉、光天二坛，礼祝融君祠，最早在湖南传播道教的是晋代著名女道姑魏华存，她在南岳修道16年，传播上清经录，后被封为南岳夫人，道教史上奉其为上清派第一代宗师。宋仁宗赐栖真地为“紫虚元君之阁”，宋徽宗又赐名为“黄庭观”。南岳九仙观、玄都观等建于西晋至南北朝，而闻名于该区域的南岳大庙则建于隋

① “唱土地神”文本由会同县沙溪乡双门村于某提供，其家中仍保存有百年前唱土地神时所穿的服饰。

唐及五代时期。宋时期则建有南岳朱陵宫、溆浦景星观等。[①] 道教大约于唐宋时期传入通道，并在汉族聚居的县溪、播阳等地新建了一批道教宫、观，其中通道播阳的白衣观始建于清乾隆二十四年（1759）。[②]

明洪武元年（1368），佛教禅宗始传入靖州；永乐年间建报恩寺于城南外；嘉靖元年（1522）建迎恩寺于西门外，五年（1526）建延寿寺于五老峰山顶；到清光绪年间，靖州号称有“五里一亭，十里一庵”。时至当下，部分寺庙仍存于五老峰，且香火旺盛，而飞山佛教庙宇处处皆是。佛教于明初传入锦屏，永乐八年（1410），在铜鼓卫城东南不远修建白云寺等。这大概是佛教在该区域社会传播的一个大致缩影，佛教的传入对当地宗教生态及民众的生活产生了重要影响。

从《黎平府志》中我们得知明代黎平府和永从县所设官员就有“道纪都纪”和“道会司”之职，系庶民在官之列，不入品，可以看出道教在境内已经很盛行。而道教传入黎平境内大约在宋、元时期，盛行于清中叶。《黎平府志》记载了明初建有南泉山寺、太平山寺等，到了清中叶境内就有寺、庙、庵、堂达百余座。道教全真龙门派始传入靖州，于飞山寨建元天宫，嘉靖二十九年（1550），又在纯福坡下建元妙观。[③] 天柱等地佛、道教传入时间无从考证，但在明代万历年间举办过“雷霆大法事”。

最迟至清时期，该区域基本都有了各种寺庙、道观，其中供奉着各类菩萨、神明。这些菩萨、神明极为丰富，更进一步丰富了该

① 湖南省地方志编纂委员会编《湖南省志·1978～2002宗教志》，线装书局，2013，第3～4页。

② 通道侗族自治县民族宗教事务局编《通道侗族自治县民族志》，民族出版社，2004，第332页。

③ 靖州苗族侗族自治县县志编纂委员会编《靖州县志》，三联书店，1994，第801页。

地域社会的宗教文化。佛、道教之所以能传入这些地区并受到人们的欢迎，与侗、苗等族群本身奉行的传统习俗中多神信仰特点有着千丝万缕的关系。

而该区域社会存在一类较为特殊的神明，即历史人物殁后为神，并且该类神明多为“历史人物”并大量受到“敕封”，也曾广建庙宇祭祀于苗乡侗寨间。地方志书有关其记叙较多，如光绪《会同县志》载：

> 宁远庙，城东九十里，相传神姓刘名锡。宋熙宁三年，御叛有功，官御史，敕将军立庙祀之。至元赐额宁远，康熙三十三年，知县李凤义清丈于彼，因神显灵异，特予轻赋，号为神粮。又苏公祠，《吕志》云，公名尚元，南京火巷人，元至正元年官广东韶州府尹，后徙寓会其弟，尚太、尚定皆武举。黔苗不靖，征剿有功，殁封为神，因历广坪苏氏其裔也。金龙太子祠，在会同治东安二里金龙山，于志云，明永乐兵起，神以风雨助之，敕封助国明王，不知所据，遇旱祈雨辄应。①

郭建勋在对四川康定市和泸定县的研究中发现该区域不同朝代的要塞或者古渡口旁存在大量的不同将军的庙宇，其认为这些将军信仰隐喻了该地域社会历史上被纳入中央王朝版图的历史进程。②湘黔桂界邻区域经历了逐渐被中央王朝纳入统治的历史，而历代以来不同族群反抗统治的战争频繁发生，在这样的时代背景下，也就催生了此类“殁后为神”的现象。从这些神明的特点来看，其多

① （光绪）《会同县志》卷十三，清光绪二年（1876）刊本影印，成文出版社有限公司印行，第 10 页。

② 郭建勋：《将军信仰与隐喻的康东社会进程——以川西贵琼藏族地区的宗教信仰为例》，《文化遗产》2012 年第 1 期。

是朝廷官员，并对该地方社会的稳定起到了重要的作用。这类神明被以中央王朝或地方政权为主导力量强行纳入民间神明体系，并在一定程度上被民众接受。但是这些殁后为神者却未能像飞山公一样在该区域社会中被不同族群接受，而是最终沦为历史的过客，多消失于该地域社会，只有部分遗迹尚存或大量存在于地方志书中。

小　结

通过历史背景梳理，可以发现历史文献中被以“五溪蛮”“飞山蛮”等各种“蛮”所指称的当下侗、苗等族群活动于湘黔桂界邻区域。同时，该区域又为唐末宋初以来历代中央王朝开疆拓土的重点区域之一，也是经营边缘地区的前沿阵地。唐宋至明，历经从“化外之地”到“入版图者存虚名，充府库者无实例”，再到“俱入版籍，纳税当差，咸遵王化”的历程，中央王朝在清代才基本实现了对该区域的真正统治。中央王权逐步渗入，随之而来的则是不同族群的反抗加剧，所以我们可以看到中央王朝一直在努力平定其反抗并寻找更好的边疆族群治理策略。因此，在武力镇压的同时逐渐推行“树其酋长，使其镇抚”“以蛮夷制蛮夷”的边疆羁縻统治策略。

在其羁縻政策之下，羁縻府、州、县，按其旧俗进行管理，各酋首受中央王朝册封，享有世袭权，并且酋领需镇守边疆，接受朝廷征发调遣等。这些具体举措开始在该区域以诚州为中心推广，诚州被正式设置为羁縻州。其实效果还是较为明显的，可以看到诚州之杨氏相继纳土，创立城砦，接受中央王朝管理。诚州杨氏其实为该区域社会的土酋豪族，曾是该地区的实际管理者，其存在的“血缘性”为飞山公杨再思成神并区域化铺平了道路。同时也为中央王朝治理该区域社会并实现文化及思想一统奠定了基础。

该区域侗、苗等族群有着本族群特色的传统宗教信仰文化，比如苗族崇尚祖先神崇拜，而侗族则流行祖母神萨岁崇拜等。多神信仰的族群特点在族群文化内生机理下使飞山公信仰被接受并实现区域间的传播成为可能。从“建寨之前先安萨坛”的萨岁祖母神祭祀逻辑来讲，其注重村落社会的生存发展护佑理念，护佑人丁兴旺与生产生活顺利等，而飞山公作为地方生命财产护佑灵神的神职也与此较为契合。

中央王朝主导的文化一统观念下的佛、道文化，在人群流动的过程中得到传播发展。洪武《靖州志》、康熙《靖州志》、乾隆《直隶靖州志》、乾隆《镇远府志》、乾隆《开泰县志》、光绪《靖州乡土志》等地方志书，不同版本的《杨氏族谱》《龙氏族谱》等民间谱牒文献以及现存的诸多碑刻用了较多篇幅记载佛庙、道观及其宗教文化，且从宋至清末呈现各类祠庙激增的现象。据文献记载，其庙宇、道观从汉族聚居村落逐渐向侗、苗村落迁移。该区域科仪文本内容中的神明系统、仪式内容、文本表述等诸多方面呈现的则是传统宗教文化与佛、道文化的多重融合，而现实祭祀仪式操演更是传统宗教仪式专家与佛、道文化仪式专家的密切合作。宗教文化深入融合民众的日常生活，影响到村落、族群的相处以及移民融入“土著”的过程。同时，我们不能忽视的一个事实就是尽管许多谱牒类文本讲述飞山公杨再思的外来性，但是本地人群则认同其“土生性”，强调飞山公杨再思或侗或苗的族群性，族群文化认同的力量甚是强大。这些都可能是飞山公信仰源起于该区域的重要影响因素。

第二章 边疆治理下的飞山公信仰“标准化”与“正统化”

伴随着地方豪酋大族的崛起及其对地方社会的影响日增，采借地方势力以维持边疆社会和谐稳定成为多方共识，尤其是对于中央王朝的边疆治理具有重要意义。其显性的举措则体现于将地方豪酋封为刺史，而建构多方认同的神明则是其隐性的文化治理策略。基于此背景，飞山公杨再思被推上历史传说舞台，并在地方豪酋大姓——杨氏的身份标识之下被地方官员与士绅精英、民众、杨氏宗族等多群体建构为区域性神明，这一过程伴随着中央王朝与地域社会互动下的神明“标准化”“正统化”实践。

一 从人到神：飞山公信仰的形成

飞山公，又称飞山爷爷、飞山太公、飞山侗王、飞山土主、飞山大王、威远侯等，即民间所称唐末、五代时期“飞山蛮”首领之一杨再思。唐宋以来该区域社会有记载的正史文献并未对其记载，明清以来的不同版本的《靖州志》《黎平府志》等地方志书以及散藏于苗乡侗寨的清以来的不同版本的《杨氏族谱》等谱牒文本对其多有记载。明《靖州洪武志》对飞山庙进行了介绍，而对杨再思具体生平等没有明确文字表述，只称飞山庙所祀神明或为诚州刺史杨氏之祖讳再思。清康熙《靖州志》称：

> 飞山庙，祀古诚州刺史杨通宝之祖再思者，尝有功于郡，

> 宋绍兴三十年封威远侯，淳熙十五年号英济侯，嘉定十一年加广惠侯，淳祐九年乃加英惠侯。正统十年郡守苏忞重建……，岁时旱潦民疫厉，祷之辄应。每六月初六日侯生辰，十月二十六侯忌辰，有司具太牢祀之庙宇。因岁久倾圮。[①]

提及杨再思因“有功于郡”而受不同敕封并其灵迹明显受到较为隆重的祭祀，而未对其他方面进行详细介绍。乾隆《直隶靖州志》、道光《靖州直隶州志》等地方志书亦如此。光绪《靖州直隶州志》称：杨再思，州人，五代末为五溪长，宋初纳土归诚，始命诚州刺史，征蛮尽节，州属建飞山庙祀之。[②] 又据会同县沙溪乡地区《杨氏族谱》称：

> 杨再思，汉太尉关西夫子，功封镇国将军，后讨贼有功，授左仆尚书，食邑一万二千户。公卒立祠于靖州飞山寨，民间岁时祭之，感皇恩诏赐谥灵侯，大宗遇灾渡江，以阴功助国，诏赐谥阴护侯。宋绍兴三年赐谥威远侯，元文帝赐谥宣明顺助王，明世宗嘉靖八年诏赐飞山土主阴济广惠侯王。

该类族谱对飞山公杨再思功勋及其受敕封事宜进行了简要记叙，与地方志书等记载存在一定的出入。清同治三年（1864），举人龙昭讷（字木斋）所编辑《龙氏族谱》中手稿《遗文卷》载《威远侯传》称：

> 公，见事不谐，亡走楚，至诚州，时朱氏篡唐，天下无

① （清）祝钟贤修，李大翥纂（康熙）《靖州志》，康熙二十三年（1684）刻印本。

② （清）吴启凤主修，唐际虞、李廷森主纂（光绪）《靖州直隶州志》卷七，光绪五年（1879）刻印本，第1页。

> 主。马殷据长沙，称楚王，虎视滇黔。众举公为诚州刺史，称令公，公奉唐正朔，结营飞山寨拒之，保固滇黔，滇黔之民，得以安居乐业六十余载。此后，公屡著灵显，居人神之。为建祠堂于飞山之麓。

而光绪《靖州乡土志》亦对杨再思进行了简略记载，其称杨再思于唐昭宗时由淮南丞迁辰州长史，结营靖州飞山，与李克用同受昭宗绢诏征兵，道长梗阻，众奉为诚州刺史，威名日著，称令公焉。[①] 这些地方志书及其族谱等民间文献相关叙述相互之间多有出入甚至存在相互矛盾之处，对其从人到神明的演变未有详尽记述，只是简单提及其有恩于民而殁后为神且灵迹凸显。

飞山公作为“飞山蛮”首领之一，何时得以成神并建庙祭拜？据城步县《杨氏通谱》称，早在显德元年（954）当地人就于飞山建“飞山令公庙”祀之。会同县广坪镇杨家渡村《杨氏族谱》却称宋高宗时期，侯显灵护驾其南渡，特敕建祠于飞山，赐额显灵。光绪《黎平府志》记载了明万历年间邓锺《二王庙碑记》中朱凤翔谒飞山祠诗“刺史神灵肇有梁，重新松桷镇东冈”[②] 又表明飞山公成神始于唐末五代时期。最早的官方记载为宋朝谢繇于淳熙甲辰年（1184）所记《飞山神祠碑记》（后文简称《碑记》），谢繇于宋淳熙间曾担任靖州录事、参军兼司法福唐。此《碑记》于明嘉靖丁酉年（1537）由靖州右参将金章重刻。据《碑记》载：飞山之神，自有靖州以来，已著灵迹。元丰六年（1083）赐庙显灵，血食此土，福庇一方，于今八十余年。岁时水旱，祈求验如

---

① （清）金蓉镜修（光绪）《靖州乡土志》卷三，光绪三十四年（1908）刻印本，第3~4页。

② （清）俞渭修，陈瑜纂（光绪）《黎平府志》卷二下，光绪十八年（1892）刻印本，第33~35页。

影响。正庙在飞山绝顶，一州之民凡有祷祀，皆登陟于高峰之上（图2-1）。[①] 该记载是有关飞山公信仰最完整的记载，如按谢繇生活年代与飞山赐庙时间接近，《碑记》内容又多载于《靖州乡土志》等地方文献中，故相较于前面杨氏谱牒中的两种说法更为人们所认可。

图2-1　靖州飞山头宝鼎飞山庙旧址遗存

如以《碑记》所载为准，则说明在元丰六年（1083）前，飞山公已由人变神，且有了一定的影响力。这一段时间也就是杨再思逝世的后周显德元年（954）到北宋元丰六年（1083）。那么飞山公何以于此时段由杨氏祖先成为飞山地区的重要神明呢？宋王象之所著《舆地纪胜》据《楚书》云：

① （清）魏德畹等修（道光）《靖州直隶州志》卷十二上，道光七年（1827）刻印本，第42~43页。

> 马氏（楚王马殷）偏霸之初，飞山洞（峒）蛮酋潘全盛遣其党杨承磊略武冈，马氏遣邵州刺史吕师周将衡山兵五千讨之。乾化元年（911），吕师周扳藤缘崖入飞山洞袭全盛。师周得平地数处趣（趋）军人，布立栅一日而毕。全盛大骇曰“此兵从天而降也”，命杨承磊率兵千人出战。师周为散星炮破其军，缚降者为向导，直至洞前，杀承磊……擒全盛，送武冈斩之，并斩三千人，尽毁其巢穴，承磊族人杨再兴（杨再思之误）以其地附于楚。[①]

正是“飞山之战”后，飞山公才成为“飞山蛮”“十峒”之真正首领，成为该区域内最具影响力的人物，这为飞山公“殁后成神”奠定了基础。飞山公杨再思作为曾经的该区域社会诸多蛮酋首领或刺史之一，何以能殁后成神，且并未像该区域其他诸多殁后为神者被淹没于历史之中，苗乡侗寨大建飞山庙而专门祀之，这主要是缘于中央王朝的边疆开拓及其杨氏“巨族”的历史及地方社会结构特点。

《宋史·蛮夷列传一·西南溪峒诸蛮》载：西南溪峒诸蛮，楚庄既霸，遂服于楚。后汉建武中，大为寇钞，遣伏波将军马援等至临沅击破之，渠帅饥困乞降。唐置锦州、溪州、巫州、叙州。[②] 这表明早在战国时期，楚人势力就延伸到了西南溪峒诸蛮地区，汉、唐以来王权进一步渗入。而“唐季之乱，蛮酋分据其地，自署为刺史”又表明该地区实际上是被地方“蛮酋”掌控，飞山公、潘全盛等人亦属此列。中央王朝热衷于拓疆开土，而又受军力、物力等限制，多遵行“树其酋长，使其镇抚”“以蛮夷制蛮夷”的边疆

---

① （宋）王象之：《舆地纪胜》卷第七十二，李勇先校点，四川大学出版社，2005，第2566页。

② （元）脱脱等撰《宋史·蛮夷列传一·西南溪峒诸蛮》卷493，中华书局简体字本，1999，第10929页。

羁縻统治策略。始创于唐的羁縻制度规定：羁縻府、州、县，按其旧俗进行管理；各酋首受中央王朝册封，享有世袭权，贡赋版籍可不直接上报户部，定期纳贡于朝廷；酋领需镇守边疆，接受朝廷征发调遣。宋则继承和发展了唐的羁縻政策，据范成大《桂海虞衡志·志蛮》及《文献通考卷》记载：

> 南方溪峒蛮居住地区，据其疆域，参唐制分析其种落。大者为州，小者为县，又小者为洞（峒）。任用原有溪峒蛮酋为土官，并全面推广，州有刺史，县有县令，洞有洞官，以下又设头目等。原则上，刺史须由中央封赐，允许其自辟吏属，县令多为各氏族酋领，洞官及头目为部落首领及族长，土官可以世袭。[①]

宋初，中央王朝就将羁縻制度推向了湘黔桂界邻边疆社会，以加强该地域的管理。飞山所在的诚州就于宋太平兴国八年（983）被正式设置为羁縻州。[②] 羁縻政策起到较好的效果，出现了“土酋归附”的盛况，如：熙宁中，南江之苏氏、梅山之苏氏、诚州之杨氏相继纳土，创立城砦，使之比内地为王民。[③] 但是王朝对该区域的统治基本还是处于“入版图者存虚名，充府库者无实例”的状态。

随着中央王朝统治的不断推进，其与边疆社会的矛盾不可避免。其设置诚州、沅州等，设官屯兵，布列砦县，“募役人，调戍兵，费巨万”，社会矛盾激化，曾使“公私骚然”。诚州侗人首领

① 吴永章：《中南民族关系史》，民族出版社，1992，第129、174页。

② （清）郝大成修，王师泰等纂（乾隆）《开泰县志》，乾隆十七年（1752）刻本，第27页。

③ （元）脱脱等撰《宋史·蛮夷列传一·西南溪峒诸蛮》卷493，中华书局简体字本，1999，第10935页。

杨晟台于元祐元年（1086），联同融州（今广西境内）侗人首领粟仁催，举旗反抗，迫使宋哲宗“调兵屯渠阳至万人”，但也无法平定，只好废砦堡，撤戍兵。乾道三年（1167），靖州中洞里（今新厂乡下戈村）苗人首领姚民敖（《宋史·蛮夷传》又作傜人姚明教），为抗服劳役，不输田赋，率众起义，杀靖州屯戍官员田琪。淳熙三年（1176），姚民敖再次起义，提出“民不服役，田不输赋”的口号。

中央王朝的边疆开拓与民众的不断反抗相伴而行，推行文化、思想一统的维护地方统治的举措势在必行。再结合湘黔桂界邻地区诸多族群的“多神信仰”特点，推行神明信仰成为维护地方社会统治的最佳方式之一，这也是宋朝地方管理的重要特点之一。韩森（Valerie Hansen）在其《变迁之神》的研究中指出了北宋时期中央王朝就开始大量敕封地方神明以加强地方控制。① 而飞山公杨再思会被选为敕封的对象，这主要是因为杨氏宗族作为湘黔桂界邻区域“巨族”与中央王朝不断的互动。

绥宁县东山横坡村《杨氏族谱》，靖州县《杨氏族谱》《杨氏宗谱》，会同《三公合谱》，贵州凯里《杨再思氏族通志》（后文简称《通志》）等文献多有关于“飞山公十子”的记载，即政隆、政韬、政修、政约、政款、政绾、政岩、政嵩、政权、政钦分别驻守武冈、罗蒙（今通道县）、真良（今绥宁县）、辰州府（今阮陵县）、绥宁县东山、贵州湖耳（今黎平县）等地区；这些族谱皆称飞山公为一世祖，各地杨氏多为其十子后裔。族谱中，十子多为地方首领，各镇守一方，虽多有美化宗族之嫌，不可全信，但仍反映了唐末宋初，杨氏宗族在湘黔桂界邻区域内的势力，非其他姓氏可比。

《宋史·蛮夷传》亦载：诚、徽州，唐溪峒州。宋初，杨氏据

① 韩森：《变迁之神：南宋时期的民间信仰》，包伟民译，浙江人民出版社，1999，第76～100页。

之，号十峒首领，以其族姓散掌州峒。太平兴国五年（980），杨通宝始入贡，命为诚州刺史。这开启了杨氏宗族与中央王朝之间的首次互动。淳化二年（991），其刺史杨政岩复来贡。是岁，政岩卒，以其子通盈继知州事。熙宁八年（1075），有杨光富者，率其族姓二十三州峒归附，诏以光富为右班殿直，昌运五人补三班奉职，晟情等十六人补三司军将，光僭为皇城使、诚州刺史致仕。光僭之子昌达，元祐五年（1090）复羁縻诚州时为刺史。[①] 与此同时，掌管徽州之地的杨氏宗族也与中央王朝开始了密切的互动。杨通汉，庆历元年（1041）入贡。杨光倩，杨通汉子，嘉祐五年（1060）被命为知州。杨光衔，熙宁九年（1076）以知州纳土，被命为内殿崇班。[②]

可以说，唐末宋初，杨氏族人即雄踞诚、徽州等地，对“十峒”地区实行“子孙相继”的世袭统治。杨氏族人世代充当刺史、洞官，受朝廷敕封或自封，他们既是行政长官及军事首领，又是杨姓氏族某宗支头人。中央王朝与杨氏的不断互动，促进了飞山公神明的形成及地方化，调动杨氏宗族的强大势力，以达到通过地方神明实现国家文化的大一统的目的。诚如光绪《黎平府志》所称：梁杨公再思据诚州称刺史，有功于民，因建祠于飞山之麓。其孙曰通蕴、通宝，通宝美丰仪，娴词令。宋太平兴国二年（977）纳款京师，太宗召见，以为贤，乃授诚州刺史。后敕封再思为英惠侯，诏封威远侯，吾司旧有祠祀。通蕴、通宝而以吾始祖……[③]又如清道光年间湖南提督杨芳拜谒靖州飞山庙，自称飞山公后代，并题联：当唐世瓜分威镇飞山六十余载为民生保障边境；助圣朝于舞神

① （元）脱脱等撰《宋史·蛮夷列传二·诚徽州》卷494，中华书局简体字本，1999，第10948页。

② 马力：《羁縻诚、徽州考》，《民族研究》1991年第6期，第89~97页。

③ （清）俞渭修，陈瑜纂（光绪）《黎平府志》卷二下，光绪十八年（1892）黎平府志局刻本，第28页。

留长岭亿万斯年励臣节垂裕后昆。正是在杨氏与宋王朝的互动中，飞山公有了“保境安民”“忠于朝廷”的初步形象，这有利于湘黔桂等界邻地区的社会稳定（图2－2）。

图2－2　靖州飞山

二　灵应传说：敕封与象征建构

飞山公信仰能跨越族群及其地域边界，成为湘黔桂界邻地区最重要的区域性神明之一，是中央王朝与地方社会在飞山公神明“标准化”“正统化”下为达到地方社会稳定的目的而不断互动的结果。

中央王朝为了维护湘黔桂界邻边疆社会的和谐稳定，在神明“标准化”“正统化”的目的下不断将飞山公“刻画”为“忠于朝廷”“助朝平叛”“保境安民”“有求必应”等符合国家与地方共同需要的形象。在神明“标准化”“正统化”的过程中，国家主要对飞山公进行了多次敕封，而地方官员、士绅等精英群体则借助战乱等灾难性事件创生飞山公“灵应”神迹以配合神明的“标准化”“正统化”。地方志书、碑刻等关于飞山公受中央王朝敕封有不同的记载。《杨再思氏族通志》称：

> 杨再思一生劳于边事，德泽湘黔，被历代朝廷树为教育边州藩臣、护国安邦、拓疆辟土的楷模。逝世后给予追封、诰封王官侯爵，抚慰百姓。继宋太祖追封“英惠侯”之后，续有仁宗皇祐六年（1054），诰封诚州飞山“威远广惠王”。[①]

而宋对神明敕封有严格规定，北宋将男性与女性神明以及道教仙真分成三个系统，所加封爵也各异。[②] 元丰三年（1080），太常博士王古制定了不同神祠封额爵号的相关顺序。对于男性神明，无爵号之神祠者赐庙额，已赐庙额者加封爵。初封侯，再封公，次封王，原有爵位者从其本。妇人之神首封为夫人，再封为妃。封号者初为二字，再加四字。如此则锡命驭神，恩礼有序。凡古所言皆当，于理欲更增神仙封号，初真人，次真君。[③] 到南宋时，凡是有灵验的供奉男性神明的神祠，先赐额，次封侯，每加二字至八字止；次封公，每加二字至八字止；次封王，每加二字至八字止。[④] 所以在神明分类及封号上，在宋时期都没有改变，只是南宋时封号字数有所增加，并且对字数有所限制，北宋封号规定为四字，南宋则规定不超过八字。《通志》所称飞山公于至和元年（1054）就被敕封为“威远广惠王”，而《碑记》及明《靖州洪武志》等绝大部分碑刻、地方志都称元丰六年（1083）才“赐庙显灵”。同时，飞山公被封为“威远广惠王”后才被封“威远侯”，其敕封字数、

① 杨再思氏族通志编辑部编《杨再思氏族通志》第 4 卷，中国图书文献出版社，2012，第 93 页。

② 冯大北：《宋代封神制度考述》，《世界宗教研究》2011 年第 5 期。

③ 《宋会要辑稿》礼二十，中华书局出版社，1957，第 767 ~ 768 页。

④ 《八琼室金石补正·渠渡庙赐灵济额牒》卷 117，续修四库全书（第 898 册），第 453 页。

等级皆下降，这有悖于宋朝敕封制度。又《弘农杨氏族史》载：绍兴三年（1133），宋高宗为感怀飞山神显灵救驾南渡而追谥为“阴助侯”。[①] 虽然提及了敕封缘由，但缺少其他文献佐证。

据《飞山神祠碑记》载：宋绍兴三十年（1160），封威远侯，宋淳祐间，已加为英惠公；此祀作于前，故只称侯。[②] 明《靖州洪武志》亦载：绍兴三十年（1160），封威远侯，淳熙十五年（1188）加号英济，嘉定十一年（1218）加广惠为六字侯，淳祐九年（1249），加英惠公。[③]《碑记》和《靖州洪武志》所记相同，或者可能是在前者的基础上进行了一定的增补。按上面所载，飞山公于宋被敕封四次，经历了由“侯”到“公”，展现了中央王朝对飞山公神明的不断“标准化”“正统化”的努力。只是飞山公多次受封的具体事迹没有明确记载，民间族谱等有载飞山公被敕封为威远侯是因其维护统一，开化诚州功绩显赫，威名远播。

而地方志书及碑刻等对元时期有关飞山公的情况基本无载，而只有湘黔桂界邻地区部分《杨氏族谱》称元时期中央王朝又有两次敕封。其称至元十九年（1282），元世祖诏封飞山公为宣明助顺王；延佑六年（1319），元仁宗诏封飞山公为诚州威远广惠王。其诏封“诚州威远广惠王”的内容为：

敌王所忾，世选尔劳，有功于民，死当庙食。以尔西秦望族，当代元勋，率子姓以辅朝廷，纠家众而鼓忠勇。偏州坐镇，五省蒙休；屡世宣猷，百年不坠，自非素以忠义固结民心者不能。及身既殁矣，犹思造神于民。故祷雨祈晴，御灾捍

① 杨维森：《弘农杨氏族史》，三秦出版社，2013，第252~253页。

② （清）魏德畹等修（道光）《靖州直隶州志》卷十二上，道光七年（1827）刻印本，第44~45页。

③ （明）唐宗元修《靖州洪武志》（不分卷），刻印本。

> 患，默佑一方，叩之无不响应。虽前赐尔侯，封谥尔广惠，仅足酬广石柳庆、比沙渠之功也。今部者以缺典，请加尔王号，可特封飞山威远广惠王，汝其益赫厥灵，勿昧尊主庇民之志，钦哉。①

此处仍然强调飞山公“率子姓以辅朝廷”“御灾捍患，默佑一方”。而此敕封内容中“以尔西秦望族，当代元勋，率子姓以辅朝廷，纠家众而鼓忠勇”较显著的宗族话语，其出处也为民间杨氏族谱，所以其存在较明显的建构性。又据康熙《靖州志》载：

> 飞山庙，祀古诚州刺史杨通宝之祖再思者，常有功于郡，宋绍兴三十年封威远侯，淳熙十五年号英济侯，嘉定十一年加广惠侯，淳祐九年乃加英惠侯。正统十年郡守苏忞重建……，岁时旱潦民疫厉，祷之辄应。每六月初六日侯生辰，十月二十六侯忌辰，有司具太牢祀之庙宇。②

该志在对飞山庙记载时对其敕封也进行了记载，同时我们也可以从其中了解到清康熙年间，每六月初六日侯生辰，十月二十六侯忌辰，有司具太牢祀之庙宇。乾隆年间，威远侯庙已与火神、龙神、马祖、八蜡等庙共同享受官方祭祀多时。③ 而光绪《黎平府志》又称：铜仁飞山庙，古为苗地，自宋代杨家军征服铜仁，苗、

① 参见靖州《杨氏总谱》，1987，第25～27页；杨维森：《弘农杨氏族史》，三秦出版社，2013，第253页。

② （清）祝钟贤修，李大翥纂（康熙）《靖州志》卷三，康熙二十三年（1684）刻印本，第16～17页。

③ （清）吕宣曾修，张开东纂（乾隆）《直隶靖州志》卷九，乾隆二十年（1761）刻印本，第18页。

汉方始共居，皆为巫而迷信鬼神，传言令公一度显灵，庇佑社稷，故清嘉庆二年（1797）八月，奉旨赐“宣威顺助”匾额一张，悬于庙内。[①] 同治七年（1868），因飞山公自咸丰以来，屡著显灵，迭保危城，所以巡抚刘奏请，奉旨列入祀典至今，春秋二届及六月六日神诞，州牧咸致祭焉。[②] 从这些记载来看，自宋到清末，飞山公神明的地位得到了显著提高。

宋朝敕封神明的条件是“祈祷灵应”，建中靖国元年（1101）规定：所祈累有灵应、功德及人、事迹显著。淳熙三年（1176）规定：功绩显著、惠利及民者，非泛常应验。[③] 飞山公神明的“祈祷灵应”事情往往为地方官员、士绅等精英群体“亲身实践”，以配合中央王朝的敕封，进而实现神明的“标准化”“正统化”。而湘黔桂界邻边疆社会又具有创生飞山公“灵应”故事的“沃土”。宋以来中央王朝对该区域的控制日益加强，冲突也日益严重，导致宋至清战乱不止。飞山公第一个“灵应”故事就是助江陵驻扎统制率逢源平定淳熙三年（1176）靖州姚民敖之乱。如《飞山神祠碑记》称：

> 淳熙三年，来威中洞姚民敖作过，朝廷调发江陵驻扎统制率逢源提兵收捕，密祷于神，既与贼战，觉空中飞沙飘石，奔风急雨，贼皆股慄，望风而退，由此获捷。率乃答神之赐，增修行祠，易以竹瓦。[④]

---

① （清）俞渭修，陈瑜纂（光绪）《黎平府志》卷二下，光绪十八年（1892）黎平府志局刻本，第28页。

② （清）吴启凤主修，唐际虞、李廷森主纂（光绪）《靖州直隶州志》卷七，光绪五年（1879）刻印本，第3页。

③ 杨浚辑：《清水岩志略》，载《敕赐昭应慈济大师牒中国道观志丛刊续编》卷2，广陵书社，2004，第35页。

④ 参见《飞山神祠碑记》，转引自（清）魏德畹等修（道光）《靖州直隶州志》卷十二上，道光七年（1827）刻印本，第44~45页。

时隔六年，太守孙公传就对外称：“雨赐时若，年谷屡丰，赖飞山公之神佑，乃出己俸，取新去故……举酹而祀之。”① 到了元、明时期，湘黔桂界邻区域仍然时有战乱。《元史·顺帝纪》载：至正六年（1346），靖州零溪（今藕团乡三桥村一带）少数民族首领吴天保反抗元朝的残酷军事统治而起义，先后攻占武岗、黔阳、沅州、辰州、靖州等地，震动元廷。明洪武十一年（1378），潘老乡中兰侗人“划平王”吴勉反抗“拔军下屯，拔民下寨”的明朝屯田制度，先后攻下永从、黎平、古州、靖州等地。② 明正统十年（1445），知州苏忞重修飞山庙。也就在这一年，苏忞被黄柏寨苗民联合黎平勾猛、绞桥及广西蒙顾、拜洞的苗侗人民起兵所杀。③

湘黔桂界邻边疆社会历经不同朝代战乱，地方官员、百姓无不深受影响，这进一步促使地方官员将飞山公塑造为“有功、勤民、捍灾、御患”等维护地方社会稳定的神明形象。明倪镇所记《重修飞山神祠碑记》载：

> 按礼有功勤民御灾捍患者，祀之。不然为淫祠也。吾郡之飞山神生以威德服溪峒苗夷而民受其福。终则精夹不昧民立祠以祀。凡水旱灾，历有祷，克应。虽深山穷谷中，莫不有庙，事皆载古志及谢繇碑文中……④

越嘉靖丙申（1536），实今清平云崖金公分守之，明年一夜

① 参见《飞山神祠碑记》，转引自（清）魏德畹等修（道光）《靖州直隶州志》卷十二上，道光七年（1827）刻印本，第42~43页。

② 杨胜中主编《黎平县民族志》，贵州民族出版社，1989，第182页。

③ 靖州苗族侗族自治县县志编纂委员会：《靖州县志》，三联书店，1994，第794页。

④ 《重修飞山神祠碑记》现存于靖州飞山庙中。

梦神，素服、白马相谒，问其姓，答曰：木姓也。及谒庙，宛如所梦，因悟杨从木从易，是为神姓，见其倾圮，捐俸修之。[①] 金公梦神，意在扩大飞山公神明的影响。又邓锺在《二王庙碑记》称：

> 郡志飞山神杨公讳再思，宋诚州刺史，杨宗保之祖。常有功于郡，绍兴年封威远侯，祀之飞山，有祈则应。其二王无所考，旧有飞山庙祀二神焉。万历庚子春，值郡苗猖獗，戕我官军，夺我囤房，毁我庙宇，尽人神共愤久矣。余自惠州三檄征播，事后复有征苗之役，值中右告急，乃以偏师三道进发，一日遂破草坪，平黄菖蒲上下，洪州诸寨中右易危为安，尽是岁之阳月念廿日也，时值大兵未集，驻营郊外飞山庙址在焉，因忆兴师之夜，梦三神自云中夹山而飞，其一赤面，其二面白，呼曰：吾来助战。余觉而心异之，其赤面吾知其为关汉寿亭侯也，其白面不可知，然知其缴神之惠也，比谒飞山二神，恍如梦中所见，遂卷金属材官胡朝文兴其庙貌，适副将右山陈公良玭游戎翼所，陈公策后先继至，各助金若干，不日告成。余重有感焉，昔田安平以一卒而为神，人而托之神也，张睢阳为厉鬼以杀贼，神而托之人也。乃不托之人，不托之神，而托之梦寐之间。如造父梦驾江淹梦笔，远如晋文之梦抟楚子，大如傅岩之人梦高宗何异。大都天地有正气，鬼神得其正气，其精爽神明，常与人之精诚相感召其形，诸梦寐类如此，何足异哉。[②]

① 参见《飞山神祠碑记》，转引自（清）魏德畹等修（道光）《靖州直隶州志》卷十二上补续，道光七年（1827）刻印本，第44~45页。

② （清）俞渭修，陈瑜纂（光绪）《黎平府志》卷二下，光绪十八年（1892）黎平府志局刻本。

邓锺所创生的飞山公“灵应”神迹，将飞山公与关公联系起来，足见其提升飞山公神明地位的意图。明万历四十年（1612），铜仁知府陈以跃于东山飞山庙①诏告，其称：

> 百官奉朝廷之命，所以利尊元元（民众），保固疆土；百神奉上帝之命，阴助官司，保土安民。幽民合德，辅正凡平，理有固然。铜仁府数年被苗残虐不忍见闻，近本府莅任，登东山之土，见一庙宇颓塌，问之，曰：飞山神庙也。复询之，缙绅父老云：飞山神在先朝有功德于兹土甚巨，无不血食之。若然，则尊神为斯民之保障甚久矣。聪明正直之谓神，聪明则奉若天道，惠利生民……。正直则必佑助良善，芟除叛乱，秉安内攘外之权，除非淫秽之祀。本府睹兹庙貌之颓，深咎我官民之不能祀神，甚而有冀于神之来福佑我土也，用是捐资修葺，腐者易之，妆饰大像，整备祀器，岁奉诞日，用陈明礼，仍引各属境，在所供祀……。神其鉴本府之虔悃，念郡境之残破，从今以起，专力庇佑护，永绝苗患，如内境水良等山，苗之有敢蠢动，亟其枭魄，夺其逆志，动辄失利。如外境细苗或欲入犯，更祈遏绝其路径，縻挚其手足，小劫则小败，大劫则大败。我营兵卒，每出必提。我乡寨民，随守必固，四封之内，民乐其业。如此，则尊神保障之恩，愈久弥烈……。凡官兹者皆藉吾神相助，得臻熙宁之绩，以报朝廷。行将敕祀无穷，与宇宙长存矣……②

从以上内容可以看出作为知府的陈以跃认为本地数年多被苗残

① 铜仁飞山庙现已为国家重点文物保护单位。

② 转引自杨再思氏族通志编辑部编《杨再思氏族通志》第4卷，中国图书文献出版社，2012，第98页。

虐不忍见闻，乃是飞山庙宇颓塌，本地官民没有祭祀飞山公的原因，于是修葺飞山庙，并大力倡导本地官民信奉飞山神，以得其神佑，远离苗乱等灾难。其意在强调飞山公维护边疆稳定的神职，为神明的敕封创造条件。正是因为历代地方官员、士绅等精英不断创生飞山公各种“灵应”神迹，才提升了飞山公神明的地位，助推了中央王朝将飞山公神明“标准化”“正统化”的实现。

三 神与界：飞山公信仰的跨区域传播

现有的地方志书、碑刻等有关飞山庙的记载，除了《飞山神祠碑记》中所建飞山庙为宋时期外，其他多为明清后所建，可推测到明清时期，飞山公信仰才跨越了族群及其地域边界，逐渐成为人们共同信奉的神明。清《天柱县志》载：明初，在县治西门外建飞山庙，各里崇祀不一。① 说明明初飞山公信仰已传播到天柱一带。弘治《贵州图经新志》称：黎平飞山庙，旧在靖州飞山，洪武十年（1377）迁建于此。② 表明飞山信仰于明初从靖州飞山传播到黎平。康熙《靖州志》记载有通道飞山庙，但无具体始建时间。嘉庆《通道县志》称通道飞山庙建于城东……后旱涝疫厉，祈祷必应。③ 通道与靖州毗邻，且古与靖州同为诚州地，据此推测飞山公信仰可能较早就传播到了该区域，且延伸到广西三江县北部等地区。同治《沅州府志》载：芷江飞山庙，始建年代不详，明万历年间毁，后复建。④ 同样在明代，玉屏县于北门外始建飞山庙。⑤ 明万历四十年（1612），铜仁知府陈以跃见一庙宇颓塌，问之，

① （清）王復宗：《天柱县志》，清康熙二十二年（1683）刻印本，第26页。

② （弘治）《贵州图经新志》卷七，刻印本，第10页。

③ （嘉庆）《通道县志》卷二，刻印本，第33页。

④ （同治）《沅州府志》卷十八，刻印本，第12页。

⑤ （乾隆）《贵州通志》卷十，刻印本，第14页。

曰：飞山之神庙也。[①] 表明在此之前，飞山公信仰已扩展到贵州铜仁一带。

民国《岑巩县志》云：飞山庙，在城南点灯山下之飞山麓。[②] 亦无始建时间，殿碑铭只记载了清乾隆五十一年（1786）重建。嘉庆十年（1805），洪市始建立飞山宫。[③] 同治《城步县志》记载有城步飞山庙，祭祀宋诚州刺史杨令公再思。[④] 到清末时期，飞山庙基本已分布于湘黔桂界邻地区的侗、苗、汉等不同族群居住的村寨，呈现区域性特点。

据光绪《靖州乡土志》载：各寨皆立飞山庙。[⑤] 光绪《黎平府志》也称：又王寨、洪州所均有飞山庙。[⑥]《中国苗族通史》亦称：武陵、五溪地区每寨都有飞山庙一座……[⑦]《岑巩县志》对该境内的飞山庙宇进行了统计，其称今岑巩县境内有大小飞山庙上百座。[⑧] 这些地方志书及相关著作，以文本的方式为我们呈现了飞山庙宇广布于该区域社会的特点。

2007 年，在发展地方旅游的目的之下，由政协文史委具体负责，以靖州县政协的名义展开了一次“‘飞山蛮’文化百县问卷调查”。此次调查向可能存在飞山庙的上百县市发出公函，主要涉及湘、黔、桂、鄂、渝、川、滇七省（自治区、直辖市）

---

① 杨再思氏族通志编辑部编《杨再思氏族通志》第 4 卷，中国图书文献出版社，2012，第 98 页。

② 岑巩县志编纂委员会：《岑巩县志》，贵州人民出版社，1993，第 830 页。

③（光绪）《会同县志》卷十三，刻印本，第 10 ~ 11 页。

④（同治）《城步县志》卷四，刻印本，第 12 页。

⑤（清）金蓉镜修（光绪）《靖州乡土志》卷三，光绪三十四年（1908）刻印本，第 3 ~ 4 页。

⑥（清）俞渭修，陈瑜纂（光绪）《黎平府志》卷二下，光绪十八年（1892）黎平府志局刻本，第 35 ~ 36 页。

⑦ 武新福：《中国苗族通史》，贵州人民出版社，1999，第 413 页。

⑧ 贵州省岑巩县志编纂委员会：《岑巩县志》，贵州人民出版社，1993，第 120 ~ 121 页。

相关少数民族地区的126个县市，收到湘、黔、桂、鄂、渝五省市32个县市的回执表，滇、川两省无回复，另外其他诸多县市没有回复，如贵州黎平等县。依据以上县市原有以及现存飞山庙情况回执表进行统计，得出基本数据为解放前有飞山庙221座，现存75座，并依据回复的存毁情况做出了一份飞山庙分布图。因为缺少实地田野调查，而是官方性的发函调查及各地回复存在不完整性，数量上可能有较大的出入，实际上庙宇的现存以及历史上存在的数量都远远超出该统计。但是这份分布图也能为我们展示一个大致的飞山庙宇区域分布状况。

飞山庙的分布区域，如按照当下行政区域划分的话，则主要涉及湖南、贵州、广西、湖北、重庆五省（自治区、直辖市）。湖南靖州不仅是飞山公信仰的发源地，而且飞山庙数量不少。湖南省会同县、绥宁县、通道县飞山庙分布非常广，有的一个乡镇就有几十座飞山庙。广西北部的三江县也有飞山庙宇30余座。而贵州省的锦屏、黎平、天柱、镇远等县市也是飞山庙集中分布的区域。湖北的恩师、来凤以及重庆的秀山等地也有飞山庙分布，只是数量不多。所以，飞山庙分布最为集中的还是侗、苗等族群居住的湘黔桂界邻区域。

对于飞山公信仰的历史存在，我们已然可以通过历史遗留的一些文本或碑刻去追寻。湖南通道县平坦乡高步村虽未能见到飞山庙宇的存在，然而在萨岁坛旁立有一块光绪七年（1881）的“封禁碑”，所载内容为：

> 一禁：飞山庙左边系龙才明、龙如蒙地基三间……；一禁：飞山庙原系龙英才地基，世人不准占用……；一禁：南岳庙……；一禁：达摩天子……①

① 此“封禁碑”现存于湖南通道县平坦乡高步村寨中心萨岁坛旁。

据此“封禁碑”的内容可以确证该村寨历史上曾存在飞山庙。而平坦乡阳烂村同样无飞山庙踪影，但是村头河边有一块不知立于何年的石碑，部分字迹模糊，其称：

> 雷祖大帝、南岳大王、飞山侯王三大尊神乃文乃武乃圣乃神，授命委身节义偕山河并寿，御灾捍患，威灵与日月争光，在国尊崇祀典，在野礼重明禋。我团自入版图而后，先人皆资神惠，始立神祠于团中而祭之。①

显然这块碑记是对该地方所祭祀重要神明的记载，其中就提到了飞山侯王，即飞山公。通过这些碑刻我们可以追溯到该区域曾经飞山公信仰文化浓厚。同时，我们也注意到，湖南地区存在以飞山庙命名的村寨，如洞口县桐山乡飞山庙村，而贵州则有以飞山命名的街道，如贵阳市区飞山街——原来那里就有一座飞山庙。这些地名以飞山庙为名，可见飞山公对该区域的重要影响。

飞山公信仰之所以能在湘黔桂界邻区域传播，其有着多重的因素。首先是如上文所阐述的从宋以来的多次敕封，再到清朝时被纳入国家正式祀典，飞山公地位得到了很大的提高；其次是中央王朝在神明“标准化”“正统化”下依靠地方官员等对飞山公信仰的大力推广，广大民众与杨氏宗族也参与其中，在移民等历史背景下将飞山公信仰传播于湘黔桂等广大地区。同时，在认同地方官员、士绅等精英与中央王朝互动下的“灵应飞山公”神明形象外，进一步丰富了飞山公的神明形象。

湘黔桂界邻区域历史上人口大量流动。宋熙宁九年（1076），章惇开“梅山”，一直打到五溪之地，后引起该区域大量的人口

① 此碑刻现存于湖南通道县平坦乡阳烂村河边。

流动，会同县许多族谱记载“其始祖于宋时落籍湖南靖州再迁徙于会同”即与此有关。到了明代，朱元璋血剿江西，实行“江西填湖广云贵”的屯兵垦荒政策，士兵可携家眷落籍。同时，在五溪等地区广设“卫所”，大量江西人流入该区域。笔者在田野调查中发现当下诸多杨、吴、蔡等族谱多称祖先来自江西某地，飞山公在诸多杨氏族谱中也是“祖籍江西”。清雍正年间，云贵总督鄂尔泰和贵州巡抚张广泗在贵州实行“改土归流”，用武力“开辟清江六厅”，黔东南苗、侗聚居区人口锐减，出现“有十去其二三者，有十去其五六者，或八九者，统计现有户口，较之以前，未能及半，所有绝户天地颇多”的状况。乾隆元年（1723），张广泗呈奏苗疆善后事宜，建议招江西、湖南等地汉人到这些地区耕种。[①] 通道境内的苗族来源，一说是从黄河流域迁徙而来，最初落脚靖州的三锹等地，清顺治年间先后迁入通道；一说是来自江西，由江西迁贵州再迁湖南靖州，然后进入通道境内。[②] 人口的流动带来了新的生存环境，人们便将原来居住地的飞山公信仰带到了迁徙之地。[③] 广西三江县林溪高友村有一座吴氏飞山庙，其《庙堂序》载：

> 盖闻靖州之境有一飞山庙宇，庙中杨公即威远侯王也，屡显圣于其地。杨公生为良将，殁为明神……吴家始祖之坛，清代乾隆年间由靖州经高团迁于斯。奉之则灵，民丰物阜，五谷丰登。[④]

---

① 锦屏县民族宗教事务局：《锦屏县民族志》（内部资料），2006，第 17 页。

② 通道侗族自治县民族宗教事务局编《通道侗族自治县民族志》，民族出版社，2004，第 2 页。

③ 如在湘黔桂界邻以外的湖北宣恩的谢家飞山庙。龙、谢五姓约在清高宗乾隆年间，一部分人北迁湖北宣恩县潭区、晓关一带，先后建造了 15 座具有本族特色的飞山庙。

④ 《庙堂序》，现存于广西三江县林溪乡高友村吴姓飞山庙大门处。

该《庙堂序》告诉我们，高友村吴氏祖先乃清朝乾隆年间由靖州迁出，然后经过通道县高团地区，最终落脚于高友村。在移民的背景下，吴氏祖先将靖州的飞山公信仰带到了高友地区并新建了飞山庙。此类移民背景下民众将飞山公信仰传播到各地的情况在湘黔桂侗、苗、瑶、汉等族群居住之地非常普遍。

可称之为神明“分香”的方式成为广大民众在与国家互动过程中传播飞山神信仰的另一种途径。广西三江县独洞乡巴团村飞山神信仰文化已有几百年历史。村中老人们回忆：

> 这里的飞山公神明是自己的祖辈们，已记不清具体是哪一年，前往靖州飞山庙请过来的。当飞山庙建好后，周围的人都前来祭拜。没过多少年，同乐乡集团村的人们因为此飞山公非常灵验，但因为距离的原因不能常来祭祀，意欲将飞山公神明请到集团村寨去，以方便祭祀。请来道士在飞山庙做法事，道士由阳人变为阴人后与飞山公进行交流，然后告诉大家，飞山公不愿意去其他村寨，除非满足自己的要求，那就是每隔 7 年 7 月 7 日要用一头大水牛祭祀自己。水牛不能以平常方式杀死，只能用绳子套住牛脖子然后将其吊上树，当吊上树后在牛嘴里、牛的全身都缠绕上鞭炮，将其炸死。人们践行了对神的诺言，终于将飞山公请了下去，在村中建起了雄伟的飞山庙，举行隆重的祭祀仪式。①

如果说民众在飞山公信仰的传播中扮演了重要角色的话，那么杨氏宗族也积极地参与了“祖先神明”区域化的互动。“飞山公第六子正绾子孙从绥宁迁徙至会同；明洪武年间后尚有几支杨姓从外地陆续徙居会同。”② 这些移民将飞山公信仰带到了会同地区。据

---

① 该资料为笔者于 2014 年 3 月下旬于广西三江县独洞乡巴团地区访谈而得。

② 湖南省会同县志编纂委员会：《会同县志》，三联书店，1994，第 158 页。

侗族主要的一族《杨姓族谱》称：

> 我始公天应于明永乐十四年（1416）由靖州飞山迁入中寨出云洞。当公未到时，有吴世万、姚君赞、龙必盛、谢天飞住在那里。那里屡月云雨，不见红日，兼以风声鬼泣，子夜磷飞，人民多病，播种少成。他公立庙宇，到处祷告，请来“飞山”之神报说：“若要云雾开，要等杨姓来。”四姓就去找杨天应兄弟，杨姓到来，率四姓披荆斩棘，开粮辟地，于是大地开朗，瘴疠潜消，成为诸姓的安乐土。①

此类家族移民的历史以及多家族合作的历史记忆，正反映了杨氏家族借助移民契机促进了飞山公信仰的传播。如飞山公又被称为“飞山土主”“土主”“土王”，在土家族人心目中是主要的崇拜者及祭祀对象。如思州田氏始祖田宗显（隋代黔中太守）、远祖田佑恭（宋代思州刺史）被土家族尊奉为“土主”“土王”，立庙供奉祭祀；冉姓土家人尊奉宋代酉阳州刺史冉守忠为“川主”，进行春秋二祀；杨姓土家族人则尊奉五代诚州刺史杨再思为“土主”，立飞山庙祀之。同时，广大民众与杨氏宗族在飞山公神明的“标准化”“正统化”互动下将飞山公信仰传播到了湘黔桂等广大地区。民众与杨氏宗族不仅对飞山公信仰进行了广泛的传播，还对其“灵应神迹”下“保障安民”“忠于朝廷”等神明形象结合地方文化进行了多样化。

在贵州黔东南、湖南怀化及广西三江县等侗、苗、水等族群居住之地，凡是建有飞山庙祭祀飞山公的地区，都广泛流传着各种飞

① 参见政协会同县文史委、会同县民委编《会同文史资料·晃县的侗族》第3辑，第82~83页；新晃侗族自治县地方志编纂委员会编《新晃县志》，三联书店，1993，第754页。

山公灵应故事。如在会同县一带流传着这样一个祖辈传承下来的故事：以前湘黔桂等地区土匪猖獗，时常到处杀人抢劫。有一年，沙溪遭到土匪杀人抢劫，有一位叫杨国龙的老人，逃跑时什么东西都没带，就只是背着飞山公的神像，飞山公显灵，土匪无法看到他，所以免遭土匪杀害。湘黔桂界邻地区历史上动乱不断，湘西一带又曾经土匪流行，这些都影响了地方社会的稳定。所以人们赋予了飞山公更重要的保护神身份，将飞山公当成了维护地方稳定、有求必应的神明。

历经不同时代的传播，飞山公信仰跨越了族群边界，成为该区域侗、苗等族群共同信奉的区域性神明。该地域社会以侗、苗为主，并有汉、水等多个族群，而作为“土著”的侗族则是信奉飞山公的最主要群体。前人在对该区域内的会同县进行民族识别时，认为侗族的民族特点体现于宗教信仰方面为信仰“奶奶神”“杨公菩萨”之外，还信奉蛇神。[①] 此处所说的“杨公菩萨”多指飞山公杨再思。广西北部三江县所编著的《三江县志》在对境内庙宇情况进行统计时称：三江县侗族地区常见的庙宇有飞山宫等。[②] 而湖南境内的会同县编著的《会同县志》亦称：侗族崇尚飞山主公杨再思，相传五代末年，他掌管十峒，为本地百姓办了许多好事，各地遍立塑像，四时敬奉，县境内原有飞山庙、杨公庙 38 座，大多数毁于兵燹战火，现在漠滨乡金子村、长寨乡大市村、炮团乡杨湾团等村尚存。[③] 从这些地方志书的表述中，可知飞山公信仰盛行于该区域内广大的侗族居住之地，与侗族人群有着密切关系。

---

① 黄同金、粟多穗、李一西：《会同县民族识别概况》，转引自政协会同县文史委、民族事务委员会：《会同文史资料》第 3 辑，1988，第 4 页。

② 广西三江侗族自治县志编纂委员会编纂《三江县志》，中央民族学院出版社，1992，第 182 ~ 183 页。

③ 湖南省会同县志编纂委员会编《会同县志》，三联书店，1994，第 873 页。

如果飞山公只是限于侗族信仰，就不会呈现广布于湘黔桂界邻地区的特点，飞山公还被苗、水、汉等族群信奉。清乾隆时期所修的《镇远府志》在对施秉县祠祀部分描述时写道：飞山庙，在东门外，即唐时诚州刺史杨再思也，偏桥右司是其苗裔，故立庙祀之。[①] 我们可知该地苗族自认为是杨再思后裔，而加以祭祀。凌纯声、芮逸夫在其《湘西苗族调查报告》中称苗中每寨又有飞山庙一所，庙式与土地庙大致相同，每年逢二、八两月的初二日，阖寨人在祭过土地之后，必祭此神，以求保佑本寨之人。[②] 可见飞山公在苗族神明信仰体系中亦占据着重要的位置。飞山公作为该区域社会两大主体族群信奉对象的情况，基本决定了飞山庙宇的分布情况。不仅如此，在水族聚居之地的黎平水口镇己流村等地也有飞山庙的存在，虽然庙宇毁于“文革”，但是2002年得到了复修。同时，作为移民群体而进入该区域社会中、人口众多的汉族，信奉飞山公的亦极为普遍，飞山庙宇与佛庙、道观并存于村落社会中。

小　结

飞山公信仰于唐末宋初肇迹于湖南靖州飞山，即唐末宋初“飞山蛮”活动的中心地区。而后经历了自宋到清末不同朝代的中央王朝基于维护边疆社会稳定目的之下的神明“标准化”“正统化”过程。飞山公完成了从杨氏祖先到地方神明再到湘黔桂界邻地区侗、苗、瑶、汉等不同族群广泛信奉的区域性神明的转变。这是中央王朝、地方官员与士绅等精英以及民众、杨氏宗族

① （清）蔡宗建修，龚传坤纂（乾隆）《镇远府志》卷二十八，乾隆刻本，贵州省图书馆据南京图书馆复制油印本，1965。

② 凌纯声、芮逸夫：《湘西苗族调查报告》，民族出版社，2003，第113页。

等不同群体在不同朝代下长期互动的结果。杨氏作为湘黔桂界邻区域“巨族”，再加上与中央王朝之间的不断互动，助推了其祖先杨再思由人到神的转变。飞山公在历代中央王朝不断地敕封下日益被“刻划”为“忠于朝廷”“保境安民”等神明形象。在这一过程中，地方官员与士绅等精英发挥了重要作用，其借用“战乱”等因素不断创生飞山公神明的“灵应”神迹，为中央王朝将飞山公神明“标准化”“正统化”创造了极佳条件。而杨氏宗族以及普通民众则扮演了飞山公神明“标准化”“正统化”下将飞山公信仰向其他地方传播的角色，并结合地方社会特点赋予其丰富的地方保护神等神明形象。

诚然，如华生等学者所讲的神明“标准化”“正统化”有利于国家与地方的和谐相处，飞山公神明为湘黔桂界邻地区的社会稳定发挥了重要作用。但是，与沿海等地的区域性神明妈祖不同的是飞山公兼具亦神亦祖两重身份，所以在其神明“标准化”“正统化”下具有不同的特征。湘黔桂界邻地区居住着苗、侗、瑶、汉等不同族群，又历经了不同朝代的开疆拓土历程，这一特殊的地域社会造就了飞山公神明“保境安民”“忠于朝廷”以及“地方保护神”等多元的神明身份。

其实我们可以看到，飞山公信仰的区域化过程，其实是王权所主导，而其代言者则是地方官员。官方掌握着文字话语权，通过碑刻或早期地方志书不断讲述其灵应历史传说，所以我们基本看不到民众层面相关的早期灵应传说，民众层面出现有关飞山公灵应传说的时间较为晚近。而民众有关飞山公最早的传说则为“杨令公大破飞山寨”，主要讲述在靖州的飞山寨盘踞着一个名为“潘老虎”的“蛮王”，因其持有天书和宝刀，而且还有三千乌鸦兵和九十九只老虎为其所用，为霸一方、无恶不作。飞山公杨再思捉了“潘老虎”。从前迫于“潘老虎”淫威的百姓又回到了飞山寨，并公推杨令公做了飞山峒主。后来人们为了缅怀令公功德，修建起飞山生庙永远供奉。[①] 而另外一个有关飞山公的历史传说则为杨太公居溆州北方峒寨，此外，一个叫作潘大虎，居溆州东南八峒，一个叫杨雷神，居溆州西南五峒，一个叫作姜士奇，居西方三峒，四人结拜为兄弟，誓同生死，但后来潘大虎等为朝廷所灭。杨太公则保护了峒民、维护了地方稳定，因此被建庙祭祀。[②]

可以看到民众讲述的飞山公早期传说要么较为神化，要么就是讲述民间故事，基本没有如地方官员所讲述细致入微的诸多灵应传说。所以官方文字书写肯定早于民间故事讲述，且基本形塑了飞山公的神明形象。对于飞山公“保境安民”“忠于朝廷”及“地方保护神”等形象，民众及杨氏人群基本也是认同的，民众也期许生活的区域社会能和谐稳定而无战乱的侵扰，当然杨氏人群也更乐意接受“正统化”的灵神与贤祖。

① 杨昌太讲述，林河整理《杨令公大破飞山寨》，载靖州苗族侗族自治县民间文学三套集成办公室编《中国民间故事集成湖南卷·靖州资料本》（内部刊印本），1988，第20~22页。

② 吴万源：《试论飞山蛮与侗族》，《贵州民族研究》1987年第2期。

第三章　靖州飞山庙：历史记忆与“总庙”话语

飞山公杨再思以靖州为源起，跨越了族群、宗族、地域等边界，成为湘黔桂界邻区域民众信奉的最主要神明。本章将主要讨论这些生活于该区域不同空间场域下的民众是如何看待本境飞山公信仰与靖州之关系；而作为飞山公信仰发源地的靖州飞山庙，因岁月侵蚀、社会运动等因素遭到破坏，祭祀仪式也被中断，人们历史记忆下的飞山庙及飞山公神明形象又是如何；在庙宇复修、庙产之争及祭祀仪式重新恢复的过程中，普通民众、以飞山公杨再思后裔自诩的杨氏、地方政府、地方权威与精英人物等这些不同人群间发生了怎样的互动；与此同时，在飞山公信仰重新恢复后，民众基于记忆并结合当下实际又是如何在继承的基础上实现仪式文化的再造。

一　飞山庙之“靖州总庙”话语

二月初二日祭飞山庙，先祭达摩，后来进庙用诀。统开庙门锁，弟子进来，右边巡，大寄、二寄坐两边。弟子进来，座天国海一香未到，庙堂门下烧起二、三炷，焚香、焚香到香焚，香生在何州，生在何县，生在西眉山上下，只见混沌年二十七日七夜，眉风细雨，打落深塘海岸，五龙相打，波浪登天，凡人不敢近前。先通州县，后奏朝廷，鲁班先人左手提刀，右手提剑，金刀斩下赶斧，必开执在香炉头上，押在香炉头下。上烧无风自起，下烧无火自焚，上烧一炷，黄云盖天，中烧二炷，紫云盖地，下烧三炷，通铺十方，焚香炮炮，奏上天朝焚香分，奏上天门，焚香敬请当年当月当日当时五方三界四面功传文使，前去靖州飞山寨上下马王江口曲河大殿，不请何神，敬请飞山土主威远侯王……。人有一叫，神有三请，飞山土主威远侯王，大王十万雄兵，二王八万草将，两尾巡查两衙土地，金花小娘、银花小妹、左判门官、右判户典，请在庙堂里内受领真香，一心奉请。人有一叫，神有二请，诸位神祇立身安位，弟子各请一声，万圣降灵，各请二声，千神来到，东方不来，焚香请来，西方不到，焚香请到，诸未到，班车下马，銮车下降，未到已久，未到以毕。弟子未通人民，先通州县，今提：广西柳州府怀远县上大营甲团居住奉……（图 3－1）[①]

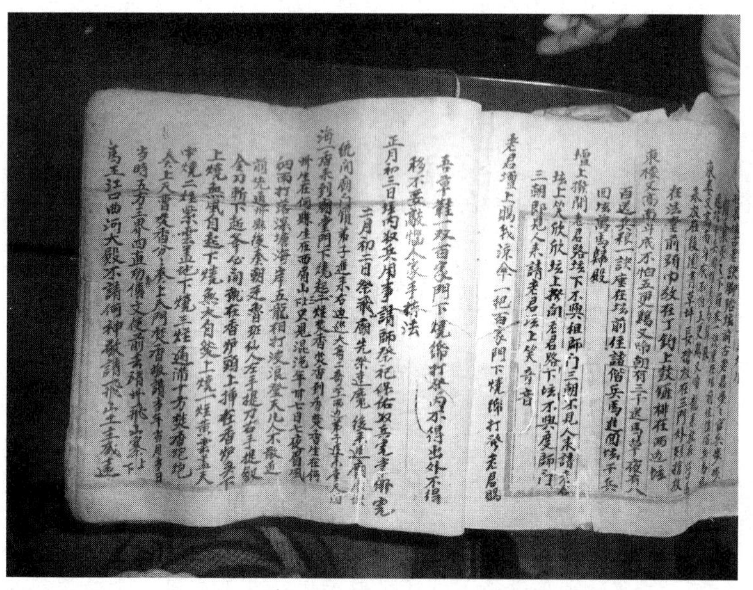

图 3－1　《祭祀飞山大王经文》

① 《祭祀飞山大王经文》，于湖南通道与广西三江界邻的侗族村寨吴姓道士家获得，经笔者整理。

以上内容摘自《祭祀飞山大王经文》部分，出自湖南通道与广西三江界邻的侗族地区一位80岁高龄吴姓民间道士传承自祖辈的《代代传》科仪文本，该祖传仪式经书经过多次手抄才有幸保存至当下。其祖辈们都从事民间道士行业，只是文本并未对其从事代数进行记载，而记忆又总是呈现模糊或遗忘的状态。虽然不能知道初创于何年，但据其中内容表述推算也有两三百年以上的历史。

该经文对于我们研究该地域社会飞山公信仰之下的飞山庙“靖州总庙”话语实践有着重要的作用。从经书文本我们不难发现，该地的侗族民众祭祀飞山神仪轨程序中的请神环节，必“前往靖州飞山寨上下马王江口曲河大殿敬请飞山土主威远候王”，其中飞山土主威远侯王即飞山公杨再思，曲河实为渠河之误。该地飞山公信仰文化浓厚，曾经有一座规模宏大的飞山庙宇，毁于早期。虽然庙内曾供奉着飞山公神像，民间道士们祭祀时仍要请五方三界四面功传文使前往靖州飞山寨请飞山土主威远侯王，可能源于民众认为飞山公乃从靖州飞山寨“分香”而来，飞山公信仰源于靖州飞山的思维已然植根于当地民众心中：此地飞山公只是“分身之形”，而靖州飞山神才是“神明本体”。

鉴于年代久远以及文献缺失等原因，我们已不能完整地阐释该区域的侗、苗、汉等不同族群建构飞山庙之“靖州总庙”[①] 的具体

① 林美容等台湾学者在研究沿海一带普遍信仰的妈祖时，针对不同地区众多的妈祖庙宇，其将福建莆田湄洲妈祖庙视为所有妈祖庙之“总庙”或“祖庙”，其他地方妈祖庙多是从该庙分香而成。范正义在研究闽台地区保生大帝时，也提出了众多的保生大帝庙宇中存在一个“祖宫”，而东宫与西宫之间长期存在“祖宫”之争。这些学者的研究成果所指称的总庙或祖庙主要是指：在众多的同一名称庙宇之下祭祀着同一神明，而其中某一座庙宇或因所建时间最早，或因规模最大、名声最响、影响最大等因素被人们公认为所有庙宇的发源之所。如果从以上这些因素加以考虑的话，靖州飞山庙是否也被信奉飞山公的不同人群视为湘黔桂等区域所有飞山庙之“祖庙”或“祖宫”？鉴于飞山公为杨氏祖先，殁后为神的“亦神亦祖”特点，如用“祖庙”或“祖宫”容易误解为“杨氏家族祖庙”。同时，靖州及绥宁东山等地曾使用过“总庙”一词，故本书也使用“总庙”一词。

历史过程及其逻辑，但对这些残存下来的地方文献、碑刻、科仪文本及人们当下飞山公信仰的实践进行解读，我们仍然可以对其有个大致了解。该区域的地方文献对飞山庙的文本记载多是强调当地飞山庙与靖州、靖州飞山、靖州飞山庙的关系，这是人们基于对飞山公信仰文化的一种跨区域、族群的认同。

三江独洞等地区不仅将飞山公视为神明祭祀，还将飞山公与侗族地区社会组织中起到重要作用的“款”联系了起来，将飞山公与骆郎、贯公三人视为款的制定者。巴团村建有一款文化坪[①]，中间竖立了一尊飞山公石像（图3－2）。其简介内容如下：

> 飞山大王，唐末五代时人，姓杨名再思，为当时侗族地区，九溪十八侗，约为现今湘黔桂交界的大部分地区的大款首，自称诚州牧。曾驻兵于湖南靖州城外之飞山，后率其民附于楚国。在位期间，保境安民、威震西南、功高楚国、德盖南邦，深受人民拥戴。其逝世之后，侗族地区普遍立庙祀祭，敬奉为民族英雄神和村寨保护神。宋明王朝曾先后谥封为威远侯、英惠侯等，故在侗族宗教祭词中即有飞山大王，其庙最先立于飞山脚下，故有威远侯王、英惠侯王等多重称谓。历代以来，据说各地所立的飞山庙均十分灵验，每祭，便可避邪消灾、保境安民。款组织过去讲款时，必须先祭骆郎、贯公、飞山等神。

该石像将飞山公视为款制定者并对其作为人与神双重身份下的贡献做了简要的介绍，但仍然不忘强调祭祀飞山大王之庙宇最先立于飞山脚下。如简介中所提到的，该地区侗族讲款之前必祭飞山等神明。湖南省少数民族古籍办公室曾搜集整理了侗族传统早期文献

① 款文化坪位于广西三江县独洞乡巴团村山顶上。

并出版《侗款》一书，其中就搜集整理了一段祭祀侗款时所念诵请神经文，其具体内容如下：

> 大杯酒醴，大碗供肉；奠祀天地神灵，供奉列祖列宗。请你上元众祖先、中元众祖宗、下元众祖公、土地老神、地藏菩萨、上坛香火（神龛）、下坛土地、周富六郎、首脑头人、圣贤英烈、飞山大神。十三作枷，十五断事。今日聚众合款、莅临大显威灵。我讲不了人名，说不完鬼姓，都来这里享受酒肴。讲不了人名，说不完鬼数，都来这里享受酒肴。吃完为止，神乐人安，讲了堂前这一款。①

这一份祭祀款时所请祖先、神明之经文，搜集之地并非靖州所辖，但祭祀过程中所请神明列表中不仅有飞山公，并且称其为“飞山大神”，这反映了“靖州之飞山公”在该区域民众所信奉的神明体系中占有重要的地位，同时也强调了飞山公信仰发源地的飞山。

湘黔桂界邻诸族群的传统生活实践中，多将对生活影响较大的事件付诸碑刻记事，并且此为村寨中民众的集体行为。所以我们看到乡间角落的鼓楼、风雨桥、祠庙等公共物质载体下都会有各种碑刻，飞山庙亦是如此。靖州大堡子镇梅子村解放前隶属贵州天柱，村中原有一座飞山太子庙，虽前些年毁于水灾，只剩几根木柱支撑起破旧的残庙，但庙旁《梅子溪飞山太子庙重建序》石碑尚存②，其称：

> 梅子村宝安太子庙乃飞山杨公，太子之恩德，深得民众人之心，奉为神灵，祭祀于同治七年，各界众心齐力捐款创建梅子溪宝安太子庙，隶飞山太子之辖，保地方百姓平安……

① 湖南省少数民族古籍办公室主编《侗款》，岳麓书社，1988，第471～472页。

② 《梅子溪飞山太子庙重建序》，现存于梅子溪村原飞山太子庙旧址旁。

图 3－2　巴团款文化坪与杨再思石像

该地民众所供奉的神明虽被称为飞山太子，但其明确表明为“飞山杨公”，靖州飞山的地域性在此被信奉飞山太子神明的人以碑文的形式进行了强化。而天柱县地湖乡飞山宫前一块 1989 年所立的《重建飞山宫碑记》[①] 载：

> 据传……大唐贞元四年（788），太祖銮辇靖州飞山灵峰，万民景仰，圣躬久屯。大明正德十三年（1518）腊月中浣，祥云万朵，瑞蔼千条，太祖驾幸桥冲飞山团……

该碑文以一个传说故事建构了飞山太祖与靖州飞山的特殊关系，即“太祖銮辇靖州飞山灵峰”。同样，通道县平坦乡飞山庙中一块立于民国己未年（1919）五月吉日的庙碑石刻仍然在

① 《重建飞山宫碑记》，现存于地湖乡飞山宫旁。

强调飞山公与飞山之关联，其称：飞山之神，功德兼隆，福庇西粤，庙食封侯。千百年来，远而钦崇。我先人创修庙宇，奠位抬斯，得一方之保……[①]而广西三江林溪乡一带普遍流行飞山公信仰，现存于高友村大飞山庙中的同治三年（1864）《飞山庙碑序》[②]载：

> 盖闻渠阳之志，靖州飞山之顶有杨公庙焉，屡显圣于其地。杨公者，威远侯也，生为良将，殁为明神，于唐为尚书，由唐宋以来，历朝加封，祀之者无不获福，故庙恒古香烟于世，我始祖立坛庙于斯而供奉之，民安物阜，五谷丰熟。

该碑文讲述飞山庙所祀神明，乃因为听说靖州飞山之顶有一非常灵验之飞山神，为了得到其庇佑，所以立庙祭祀。可以说虽然缺少其分香过程的叙事，但人们基本认同了本地飞山庙乃靖州飞山之顶飞山庙之分香而来。

以上碑刻多存于历史悠久或者新建的飞山庙宇内，其代表了历史上以及当下居住在这些地方的侗、苗、汉等不同民众生活实践下的飞山公信仰实践。从这些飞山庙宇碑刻的有限文字中，我们不难发现“靖州”或“靖州飞山”、“靖州飞山庙”等字眼，无不是在告诉我们各地飞山庙与靖州、靖州飞山及飞山庙的关系。这种对神明的追根溯源，源于历史之下的祖辈们对靖州、靖州飞山、飞山庙的历史记忆，源于祖辈们已将靖州飞山庙视为所有飞山庙之“总庙”。而这些记忆，又与该区域社会的移民及民众的生活实践有着密切的关系。

---

① 该碑刻现存于平坦乡平坦村吴姓飞山宫中。

② 《飞山庙碑序》，现存于广西三江县林溪乡高友村的全村共有大飞山庙内。

光绪《会同县志》载：飞山宫，在洪市鳌龙坪，靖属会馆，嘉庆十七年（1812）建正殿三间，右文昌阁、财神殿、观音堂，内有方池，其源来自后山。[①] 古代会馆始建于明代前期，嘉靖、万历时开始兴盛，清代中期最多，是明清时期都市中由同乡或同业组成的封建性团体，其主要体现出同行性与同乡性，即注重商业性和地域性。如靖州地区在历史上就有着许多著名的会馆，当下部分会馆尚有遗存，其具有代表性的会馆如忠烈宫，乃是贵州界域的表征，又称贵州会馆；而天后宫又名福建会馆，是属于福建人群的专属会馆；伏波宫为辰源会馆，是辰源人群的集中区；万寿宫为江西会馆，成为江西外来人群同行性活动载体；另外还有太平宫、广济宫等。而清嘉庆年间，靖州与洪市都属于商业发达之地，从靖州前往洪市经商者为数不少。在洪市，飞山宫被视为靖属会馆，可见飞山宫已成为靖州人在异域相互合作、共同帮助、彼此认同的一处空间载体。虽为一庙宇，但已然成为靖州地域性的一个重要认同标志、符号，可以说飞山庙在清代就已被人们注入了靖州的身影。

在靖州飞山庙成为地域标识及表达人群认同的同时，在诸多的飞山庙宇时空坐落之下，靖州飞山庙被视为庙宇网络中的中心庙宇与“总庙”而加以模仿。如靖州毗邻之地的绥宁东山飞山庙内现存一份当年飞山庙重立再思公神像、神座相关承包书，其就该飞山庙宇复修过程中对靖州飞山庙的模仿进行了明确表述。其称：

> 我杨氏后裔为了纪念祖先再思公丰功伟绩，恢复靖、会、绥、通之东山中心古迹，以供杨氏后裔永固瞻仰，现已成立复修筹备会，重立再思公神像，三个神座……。工程内容：再思公大神座，左右两边小神座各一个，再思公神像（石砖、水泥结构）巨人像。神座规格：大神座，长一丈二

① （光绪）《会同县志》卷十三，第10～11页。

尺二寸，宽七尺二寸，高三尺二寸。小神屋座，长八尺四寸，宽三尺，高二尺一寸。神像要求再思公神像不低于靖州飞山庙模样，要求庄严雄伟、笑容满面、引人注目、斯文活泼、光滑美观。修建东山飞山庙再思公神像围罩的灵屋（木材结构），灵屋的建成质量标准，总则不低于靖州“飞山总庙”思公灵屋模样。四个文官武将的形象按照靖州飞山庙四个模样建好。①

将靖州飞山庙视为“总庙”，不仅在于庙宇复修时对靖州飞山庙的模仿，同时还伴随着人们前往靖州飞山庙参观、学习及祭拜。三江县辰阳八寨地区原有飞山庙、南岳庙、关公庙、五昌庙、雷祖庙，这些庙宇基本毁于1964年，只有飞山庙在20世纪90年代中期得以复修。该飞山庙的复修，主要是在东寨杨某的负责下完成的。复修前，杨某带领着村中6人前往靖州飞山庙参观、学习。所以该庙宇中的飞山公神像与靖州飞山广场上的杨再思石像非常相似，都是背后手握武器呈站立姿势，且神像面相酷似。而飞山庙大门处更是木刻了靖州飞山庙中宋代陆游所写对联：开辟王化路宣仁布义壮山河，澄清烽火烟赤胆忠心昭日月。庙内挂有“杨氏族魂”牌匾，神龛上书有“威镇南国”等字样，可以说是靖州飞山庙的缩影，这些都是将靖州飞山庙视为“总庙”而加以模仿的例证。同样，通道平坦乡平坦村于2012年重刻飞山神像，就需要将飞山公神像雕刻成如何模样这一问题，主要负责人通过网上查询到靖州飞山庙中飞山公神像，于是按照此神像模样最终雕刻而成，却并没有模仿村中不到百米的另外一座吴姓飞山宫中的飞山公神像。这不仅与划分家族间界限有关，更是源于地域历史记忆下的人们对飞山

① 《绥宁县东山乡桥头飞山庙重立再思公神像、神座承包书》为笔者田野调查时从庙中档案中获得。

公杨再思源出于靖州飞山的根源性、正宗性的认同（图3－3）。与此同时，村中老人讲道：

> 自己的长辈们，包括侗、苗、杨、吴等众姓人们都曾去过靖州“飞山总庙”祭拜，确切的还记得是上个世纪六十年代的时候，那时还是老庙，庙宇较为破陋。在2012年的时候，村里还组织了40多人，租用两辆车前往靖州飞山庙祭拜，有的是从家里带着香、蜡、纸及各种祭品，有的是到了靖州城买的，在庙中磕头祭拜，祈祷飞山公神明保佑。

图3－3 靖州飞山“总庙”

二 历史记忆与飞山公信仰的复苏

诚然如上文所叙，靖州飞山庙在湘黔桂界邻地区不同时空下的庙宇网络及民众生活实践中扮演了“总庙”的角色，对该区域社会多元族群的宗教信仰生活及人群关系等产生了重要作用。而民众有关靖州飞山庙及飞山公杨再思的记忆在地方性之下被描述与重构。

1. 记忆下的飞山庙及飞山爷爷[①]

象征性纪念物作为具有记忆的“场”的功能。[②] 飞山庙作为宋以来历代民间敬奉飞山公神明的象征性纪念物，在这个记忆的“场”的功能下，存储了人们历来对飞山公有关记忆的层级积累，人们早期有关飞山庙的记忆主要来自碑刻及地方文献的记载。靖州飞山庙源于飞山宝鼎庙宇，从宋至今，经历了历代的演变。分守靖州等地的右参将清平金章于嘉靖丁酉夏五月谷旦重刻了《飞山神祠碑记》，其称：

> 正庙在飞山绝顶，崔守于绍兴二十五年移置于方广寺门之左。乾道六年，詹守又将其移置于方广寺之西，神祠“然皆一时草创”。后江陵驻扎统制率逢源又增修行祠，易以竹瓦，添置泊水，覆以茆茨。后因日月逾迈，风雨飘摇，上漏下湿，神像几暴露。九年正月，淦阳孙公国传来守是邦，出己俸，鸠工市材，取新去故，易小以大，重建堂殿泊水。增置厨房一间，易茆以瓦，之以墙涂以丹雘，匪雕匪斫，不侈不陋，尺椽片瓦，不扰于民，庙貌尊严，栋宇轮奂，结始于次年之朔告成……[③]

该碑记对早期飞山庙的演变过程有简要的追溯。明嘉靖十六年（1537）夏五月所立《重修飞山神祠碑记》（图 3－4）则又进一步对飞山神祠修建基本情况进行了追溯：

---

① 在飞山公信仰发源地的靖州飞山庙地区，凡是信奉飞山公杨再思的人都将其称为飞山爷爷，以示亲近和尊敬之意，所以本章指称的飞山爷爷即飞山公杨再思。

② Pierre Nora, *Between Memory and History*: *Les Lieux de Memorie Representation*, No. 26, Spring, 1989.

③ 《飞山神祠碑记》，转引自（清）魏德畹等修（道光）《靖州直隶州志》卷十二上，道光七年（1827）刻印本，第 42～43 页。

> 前参戎麦轩黄公慨其朽坏，为增修之越。嘉靖丙申实今清平云崖金公分守之，明年一夜，梦神，素服、白马，相谒问其姓，答曰：木姓也。及谒庙，宛如所梦，因悟杨从木从易，是为神姓，见其倾圮，捐俸修之。益石坊于祠门内，扁以封额，工讫神事迹无所于考，访之民间，得古志，并载谢繇文。从而叹曰：文献如此碑乃沦没，非缺典乎。为磨石而重刻之志，是命董工百户王松者。来谓予曰：请一言以识之。予曰：天下之事莫不有数，莫不有时，亦莫不待人而行，神之祠建于有宋，中间迁徙修饰，不知凡几。安知公之后无继之者乎，故曰：有数与时待人而后行也，是为记。①

明正统十三年（1448），知州苏忞重修飞山庙。重修后，四周高砌青砖围墙，东西长 72.5 米，南北宽 24.5 米，全部占地面积 1776.25 平方米。庙宇第一进为山门、戏楼、天井，深 11.5 米，其中戏台凸出 4 米，戏楼建筑，雕梁画栋，翘角飞檐，花格窗户，饰以花、草、鱼、鸟，天井两侧建有厢房。第二进为过厅，过厅由 19 根圆木柱支持屋顶，柱下垫鼓形柱石。第三进为正殿，占地面积 218.5 平方米，全殿由 10 根大柱支撑中心屋顶，四周排列 18 根檐柱，柱枋之间榫卯耦合紧密，各柱下均垫有柱础，形状有扁矮鼓形，六角、八角雕花形等，柱础年代有宋、明、清等。过厅、正殿均为传统单层单檐木结构建筑，硬山式屋顶，盖小青瓦，屋顶中央装饰有琉璃宝葫芦。第四进为娘娘殿，系供奉杨再思父母的神殿。正殿与娘娘殿有方石筑的圆拱门和木结构过道相通。明正德四年（1509），参将黄炁于飞山庙前约百米处立石坊一座，上嵌“惠此南国”及“威镇渠阳”的石刻巨匾。到了道光五年（1825），湖南提督杨芳阅兵至靖，谒庙行礼毕，自云：“侯之三十一代孙也。”

① 《重修飞山神祠碑》，现存于靖州飞山庙内。

并题额“原本于此”，还书联云：当唐世瓜分威镇飞山六十余载为民生保障边境；助圣朝于舞神留长岭亿万斯年励臣节垂裕后昆。此联被后人刻于飞山庙大门前，成为该庙宇最长的对联。

图 3－4　重修飞山神祠碑

这些碑刻资料为我们展现了不同朝代以来飞山庙大致的演化及修建过程，基于文本方式呈现了曾对该区域产生重要影响的飞山庙貌。但是因遭受岁月的侵蚀，又自民国以来所经历的“反迷信”

“破四旧”“文革”等时期，庙宇面临重要的转折，人们对该飞山庙的庙貌及飞山公的神明形象记忆又如何尚待探究。杨长清是靖州飞山乡万福路人，其妻子石昌梅在1992年复修飞山庙的时候进入庙内开始值班，两年后他也随妻子进入了飞山庙内做财务管理，现为飞山庙主要负责人，[①] 他对飞山庙原庙貌的追忆如下：

> 飞山头宝鼎上的飞山庙当时的瓦是钢瓦，不是现在的烧制瓦，因为山顶风很大，一般的瓦经不住风吹。钢瓦比较重，一块钢瓦有近一米长，也比较厚，冰雹一般也打不烂。人们从下面搬运钢瓦去山顶，一次只能搬运两三块而已。现在的飞山庙原有牌坊比较大，前面一块匾额为“威镇渠阳”，后面一块为“惠此南国”，另外有两个角门，有一石刻狮子，狮身是扁的，我们小的时候经常爬去上面玩。牌坊上面盖有瓦，瓦的四角像现在的许多庙宇一样，四角翘起。牌坊如果放到现在来造价会相当高，因为石材需要从浙江那些地方买来。如果现在复修牌坊再加戏楼的话怕是需要上百万了，因为以前的非常雄伟。飞山庙大门是牌坊形式，外面有两层屋檐，飞山官三个大字就在两层屋檐之间。楼层比较高，戏台就在上面。原来长廊更宽点，曾经做过学校使用。
>
> 我觉得庙的正殿最大的特点是：第一，是木质结构，但是没有一个栓子；第二，属于七架梁，就是各木头只是放在一个端子上，并没有打卡槽。飞山庙正殿从飞山寨上搬下来后就没有改变过，只有其中两根大柱子被学校改用教室而锯掉。因为是庙宇，其他还有些大柱子，所以没敢弄掉。奇怪的是两根大柱应该承受了很大的力量，但是被锯掉后居然没有一点事。当

---

① 杨长清，1940年出生，20世纪90年代中期以会计的身份进入飞山庙。2008年时，在飞山庙领导班子候选中成为飞山庙的具体负责人兼财务管理。

> 时我们在里面读书，挺害怕上面倒下来了。而原来飞山爷爷旁边放着有一个小神像，主要是用于游神求雨的，解放后就没有了，大概是在1951~1952年左右的事。[①]

杨长清对飞山庙的记忆为我们呈现了飞山顶及其山下的飞山庙部分庙貌特征。而其记忆主要体现在对以前飞山庙宇牌坊的雄伟与庙宇正殿建筑的高超技艺等方面，主要是基于其庙宇负责人身份下的选择性记忆。因为作为庙宇的负责人，他和大家共同努力完成了对飞山庙较全面的复修，又于两年前从飞山中学收回了庙宇后殿的地盘并在原址复原了供奉飞山爷爷父母的“将军殿”。对于这些成果，他是非常自豪的，曾提及相对于周围不少地方的飞山庙，这里的飞山庙应该是不错的。所以这些选择性的记忆可能隐喻着他作为庙宇负责人担负的对飞山庙复修和管理的责任。牌坊和戏楼作为历史上飞山庙重要的有机组成部分，尚未复修，在其内心还是较为遗憾的。他对庙宇完整复修的愿望与努力从未停止过，而随着庙宇资金状况好转，复修牌坊和戏楼的意愿已在其回忆飞山庙原貌的言语中有所展露，只是受制于“复修牌坊再加戏楼的话怕是需要上百万了”的现实困境尚难以实施。而作为庙宇复修背后的真正策划人物——储世松对飞山庙的回忆如下：

> 在原来的飞山庙山门（庙门）前约50米的地方，也就是现在的县残联单位大门处有一牌坊，牌坊上书“威镇渠阳”四个大字。从牌坊到山门的路约有一米一宽，是用小的椭圆形鹅卵石铺成，是按照一定的花纹状铺成的，这条鹅卵石铺成的路呈马鞭形，许多信奉飞山爷爷的人将其视为爷爷骑马的马鞭。

---

① 访谈对象：杨长清，访谈地点：飞山庙内，访谈时间：2013年7月~2014年8月间多次访谈。

> 庙内正殿原来有一个“威远侯”的大匾，“广惠侯”匾是后面1992年复修时才加上去的。飞山庙的后殿供奉着四个神像，有一个是送子娘娘，另外小点的神像就是飞山爷爷的父母。后殿中现在的会议室是一个厨房，现在的男寝室原来是杂物室。庙中有守庙的人，还记得最早是姓丁的，大概是民国初年的时候，后面一位是姓杨的，再后来姓张，最后一个才是唐大爷。前面两位自己从来没见过，只是听自己的长辈们说起的。这些人住在庙中，管理庙产，装香换水。当时庙中有许多庙产，现在的消防大队、抗洪开发区等都是庙田。
>
> 以前离飞山庙约500米的万福路的地方有个马场口，是一个宽阔的广场，是人们骑马、放马的地方，从马场口到飞山庙的道路是用岩石铺成，前来祭拜飞山爷爷的人就从马场口三步一跪地拜到飞山庙。以前祭祀仪式主要在六月初六，解放前，每年县里的乡绅、议员等地方有名气地位的人都来庙中祭拜。庙中会大办酒席，同时在庙门处的戏楼唱戏，时间最短的半个月，最长的是四十天。普通老百姓也会前来祭拜，可以看戏，但是不能在庙中吃饭，只有有地位的人才能在庙中吃饭。①

储世松对飞山庙及其六月六祭祀飞山爷爷的情况进行了概况性的回忆。从其追忆的内容中我们可以得知，飞山庙从民国以来基本就有守庙人和庙田的存在。尽管庙宇自民国以来遭受了严重的破坏，但仍然是有守庙人的，其吃住于庙内，靠种庙田为生，这些守庙人多为孤寡之人，直到解放后，守庙人才从人们的视线中消失。1992年复修飞山庙时，从正殿挖出了明时期的《重修飞山神祠碑

① 访谈对象：储世松，访谈地点：飞山庙内及其家中，访谈时间：2013年7月~2014年8月间多次访谈。

记》及其碑座，碑座现保存完好，置于正殿前的天井中，碑座的凹槽用来存储一些水，人们祭拜飞山公前在此洗净双手，碑座的一侧刻有：

> 后殿外一亩为庙田，庙门外左边用军力开田五坵，右边穿井一眼，前界直抵庙墙为界，后人无得混侵，此记。

储世松的回忆结合碑座大概呈现了庙田的基本情况，说明以前的飞山庙不仅规模宏大，而且庙产众多。值得我们注意的是“军力开田五坵”等表述则说明历史上官方对飞山庙的支持态度，这实际也印证了飞山庙早期修建与维护基本为地方官员所代表的官方行为。储的回忆侧重于士绅、议员等地方有名望之人对飞山庙的祭祀。飞山公已被纳入了国家祭祀系统，古代官员、地方士绅等群体每逢飞山公的诞辰等时日就会前来祭祀。现有的资料主要是基于文献的零星记录，而具体地方官员、士绅的祭祀内容则缺少相关文本呈现。民众于马场口三步一跪拜到飞山庙，地方官员、士绅等有头有脸的人则在飞山庙中举行隆重的祭祀仪式并大摆宴席，唱半个月到四十天不等的大戏。从中我们可以看到民众与这些地方权贵之间的差别，地方权贵可以在庙中享受特殊待遇，而百姓则只是参与看戏。可以说在当时，于靖州飞山庙祭祀飞山公成为地方士绅、议员等地方权贵人物自我身份的象征，是官方主导的祭祀空间下的民众参与。

储世松追忆的内容源于自身的观察并结合了长辈们的口头传承，其回忆的选择性特点也较突出，储实际上是地方精英的典型代表，飞山庙复修其实是在他的策划下完成的。储与杨共同强调了飞山庙原有的牌坊及戏楼，并基于自身“地方精英”的身份角色，才会有了关于士绅、官员等地方权贵人物祭祀飞山公的选择性追忆。而对于飞山庙有着更详细追忆的则是飞山庙复修的倡导者的民众代表储某某[①]，其有关飞山庙的回忆如下：

我是飞山乡人，家就住在飞山庙旁边，1952年时，我就是从飞山庙学校毕业的，所以对飞山庙的情况还是比较清楚的。飞山庙大门原是铁门，像现在庙的正殿后门一样，呈月亮形。马和马倌是在戏楼下的小屋子内，屋内阳光不充足，马和马倌都比现在的高大，马倌穿着草鞋，但是后面做成了布鞋。庙中被烧掉的这棵神树，比现存这棵还要大许多。魏了翁牌位的地方原来是有神像的，听说是飞山爷爷的妹妹，有的人又将其当成杨八妹。正殿中的文官武将像由木头雕刻而成，非常威武，虽然没有现在的神台，就站立在地上，但是仍然有现在站在神台的武将文官这样高。而且武将面相凶，眼睛凸出，手握宝剑、大刀。当时自己还是小孩子的时候，经过这里都会害怕，不敢多待，会跑开。

而飞山爷爷的神像则是铜的，1992年复修庙宇时，由于各种原因，庙中的神像才做成泥塑。当年的飞山爷爷前面放置牌位的地方放着一个较小的神像，据称是飞山爷爷的哥。记得后殿中间放着木刻的飞山爷爷父母神像，还有两个神像，好像是飞山爷爷的叔叔和婶婶，同时还放着烈士牌，是以前飞山爷爷打仗时所牺牲的将士。解放前十年左右，庙后面有个门，原来有个姓唐的老头和老婆住在庙里守庙，在庙中后殿养了猪、牛，他们住的地方就在猪圈旁边。庙周围是庙田，都归他们

① 储某某，1933年生，为飞山庙最早复修组织者之一。原居住于飞山乡，出嫁后住在距离飞山庙约100米的人家。她出生于一个在当地较为富有的家庭，所以作为一个女孩，能进学校念书并读过私塾，但解放后因地主成分而家道中落。在庙中所有年龄较大的值班员中，其文化程度是最高的。因为其年龄较大，许多事情开始淡忘，笔者对其进行过多次访谈，以上回忆内容是笔者在飞山庙和家里多次访谈整理而成的。

种，解放后，他们就搬走了。庙的周围都是庙田，现在三中的操场，也就是紧邻飞山庙这部分是练兵场，旁边就是一片坡地，有许多的坟墓。原来的学校都是在飞山庙中，后面庙中要求恢复，才在旁边建起了现在的三中。

1952年自己毕业的时候庙中的神像都还没被毁，“破四旧”的时候人们才将神像毁掉，并且将庙中的两根柱子砍断。当时那些人还没满意，又将正殿神像前的光滑石板用凿子全部弄破。庙内左长廊那块《重修飞山神祠碑记》就是在正殿中的地下挖出来的，是“文革”期间造反派用凿子打坏的。当时飞山头宝鼎的飞山庙钢瓦是被飞山大队治安队长叫人去搬走卖掉的，所卖钱财用来娶媳妇了。

我还记得飞山庙解放以前就被学校占用了，只是记不清楚具体是哪一年了，我和储部长都在这个庙里读过书。庙里办有一到六年级，自己一到二年级在庙中读，三到四年级的时候就去了鹤山书院那边学校读书，那个时候已经解放了，自己就在家中读了两个月的私塾，1951年的时候自己又开始回到庙内读五到六年级，六年级毕业后自己就去了公社上班。飞山庙山门进去的左右走廊原来都是教室。右边为一、二年级，左边为三、四年级，五、六年级就在正殿中的飞山爷爷神像两边。以前拜飞山爷爷就是在六月六和十月二十六，会唱大戏，一个月的戏。记得“文化大革命”以前拜飞山爷爷也烧草鞋，只是时间是在晚上。当时烧草鞋的人更多，各姓都来飞山庙前道路两边烧草鞋，烧草鞋主要是因为古代这一带的人基本是穿草鞋。解放前后，前来拜飞山爷爷的人不怎么多，因为当时经济状况不是很好。五几年时，庙中的飞山爷爷神像就不在了。[①]

---

① 访谈对象：储某某，访谈地点：飞山庙内及其家中，访谈时间：2013年7月～2014年8月多次访谈。

因为曾在飞山庙中上学而又居住于飞山庙旁，再加上其年长等因素，储某某有关飞山庙庙貌、祭祀仪式等记忆最深，相较于文本记载的内容，更形象生动而全面。而从其普通民众的身份角色的回忆也较少有选择性回忆。从其回忆中我们可以追溯被破坏前的飞山庙大门、马倌、文武官等配神的特征，以及早期祭祀中的“烧草鞋”仪式过程，当下飞山庙中祭祀仪式中最隆重的就是烧草鞋，而有关其早期情况文本及碑刻等并无相关记录，从这些回忆中可以得到一些较为宝贵的信息。而对于飞山庙及飞山公其他民众的记忆更多是其灵验性，涉及打土匪保佑地方平安，而基于庙宇下的回忆则是飞山公求雨的灵应性及其惩罚破坏者。庙中众多老人称：

解放前，我们还小，但是我们都还记得见到过中年男性抬着飞山爷爷神像游行求雨，游神的路线是需要计划好的，从飞山庙抬到江东大桥边的浮桥，江东浮桥处是龙王所在的地方，把飞山爷爷抬到龙王那里，让爷爷求龙王降雨。抬飞山爷爷的时候，需要将靖州县城的东、南、西、北四个门全部关上，打鼓、敲锣，同时屠夫等不能杀猪，只有等抬完飞山爷爷求雨结束后才能开始杀猪，一般抬过飞山爷爷后都会下雨。

对于飞山庙被破坏、飞山爷爷神像被毁的记忆，其作为一种“灾难的记忆”，深刻于民众心中。但是从“灾难性”中，人们反而达成了一种飞山爷爷非常灵验的共识，灵验主要体现在飞山爷爷对破坏神像之人的惩罚上。众人讲道：

当年飞山乡妇女主任领了八个人来到飞山庙，将飞山爷爷神像砍成五块，然后用车拉去江东大桥，扔进了河里。没过多久，妇女主任就得了重病，在靖州县城医院无法查出什么病，后面在怀化治病的时候就死在医院，当时还很年轻，才二十六岁。她的父母、姐姐陪在旁边，发现死后背后有一块明显的巴掌印，人们都说是飞山爷爷将其拍死的。妇女主任的丈夫也曾经是毁掉飞山爷爷神像的人，但是其边毁边祈祷飞山爷爷，说自己是来执行任务的，不关自己的事，请飞山爷爷原谅，所以飞山爷爷原谅了他，没有惩罚他。另外参与毁掉神像的一位三十几岁的司机，突然一晚就暴病而亡。会计因为当时其父亲过世，他就用帕子擦洗大锅用于丧事，不小心被大锅划破皮，后就得了破伤风，虽然家就住在医院附近，却没能救活。这三位都不是正常死亡的，而且几乎是在同一年内发生的，另外五个人中有两个人疯了，所以大家都深信是飞山爷爷在惩罚他们。①

历史记忆指的就是人们对过去发生的事实的记忆、回忆与描述，却是选择性的经过组织的与加以修饰和虚构的。② 从上文中我们发现，庙宇负责人、地方精英人物、庙中信奉飞山公的民众代表等不同身份角色的人对飞山庙的原貌及飞山公形象的回忆各有不同。这显然是经过选择性或经过组织及加以修饰的记忆内容，如信奉飞山公的民众的回忆多偏向于飞山公神明的灵验故事，这些故事或是经过祖辈创制而传承下来，或是当下新的创建。而庙宇负责人及地方精英人物记忆的选择则偏向于庙宇建筑物本身和官方及地方士绅名流的祭祀活动。社会记忆研究的最终目标是考察群体需求与集体利益对个人记忆形态及具体内容的动态性影响。③ 显然这些不同人物的记忆也是受到群体需求及集体利益的影响的。对于庙宇负

① 该飞山公显灵故事由笔者基于飞山庙中众老人回忆整理而成。

② 王明珂：《华夏边缘：历史记忆与族群认同》，浙江人民出版社，2013，第307～319页。

③ 景军：《神堂记忆：一个中国乡村的历史、权力与道德》，福建教育出版社，2013，第5页。

责人及精英人物来说，记忆受到复修飞山庙而建立自身权威与荣耀需要的影响。而普通信众则是为了建立飞山公灵验形象，而帮助神明获取更多的信众以换取飞山公更多的庇佑。受这些因素的影响，飞山公信仰虽屡遭历史原因破坏，却能快速地复苏。

2. 飞山公信仰复苏：民众、地方精英与官方的介入

靖州飞山庙宇修建最早，其庙宇及其信仰历史最为悠久。因受岁月的侵蚀及其地域社会变迁等因素的影响，其庙宇遭受破坏，信仰遭受冲击。在当代社会，由于地域社会多族群文化的发展，作为族群重要文化表征的飞山公信仰逐渐复苏，庙宇得到复修，祭祀仪式得以恢复，而这背后其实是民众、地方精英与官方等多重地方社会力量共同介入的结果。

神明灵验形象源自神明能够为个体调节阴阳，使得群体由失序状态回到秩序中来，其以神话、传说、仪式等阐释了群体如何将其自身赋予神明，许多的群体或个人都有在某一神明的“协助”下克服疾病、灾害等的体验，从而促使该群体或个人能自我延续这些传说，这些传说征兆了个体与群体自我间不相互建构的历史过程，最终助推了灵验神明形象的成功建立。① 飞山公信仰之所以能复苏，也主要在于民间部分民众以自我为载体，通过不断借助神明“协助”克服疾病等方式建构神明灵验形象以获取其他人参与信仰。而20世纪90年代初倡导复修飞山庙的主要发起人之一胡某某②老人就扮演了这样的角色，在飞山庙的倡修过程中不断塑造飞山公灵验形象。其回忆了自己是如何成为飞山爷爷的弟子而立志于

① Sangren, *Chinese Sociologics*: *An Anthropology Account of the role of Alienation in Social Reproduction.* Lonton: Althone, 2000, pp. 2 – 35.

② 胡某某作为第一批进飞山庙值班的人，已在飞山庙中生活了22年之久，也是当时值班人员中年龄最大的。2013年8月23日下午到晚上笔者在飞山庙中对胡某某老人进行了第一次访谈，后又多次访谈，2014年4月，笔者在该地区的田野调查尚未结束，因其已满86岁高龄，所以光荣地退出了飞山庙值班队伍。

复修飞山庙的：

> 我是飞山乡飞山村第三组的农民，我今年刚好要到86岁了。在1962年前，也就是1951年左右，当自己最大的孩子才一岁时，我就亲眼见到人们来到飞山庙将其破坏。说来也怪，就在当时，自己莫名其妙地想到飞山爷爷的庙被毁掉后还是会被重新修好的，就像飞山爷爷在对自己这样说一样。正好，几十年后，飞山爷爷找到了自己，要求自己来负责号召信众捐资修建飞山庙。
>
> 1990年的某一天，自己在家洗衣服，当倒洗衣水的时候，突然无法站立，也坐不起来，腰部完全无力，连吃饭也只能吃一小碗，自己当时感觉就要死了。然后经人介绍就去附近一个会“看香”的神婆那里治病，那个神婆被飞山爷爷附身。告诉我突然生病的原因是飞山爷爷将我选为了弟子，要求我帮助其维修飞山庙。我当时就答应了一定要将飞山爷爷的庙宇修好，果不其然，没多久自己的身体自然就好了。病好以后，我就开始准备复修爷爷的庙了。同时，我也觉得自己变了许多，也能给别人“看香”了，从那时到现在我已经看好许多病人了。
>
> 飞山爷爷也经常附身其他人，然后帮助救人，曾经有个人碰到高压线，被烧得差点死了，但是飞山爷爷将其救了回来。另外还有一个人遭遇车祸，伤势很重，也是飞山爷爷显灵救活的。

从胡某某老人的回忆中，我们看到她的身份从一位普通农民转变为飞山爷爷的弟子，并有了特殊的能力，成为一位“看香人”，常年为飞山爷爷以及信徒服务。在她的观念中，飞山爷爷非常灵验，其他人也都自称是飞山爷爷的弟子，被飞山爷爷选中，并具有了非凡能力，能医治医院无法治好的疾病等。飞山庙中的值班人员，除胡某某以外，张某某、李某某也自称被飞山爷爷选为弟子，有特殊能力，经常有香客找她们“看香”，她们已经成为远近闻名的“看香人”。与此同时，飞山爷爷每年的诞辰、忌日庙会活动，也多由她们带领民众一起祭祀。“看香人”在湘黔桂界邻地区的乡村社会中较常见，她们多因“神明附体”而具有了特殊能力，能“借助神力”为人们治疗各种身体疾病以及解决生活中的困难等。

史禄国在研究通古斯人时提出成为巫师的三种情况：第一类是先天赋予型，如果有一位少年较早就出现精神萎靡、经常幻梦等情况就被认为是神明指定其作为巫师的接替者；第二类是精神异常者，这是许多地方巫师的重要特点，他们极容易进入恍惚与狂奋状态，从而被认为是神明所托之人，成为神明与常人之间的沟通者；第三类是神所挑选的人，主要是通过感官刺激或食物剥夺等方法训练一些人。而胡某某等人也就是被飞山爷爷挑选的人，被赐予了特殊的能力，借飞山爷爷的灵力为其他人治病，而这反过来则是在塑造飞山爷爷治病和解决民间疾苦的灵力。显然胡某某等老人与以上三类都不完全相同，其与神明沟通的职能角色虽然与巫师有些相似，但是无法将其视为真正的巫师。与此同时，胡某某等人认为飞山爷爷的灵验是飞山庙得以复修的重要因素。其称：

> 当时我们打了几次重修飞山庙的报告，开始两次作用不大，后来之所以被批准，还是因为飞山学校领导的同意，第三次报告就是飞山中学的校长自己打的报告，所以作用才大，这位校长后面调去县二中当书记了。当时这位校长主要是因为身体不好，大家都认为是飞山爷爷的神力所致，学校占了飞山爷爷的地盘，只有退了飞山爷爷地盘，他的病才会好。许多次该校长给学生讲课的时候就讲到飞山爷爷的历史等，从此以后该

校长就参与了飞山庙早期的维修工作。[①]

这种被神明选择为弟子而实现“信仰治疗”或“神力治疗”，成为复苏神明信仰的最主要策略。飞山寨的白云洞复修工作早于飞山庙复修，在白云洞复修后就有人重雕了飞山爷爷等神像，其雕刻飞山爷爷神像的缘由就是负责白云洞庙宇复修的人自称飞山爷爷显灵，收自己为弟子。而胡某某成为“看香人”后，开始积极号召大家捐资维修飞山庙，虽然她自己当时家境贫穷，但是毫不犹豫地捐出了660元。在当时，这笔钱对于贫困家庭来说已是不少，同时，其意义在于该笔钱是第一笔筹备维修飞山庙的活动资金。在胡某某的倡导下，杨某英、杨某兰等人加入了倡导复修飞山庙的队伍，在民间活动了近三年的时间。

村庙的复修过程中，人们往往是利用了“村神附体”的神秘体验者来带动其他人的参与。[②] 胡某某等人就是通过飞山爷爷附体来吸引民间人士的参与的。而上文对飞山庙有着详尽回忆的储某某等人就是其中被吸引进来参与复苏飞山公信仰的重要人物，又据储某某回忆称：

> 在以前，我一共修了三次庙，最先准备在飞山庙修，但是因为当时庙还被学校占用着，所以没法修，自己就去了白云洞修庙，和杨某某他们几个人。去飞山寨白云洞的小路岩石都是我们用绳子抬上去的，当时自己还年轻，身体还好。大概是1983年，我们最先在白云洞雕刻了飞山爷爷神像，后面增加了观音。1984年的时候，自己又去了梓潼宫，在

① 访谈对象：胡某某，访谈地点：飞山庙内，访谈时间：2013年7月~2014年8月间。

② 赵旭东：《权力与公正》，古籍出版社，2003，第65页。

> 那里待了近十年。1987 年左右，甘棠坳有位雕刻神像的师傅在雕神像，于是我们又计划雕刻飞山爷爷神像准备放到飞山庙中。开始雕刻了三个菩萨，南岳帝、观音菩萨、飞山爷爷，后面又雕刻了飞山爷爷夫人和一个小的能抬的飞山爷爷。第三次修就是来到飞山庙，是 1992 年后。飞山爷爷神像雕好后就搬来了飞山庙，后被人毁坏，丢进了江东大桥河下，我们捡了起来，然后用一种树油粘好，放在了梓潼宫。后面梓潼宫不给我们了，因为我们当时主要是三个女的，没什么能力。

可以说储某某不仅对飞山庙的历史记忆较深，而且曾经积极主动参与到飞山庙飞山爷爷的信仰复苏活动过程中，其阐述了自己从事庙宇复修的曲折复杂过程。而作为较早进入飞山庙值班的石昌梅①又回忆道：

> 飞山爷爷等神像最开始是木头雕刻的，神像于 89 年左右被飞山乡妇女主任吴某某带着人将其头、手等砍断，用汽车拉去江边扔掉，后被鱼摊位上的人看到，将其悄悄捡起来，用胶布等粘好，放置于梓潼宫。后面有人组织在梓潼宫重新雕塑飞山爷爷神像，将其放回飞山庙，但是害怕被人再次破坏，只好再次将其神像放回梓潼宫，也就是现在梓潼宫中的飞山爷爷神像。记得第一次修是解放左右的时候，被破坏了，92 年后维修的时候是第三次维修了。

从储、石两位老人的回忆中，我们知道了民间复苏飞山爷爷信

---

① 石昌梅，76 岁，飞山庙现在负责人杨长清的媳妇，于 1993 年复修飞山庙时进入飞山庙值班。

仰的活动一直被人们经由不同的方式而尝试着，历经了各种曲折。这些来自不同民众片段化、碎片化的回忆，也为我们呈现了曾经的飞山庙庙貌及其复修过程，同时更是表征了该地域社会曾经历的社会变迁。而飞山公信仰得以复苏，民间的力量起了至关重要的作用。民间胡某某等人创生飞山爷爷灵验神迹的目的也主要在于复苏飞山爷爷信仰，复修飞山爷爷居住的庙宇，以获得飞山爷爷更好的保佑。但是普通民众的号召力毕竟有限，所以地方精英、权威人物的介入也在其中扮演了重要角色。

胡某某号召维修飞山庙，历经了几年效果却不是很明显。她邀请了部分附近的村民，因大部分人存在疑虑，只有一部分参与进来。于是她想到了邀请地方上能说得上话、有威望的人。最开始是去邀请了飞山村的村支书等人，因为其和水利局李局长是邻居，所以先去找了他，后面通过李局长又找到了储世松。

储世松是一位典型的地方精英、权威人物（图 3－5）。18 岁时就开始参加工作，20 岁被提拔为渠阳镇派出所副所长兼指导员。在派出所工作 12 年后，调到了县农业局人事处工作半年，后又被调到商业部门，管理饮食、药材等。到了“文化大革命”时期，设立了政工组、人保组、办事组、生产指挥组四大部门，其担任革委会生产指挥组、政工组副组长兼组织组长，也担任过政治处主任。“文革”结束后，这些部门被撤销，便到了组织部干了 6 年副部长。又于 1980 年调到公安局当局长。1982 年因身体不太好，调到统战部担任部长一职，工作两年后调到政协担任了两年秘书长，于 1986 年提前退休，退休后又与人合作做了一些生意，其在当地是一位具有较高威望的人。

储世松曾作为地方政府重要部门的负责人，本身为政府所认可，其官员的身份也不仅在于其本身的职务与知识，同时也与飞山庙所处的飞山寨脚这一地理位置的家族结构有关。飞山寨脚为储姓人群聚集区，据《储氏族谱》储氏源流考载：

> 我渠阳鼻祖淮南，公元至正应二十二世祖而生，明洪武三十年由进士出广西布政使，次年左迁云南大理府同知，政治优隆。永乐元年仍复旧职，在任五年，恩泽周遍，解组归田，流寓靖州铜鼓卫。越明年，门生郑锐分守辰州，徐榜兵备沅州，皆按靖修弟子礼，为祖卜宅于飞山祠后堡子园，遂家靖焉，其后子孙愈繁……①

该源流考为我们呈现了储氏家族迁居于靖州飞山脚下的大致历史，经过不断繁衍，储氏现为飞山脚下人口最多的姓氏，家族势力较大。又《湖南通志》称：杨氏在清多为第二族，仅次于储氏。② 可见到清代之时，储氏就在靖州有了很高的家族威望。而"世"字辈分在当下储氏中为辈分最高者，"世"字辈老人基本都已过世，储世松是尚还健在的两位之一，其在储氏人群中非常有威望。储世松的社会威望，体现在民众对其信服。据庙中值班的李某某老人称：

> 我当年最开始是没来的，当时胡某某号召修庙时也叫了我来。如果只是挂名字我就来了，但是修庙我没来。因为他们早期号召修飞山庙的人主要是村民，而自己是教师，是有工作单位的人，所以我当时怕出问题。后面是储世松部长来叫我，他说如果坐牢呢，自己坐头，我坐边。因为储部长是退休干部，又干过统战部部长、公安局局长等重要职务，同时李局长也是干部，蒋会计是工人，他们都准备来负责维修庙了，所以自己就打消了疑虑。③

---

① 《储氏族谱》，靖州苗族侗族自治县档案馆藏。

② 谭其骧：《近代湖南人中之蛮族血统》，《史学年报》第2卷第5期，1939年，第12页。

③ 访谈对象：李某某，访谈地点：飞山庙内，访谈时间：2013年10月25日。

从李的话语中，我们可以看到作为地方精英、权威人物的储世松等人拥有较高的号召力，在飞山庙的复修中起了重要作用。储某某等人也称：复修飞山庙所有策划基本是储部长和文管所完成的，其他人就主要负责集资和清理庙内的泥巴、烂瓦等事项。对于为何参与复修飞山庙，储世松称：

> 八几年的时候，储某某和向某某、杨某某等人就开始奔波于复修飞山庙，只是没有成功，还雕刻好了飞山爷爷及其夫人神像。当年自己还是统战部部长的时候，自己管理了宗教几年，是宗教政策落实时的副组长，组长为县委书记。后面县里一位副县长是自己大儿子的同学，前来我家邀请我来负责维修。当时自己也有些想法，他告诉我县里已经向上面打了报告，上面已经批准了，我也看了该审批报告。自己被要求负责的原因：一是以前管理过宗教工作，二是飞山乡人对飞山庙历史很熟，三是住在庙旁边，方便管理。

像储世松等地方精英、权威人物的加入，加速了飞山公信仰的复苏。我们也可以看到，在后期庙宇复修中，其几乎是全程参与策划，成为庙宇复修的核心人物。当然，关于飞山公信仰的复苏，真正实现庙宇复修，乃是因为地方政府的介入。

20 世纪 30 年代，国民政府对民间信仰进行了一次“反迷信”的破坏，到了 20 世纪 60 年代，“破四旧、立四新”的运动又对民间的“正统”或“非正统”神明进行了严重的破坏。这些“反迷信”“破四旧”等社会思潮和 20 世纪 80 年代以来的政策性“包容”大体上呈现一种官方主导下的历时性变化，这是当代民间庙宇重修及民间信仰复苏的一个基本背景。① 湘黔桂界邻地域

① 吴世旭：《庙宇重修与民间信仰复兴》，《文化学刊》2012 年第 5 期。

图 3－5　地方精英代表人物储世松（右一）

社会当然也经历了这种历时性变化下的官方对民间信仰的不同态度。

随着国家宗教政策的放宽，靖州县政府开始统计庙产并逐步归还。1982 年，县统战部对县境内的庙产进行了一次初步的统计。共有寺庙 11 大处，29 栋 87 间，4970 平方米。其占用单位 14 个，其中 2 户群众，现有房屋 13 栋 40 间，1612 平方米，拆毁 26 栋 33 间，3318 平方米，被转卖的 11 栋 25 间，680 平方米，其中道教占 20 栋 31 间，基督教占 7 栋 36 间，佛教占 2 栋 20 间。乾元宫于 1969 年，火神庙、玉皇阁于 1978 年被工农兵小学占用，城隍庙被二中占用，五通庙于 1956 年被房产公司占用 1 间，南岳庙被酒厂占用，东岳庙于 1972 年被电厂占用。玉麟庵于 1975 年被房产公司占用4间，拆毁改建为职工宿舍。马王庙于1969年被县招待所占用1栋。城隍庙有5栋，解放前被改变用途4栋，于1974年被二中占用。佛教的报恩寺于1978年被房产公司占用4间。佛教香山寺于1954年被木材公司占用6间，被拆毁重修为木材公司。道教梓潼宫于1967年被江东公社林场占用一栋……①

从以上祠庙被占用的情况其实可以大致看出该区域社会的宗教在解放以后到20世纪80年代逐渐被取缔的过程。这些庙宇基本位于县城及附近，且是具有代表性的一些祠庙。而广大村落社会的寺庙庵堂虽然较少存在被占用的情况，但是宗教文化活动基本停滞。

针对以上的宗教团体房产处理问题，当地政府制定了六条办法，即①占用房产单位，根据房产原来的质量、地址等情况分出等级，量出面积，合理定价，议定每平方米一等为20元，二等为17元，三等为15元；②占用宗教房产的单位，因需要地基而将宗教房屋全部拆毁的，经此次清理，按原房屋面积和质量等级，计算金额；③占用宗教团体房产的单位，将原房屋或地基转卖给别的单位作基建之用的所得金额，由占用单位将此款全部拨给宗教团体；④占用宗教房产的单位，如原房屋全部或部分存在的，其现存部分原则上交给宗教团体管理，被拆毁的部分，按原质量定等级计算金额拨款赔偿……②

从以上对宗教团体房产的统计及其处理办法，可以看出地方政府对宗教文化的态度发生了相应的改变，但是尚未完全脱敏。

20世纪80年代到90年代初，宗教信仰仍然或多或少地与“封建迷信”联系在一起。因此在全县内仅仅开放了梓潼宫、龙王庙、五老峰三个宗教活动点。但是我们注意到，官方把具有特定历

① 以上资料为靖州县统战部门宗教管理资料，靖州县档案馆存。

② 以上资料为靖州县统战部门宗教管理资料，靖州县档案馆存。

史及文化价值的民间庙宇视为文物，以其历史及文化价值代替了官方认为封建迷信的灵验，而飞山公杨再思的历史性及对该区域社会多元族群的深刻影响，与该区域社会的特定时空有密切关系。也正是在这样的背景下，官方介入了飞山庙的复修，也促进了飞山公信仰的复苏。20 世纪 80 年代初，地方政府就开始以文物的名义对飞山庙展开保护工作，但是没有进行复修。1984 年靖州以县政府的名义颁发了一份保护飞山庙的文件①，内容如下：

关于保护飞山庙的通知

靖政办发〔1984〕73 号

飞山乡人民政府：

位于城西飞山中学的飞山庙，始建于宋代，祀奉飞山太公杨再思，是我县仅存的历史最悠久的一座古建筑。据《靖州乡土志》载："飞山官即威远侯庙，在州治西里许，祀唐杨再思。"杨再思为湘西一带少数民族之统领，靖地开拓者。因此，飞山庙又具有重要的纪念意义。但自 1966 年以来，飞山庙遭到严重破坏，庙内建置全毁，现仅存前门、大殿及围墙残垣，为保护这座具有悠久历史和重要纪念意义的古建筑，现特作如下通知：

一、飞山庙现存建筑、围墙、石碑、石柱基等，均属应保护的文物，一律不得拆迁和动用，更不得任何单位和个人占有。二、不准在庙内隔建房屋和堆放易燃物品等……

靖县人民政府办公室

一九八四年十月二十八日

① 靖州县人民政府办公室文件：《关于保护飞山庙的通知》，靖州县档案馆存。

在此文件中可以看到政府强调飞山庙是县仅存的历史最悠久的一座古建筑，并且杨再思为湘西一带少数民族之统领，是靖地开拓者，因此飞山庙具有重要的历史与文化价值，对其保护是基于文物的视角。而不到半年后的 1985 年 4 月，靖县建筑设计室在政府的支持下，邀请知情老人座谈，对飞山庙的旧貌进行了详细地回忆，并做了复修预算。①

让知情老人对飞山庙旧貌进行回忆及对飞山庙进行详细的丈量，可见政府已有复修飞山庙的打算并有了初步行动。而紧随其后的 1985 年 7 月，靖县民委开始整理了一份“飞山庙简况”，对飞山庙的历史进行了介绍，并将其呈送给上级部门及怀化地区的专家学者，其目的正如“飞山庙简况”文首所说的，“为了恢复民族历史文物”，并在文末提出了复修庙宇的打算，但因经济困难，所以希望上级资助并向有关方面募捐。两个月后，靖县将飞山庙划归为县重点文物保护单位。飞山庙被划为重点文物，可以说完全被政府以文物的名义接受，复修也有了成为官方行为的可能。在政府的授意下，飞山村委会联同飞山中学起草了一份《关于维修飞山庙的请示报告》，内容如下：

关于维修飞山庙的请示报告

靖州县人民政府、各有关领导机关：

坐落在飞山乡飞山村境内的飞山庙，建于南宋时期，1985 年被列为县级重点文物保护单位，它与飞山寨一样，是靖州县的县级重要标志，长期以来，飞山庙已成为培养人才的基地，原飞山小学，现飞山中学均办在此庙内，对飞山人民文化素质的提高有很大贡献，我们对它有很深的感情，保护好这一文物古迹亦在情理之中。

飞山庙由于年久失修，现已破烂不堪，房屋颓败，围墙坍

① 资料来源于靖州县文物管理所档案。

塌，朽坏之日，屈指可数，飞山中学师生的生命安全时时受到威胁，据此情况，乡、村、校年年多次向县里反映，今年十月怀化地区农村重点中学田径运动会在飞山中学举行，如果飞山庙旧貌未改，不但影响校容，而且不符合安全要求，维修好飞山庙已是事不宜迟。鉴于县经济不富裕，维修经费可发动群众集资。据了解，群众要为这座古庙的抢修在财力上做贡献。关于封建迷信问题，飞山庙维修好之后，只要加强管理，交由飞山中学使用，再逐渐消除。

为此，我们再次报告，请求批准维修靖州县重要文物古迹——飞山庙，敬请批示。

一九九二年三月十六日①

这份报告的签批单位包括飞山乡政府、飞山乡飞山村委会、飞山乡中学、靖州县文化局、靖州县教育委员会、靖州县民族事务局等。以上单位都认为情况属实，同意维修。最后经县政府审批，县人民政府批示为同意维修，只是经费需要自筹解决。这份在靖州县飞山中学信笺上书写的请示报告，从字面上看是以教育为由而倡导复修，好似飞山中学所为，但从签批单位及上文所叙述的政府对飞山庙复修的各种态度，可以肯定这是政府集体所为，但其特别划清与“封建迷信”的界限，突出强调其“文物身份”。就在这份报告获批后的一周，靖州县文物管理所就拟了一份报告请求怀化地区文物管理队批准复修飞山庙，并最终获得批准。

可以说在保护民族文物的区域社会环境之下，地方政府演变为飞山庙复修的主要倡导者，同时站在了倡导复修文物的立场而多次申明远离“封建迷信”。地方政府的介入为飞山庙的复修打开了政

① 本材料由储世松提供。

策的大门，从某种角度来说满足了民众复修飞山庙、复苏飞山公信仰的需求，正如《关于维修飞山庙请示报告》中所说的，“现群众积极要求集资出力维修飞山庙”，政府是出于保存文物发展民族文化需要，而民众则是出于信仰活动需要，再加上地方精英的调动作用，多重因素的结合，最终带来了飞山公信仰的全面复苏。1992年，在民众、杨氏、地方精英、政府多重力量的共同推动下，开始了祭祀飞山公场所的飞山庙宇复修。

3. 庙宇复修中的人群互动

从地方志书及碑刻我们知道，历史上飞山庙的重修基本是由地方官员发起的。将飞山公视为忠于朝廷之历史英雄人物，与其说是自上而下的国家行为，不如说是自下而上的地方行为。上文中阐述了民众、精英人物以及地方政府合力下飞山公信仰的复苏。而20世纪90年代初飞山庙具体的维修，则进一步调动了这些不同人群的互动，同时在其中我们看到了自称飞山公后裔的杨氏参与。

飞山庙仓库中保存了1992年5月～1994年6月飞山庙复修档案材料，这些相关会议记录和其他有关事项逐渐呈现在我们面前，并结合不同人群的回忆，较完整地呈现了飞山庙宇复修下民众、杨氏、精英人物及地方政府间的互动过程与地方性策略（表3－1）。

表3－1　飞山庙维修筹备会情况

序号	会议时间	会议地点	参会人员	会议主题
1	1992年5月4日	文管所	民委领导、飞山中学校长、储世松、胡某某等15人	维修飞山庙筹备小组会：主要研究成立维修飞山庙领导班子、维修事宜、筹集资金
2	1992年5月5日	飞山庙	储世松、杨某辉、杨某阴等领导小组6人	维修飞山庙集资、财务工作等准备会议
3	1992年5月9日	飞山庙	钱某某、储世松、杨某辉等23人	建立民间集资队伍、介绍维修领导小组成员情况及飞山庙历史

续表

序号	会议时间	会议地点	参会人员	会议主题
4	1992 年 5 月 13 日	飞山庙	民委、文管所领导及李某某等 5 人	领导小组会：研究集资相关问题
5	1992 年 6 月 16 日	飞山庙	民委、文管所领导及储世松、胡某某等 22 人	讨论维修飞山庙下步工作以及举办第一次庙会
6	1992 年 7 月 7 日	飞山庙	文管所领导及储世松、杨某某等 11 人	领导小组扩大会：介绍第一次庙会情况及部署下步工作
7	1992 年 7 月 18 日	飞山庙	民委、文管所领导及储世松、张某某等 8 人	研究飞山庙如何施工问题
8	1992 年 8 月 5 日	飞山庙	文管所领导、飞山中学校长及储世松等 8 人	汇报前期情况及施工情况
9	1992 年 9 月 14 日	飞山庙	民委、文管所领导及储世松等 9 人	讨论飞山庙图纸修改的几点意见
10	1992 年 9 月 28 日	飞山庙	文管所领导及储世松等 5 人	研究飞山庙山门图纸部分修改意见
11	1992 年 11 月 13 日	飞山庙	文管所、飞山庙维修领导小组成员及集资员等 30 余人	汇报前期情况及下步召开飞山公忌日庙会的计划
12	1993 年 3 月 18 日	飞山庙	飞山庙维修办及集资员、工作员，人数不详	讨论集资及雕神像
13	1993 年 9 月 16 日	飞山庙	文管所及飞山庙维修办成员 5 人	研究飞山庙维修配套工程
14	1994 年 4 月 1 日	飞山庙	民委、文管所及集资人员等 30 人	维修飞山庙 1992 年 6 月 ~ 1994 年 2 月财务等核查会议
15	1994 年 6 月 11 日	飞山庙	维修领导小组、集资员、工作员、值班员等 50 余人	讨论部分集资员、值班员、工作人员刻石碑的问题

资料来源：根据 1992 年飞山庙维修档案及多次访谈庙宇复修组织者储世松、庙宇现在负责人杨长清等整理而成。

1992年5月初，维修飞山庙第一次会议在文管所办公室召开。会议由文管所组织，民委部门、飞山中学、地方精英、杨姓以及庙宇民间倡修者等多方代表参与。由以上几方代表参与第一次飞山庙复修讨论，主要因为：飞山庙被地方政府批准复修的缘由核心为庙宇祭祀对象为“民族英雄”，庙宇具有重要的历史价值，文物归属于文管所管理；而飞山公由人成神，被建庙祭祀，已属于该区域社会不同族群民众信奉的对象，因此与民族宗教文化管理部门有着密切关系；此外，飞山公杨再思被该区域社会杨氏人群视为“英雄神祖”，与杨氏有着某种千丝万缕的“血缘性”，因此杨氏必然是一个重要而特殊的群体；飞山公信仰的复苏是民间群众的积极倡导且民间群众为飞山公信仰的实践主体；同时，地方社会中集地方权威与知识体系于一体的地方精英人物在庙宇复修中必然起着不可替代的作用。

第一次会议经过各方面权衡利弊讨论产生了领导小组成员，该领导小组由民委、文物管理所、飞山中学、飞山乡乡政府、飞山村村委、杨氏、地方精英、权威人士等多方代表组成，值得一提的是这其中没有民众代表，而杨氏代表则达到三人，将胡某某等倡导复修飞山庙的民众排除在领导小组之外。作为被邀请的地方精英、权威人士储世松，回忆了当时自己第一次参加维修会议的发言：

> 听说政府同意维修飞山庙，要我来参加一下会，我任恢复后的第一任统战部部长的时候就有人想修飞山庙，已将近十年。第一它是一处文物古迹，二是供的是杨再思，他是我县的一个民族英雄，三是维修后可以做一处旅游景观，美化我们的城市。我认为可设立一个办公室，上传下达，办公室下设两个组，一个集资组，不是挂功果就是集资。以前湖北恩施，湖南通道、武冈、城步，广西，贵州等地方民委、统

战部都答应帮助维修。另一个是宣传组，舆论工作很重要，要拟一个提纲，把意义、目的、集资办法写进去以及杨再思的生平等，经济手续严格制度，设置三联单，编号，对号入账，严防贪污。

在寺庙重建过程中，礼仪知识、文字知识、历史知识以及政治经验是必须考虑的重要资源，这些知识既相互联系又相互区别。[①]可以说储世松充分认识到文字知识、历史知识等对飞山庙的复修将起重要作用，所以在首次会议中就强调了维修供奉杨再思庙宇的重要意义和目的，将其升华为“民族英雄”，并将杨再思的生平用于舆论宣传。储世松曾是政府官员现又是退休后的百姓，两重身份决定了其对飞山庙的定位，即认可飞山庙为文物、纪念历史人物的场所，同时又认同“挂功果”的民间信仰行为。储基于自己的领导能力和知识，对维修飞山庙提出了具体可行的办法。最终，文管所代表成为维修领导小组组长，民委、杨氏及地方精英代表成为副组长，而集资宣传组组长则由杨氏代表担任。

后续的会议核心主题则是解决庙宇复修的资金问题，在制定资金制度的基础上核心讨论集资。在这其中杨氏的作用就得到进一步凸显，其中讨论决定分片区集资初步拟定以杨氏为主，杨某生负责新厂、平察、藕团；杨某明负责铺口、横江桥、通道；杨某辉负责周围几个县等。这主要基于湘黔桂界邻区域杨氏人群的广泛分布的考虑，如果以杨氏出面，调动该区域广大杨氏人群积极参与，必然起到较好的效果。而上文所提到的胡某某的660元用来做了初期的活动、宣传经费。这些集资员会得到一些象征性的报酬，按集资额

---

① 景军：《知识、组织、与象征资本——中国北方两座孔庙之实地调查》，《社会学研究》1998年第1期。

的5%计算，这些报酬主要是解决路费、生活费。当然这些集资员包括其他民众，但尤以杨氏为主。

而在后一次会议中，聚集了胡某某等倡修飞山庙的主力人员以及更多民众，庙宇复修领导小组在发挥杨氏人群重要作用的基础上，进一步认识到该地民众的力量，除了杨氏以外还有众多其他家族。作为组织者的储世松在会议开始的时候就向大家介绍了维修飞山庙领导小组成员的情况，因为储认为领导小组是由文管所、民委等政府部门以及杨姓、群众代表等人组成，再加上自己的权威性，能激励大家更好地去进行集资。同时作为一位知识分子，储也认为要调动各地的人们为飞山庙复修捐资就得让大家懂得一些飞山庙及飞山爷爷的历史，飞山爷爷不仅是参会民众心中的神明，更是一位有着特殊历史的人物。储在此次会议之前特意查阅了《靖州乡土志》等资料有关记载，在会上当众向大家进行了较为详尽的介绍。

不同姓氏的集资员被划分到不同分区，如胡某某等三人负责三秋、平察、新厂三个乡；杨某英、唐某某、梁某某等负责上堡、下堡等地区；李某某负责甘棠及太阳坪乡等。靖州及其附近区县苗乡侗族广大区域基本都被纳入了集资范围，形成了覆盖该区域的一个民众网络。之所以集资范围如此之广，与该区域社会诸多飞山庙共同祭祀飞山公杨再思有着最直接的关系。集资队伍筹建好后，要想获得民众的认可、具有说服力或者说为了集资取得好的效果，文字性的捐款倡议书就成为必要。储世松等人经过仔细斟酌，撰写了一份捐款倡议书，其内容如下：

倡议书

各机关单位、厂矿企业、社会团体广大群众：

靖州飞山庙始建于宋朝，是人们纪念五代时期少数民族首领杨再思的祠庙。一九八七年被靖州人民政府公布为县级重点文物保护单位，保护和修缮好这一文物古迹有着极为重要的历史价值和纪念意义。据《靖州志》记载，杨再思（俗称飞山太公）生于唐咸通十年（869），结营飞山，号称十峒首领，散掌湘、桂、滇、黔边境诸多郡县，众奉为诚州刺史，卒于后周显德四年（957），享寿89岁。由于杨再思能团结各郡县的兄弟民族建设家园，功绩显著，在人民群众中享有崇高的威望，宋绍兴三十年被追封为“威远侯”……为了保护这一珍贵的文物古迹，经上级批准由县文化局、民委、飞山乡人民政府、飞山村村民委员会、飞山中学等单位的负责人和部分群众代表共同组成“飞山庙维修领导小组”，具体负责维修事宜。由于县财政十分困难，因此，此项维修工程经费将全部由民间集资。

为此，我们特发出倡议，呼吁各机关单位、厂矿企业、社会团体、驻靖部队、广大群众以及兄弟县、市的单位和个人积极行动起来，捐资出力，慷慨解囊，为搞好飞山庙这一珍贵古迹的维修和振兴民族文化做出积极的贡献。

湖南省靖州苗族侗族自治县飞山庙维修领导小组

一九九二年五月十日[①]

这些人作为地方精英人物的代表，在复修飞山庙的过程中充分发挥了知识书写及其对历史的采借。该倡议书考虑了许多因素，突出了其历史价值和纪念意义，同时也将代表飞山公“正统性”的多次敕封写了进去，意在强调飞山公的权威以及唤醒该区域广大民众对飞山庙及飞山公的历史记忆。而强调维修飞山庙的资金全部由民间集资，但又将文化局、飞山中学等单

① 该《倡议书》为1992年复修飞山庙保存档案资料。

位的负责人和部分群众代表共同组成“飞山庙维修领导小组”具体负责维修事宜广而告之，实则是借政府的权威性来获得捐款对象的信任，这也是其作为熟知地方社会的精英人物具有地方逻辑性的举措。

凭借捐款倡议书，民众深入乡村、厂矿企业或者政府单位进行募捐，这是获得维修飞山庙资金的最主要举措之一，但是也面临许多的困难且募捐的资金有限，而开拓新的集资方式成为维修领导小组和倡议维修飞山庙的民众考虑最多的问题。民众想到了飞山公作为信徒共同信奉的神明身份，便有人提出通过庙会拜忏的方式募集香火钱以用于修庙所用。

于是在 1992 年 6 月的一次会议上，有人提议农历六月六日是飞山爷爷的生日，如果举行庙会拜忏，人数会在一万人左右，凡是来拜飞山爷爷的交 3.3 元，这样的话就可以获得不少的资金，这个想法获得了大部分人的支持。但在飞山庙中祭祀面临一个现实问题，即祭祀可能会涉及燃放鞭炮等，这对于正在上课的二中学生可能造成影响。有的民众代表则提议六月六日一定要在飞山庙拜忏，以便挂香火钱，如果不准燃放鞭炮，可以多安排两个人在庙门口负责将鞭炮先收起来，等后面找时间统一再放。不仅如此，民众基于历史记忆下飞山爷爷信仰的区域性和全民参与性，认为梓潼宫、五老峰、飞山寨、龙王溪等地方庙宇都可以同时为飞山爷爷生日祭祀，不管哪里都要去搞募捐，但以飞山庙为中心，飞山庙还没修好，在修建过程中不能搞大的庙会活动，另外飞山中学农历六月六日正式考试，可以先放在飞山寨大殿去搞活动。

因飞山庙的特殊性，政府不便资助又反对搞“封建迷信”，还想依靠民间的力量将作为文物古迹的飞山庙修缮一新。民众代表对其提出了一些相关质疑：首先是募捐很辛苦，既然政府同意维修，就应该国家出钱来维修；其次是修祠庙应该是祭祀神明，如果不拜忏维修资金也是很难筹集的。面对这些质疑，管理部门则认为六月六日不搞封建迷信但是可以举行拜忏活动，活动地点在飞山庙也可以，但不准打万民伞①。可见其已将拜忏视为正常，而只是将万民伞视为迷信的象征。最后，不同人群的观点达成一致，即决定六月六日举行祭祀飞山爷爷诞辰庙会，以获取香火钱为维修庙宇服务，只是活动当天不打万民伞。也是经过此次民间信众与管理部门间基于现实出发的“讨论”，飞山庙飞山公香火祭祀在中断后正式再次开启。

在修缮飞山庙以重启对飞山公的香火祭祀中，信奉飞山公的民众可谓付出较多，同时也体现了区域社会下的民间智慧。一些信徒为庙中捐来举办庙会所需的碗筷，甚至庙会过程中占卜要用的“诰子”也由民众从家里带来。因为没有神像，人们基于相关记忆画出飞山爷爷画像放在了庙宇过厅中间位置以接受人们的祭拜，后来雕刻好飞山爷爷神像后，将画像放在了神像右下边共同祭拜，再后来又有人提出飞山爷爷现在有了这么好的居所，可以不需要画像了，于是才在某年的十月二十六飞山爷爷忌日将画像放于燃烛上面焚烧了。

因政府的支持和默认及飞山中学支持，且有多达 117 人的一批积极维修飞山庙的人员和广大信众，1992 年农历六月六日飞山公诞辰祭祀仪式成功举办，前来参加祭祀人数在 7000 人左右。这是多方面互动的结果，至此，飞山庙门被打开，香火重燃，常年开始接受前来祭祀的民众。

而后续的工作仍然在于庙宇复修的集资问题，其中采取的策略主要为继续流动集资、奔赴外地集资、开展庙会集资、打开庙

---

① 形状如雨伞，但比雨伞大，一般用于庙宇等朝拜，伞面用红、黄、绿等彩色布编制而成，然后将许多信众的名字用针线等刺于伞面各种颜色的布条上，因代表众多信徒朝拜神明，所以称为“万民伞”。

门通过信众日常集资等。从一份集资单上可以看出集资涉及地域包括：锦屏县敦寨镇三合村看寨、敦寨镇娄江展全村；天柱县远口地区；通道县牙屯堡三甲田村、青抚杉平溪村，通道县江口两团；绥宁县乐安乡文江村三组、东山乡横岭村、朝仪乡表日村六组；邵阳市新邵县；贵阳市；洞口县石柱乡；广西三江县独洞等地区。

可以说集资区域涉及湘黔桂界邻广大地区，维修飞山庙捐款名单中也有三江县马胖飞山庙一带的捐款名单，同时在绥宁县东山乡飞山庙保存的档案中也保留了靖州飞山庙复修倡议捐款书，在雕塑飞山公神像时，锦屏县、沅陵县五强溪等地的民众也有捐款。在这其中杨氏是一个重要的群体，庙宇集资会议中部分杨氏曾承诺将集资 7 万元左右，部分地区杨氏捐款修庙如该区域修族谱模式一样，按家庭人头分摊。但部分捐款并未按时落实到位，这背后其实和杨姓联宗活动有一定关系：之前杨氏捐钱用于修族谱但是族谱又未能修好，所以此次杨氏代表出面捐资修庙面临前期修谱问题带来的困境。

其实，杨氏也想在复修飞山庙的过程中扮演重要角色。我们可以看到，集资涉及的锦屏县敦寨镇三合村看寨、敦寨镇娄江展全村、通道县江口两团、绥宁县东山乡横岭村、广西三江县独洞乡的捐款名单以杨氏为主。同时，杨氏曾在飞山庙中召开了一次“杨氏会议”，此次会议的宗族性质非常明显，当时是要求周围县市的杨姓各派代表前来参加，一共有 25 人参加，同时部分代表具有官方的背景。会议主要目的就是号召杨氏为维修飞山庙捐钱、木材等，与会代表承诺将捐不少木材。后续具体落实了多少尚不得而知，但是在飞山庙的木材来源单上显示部分木材为贵州省黎平县乌小江林场买来；江东乡额溪村烂泥冲杨姓村民交捐樟木材作飞山庙山门雕花板用；文溪乡上堡、宝江两村 64 户杨姓集体捐木材 8.3 立方米；大堡子乡广牧村五组杨姓捐尖栗枋 44 块等。可以说飞山庙的复修工程影响范围远及湘黔桂界邻的区域社会，同时助推了杨氏、地方民众等不同人群的积极互动。

在早期的捐资过程中，地方政府或企业虽有参与，但是捐献的资金并不多，大部分还是依靠民众跨区域募捐。这些早期所募集的资金对于维修飞山庙来说远远不够，作为地方精英人物的储世松及祭祀飞山公的民众等尝试了各种其他募集资金方法。

首先，举行各种庙会。如上面提及的尽管飞山庙尚未修好，但经过初步打扫、整理便于六月初六举行了飞山爷爷诞辰祭祀庙会，又于半个月后的六月十九日在庙中举行了拜观音庙会，十月二十六日举行了飞山公忌日庙会，又于正月十一日至十三日以“辞旧迎新，纪念伟大历史人物杨再思的丰功伟绩”的名义举行了一次拜上元庙会活动。这些庙会活动基于民众对于飞山庙祭祀飞山公的历史记忆，在资金需求的刺激下被快速唤醒，同时也促进了飞山公信仰的快速复苏。

其次，打开庙门迎接人们祭祀以获取香火钱。在复修早期当地就将庙门打开，最开始没有飞山公神像，众人花费 108 元请人画了飞山公像放于庙中供人前往祭拜并安排人员轮流值班，当时自报值班的人数就有 22 人，共排了 11 班，每班 2 人，从第一天下午六点值班到第二天下午六点交班。飞山庙基本是二十四小时接受信徒祭拜，这也奠定了后期轮流值班的飞山庙宇管理模式。

最后，制作阴阳牒换取资金。按照地方道教的传统习俗，一般做法事都需要报阴阳牒，阴牒在仪式过程中烧掉以示神明收到，而阳牒则留给当事人以证明其所行善事。阴阳牒的作用主要是表示人们做了什么善事，将得到神明保佑而获得好的福报。如该牒文中所说：“三界掌权善院功德仙官证明，魔王保举，身登上品。”此牒文是典型的佛、道宗教文化的融合，一般道教仪式多称“坛”，又

“功德仙官”多为道教神明，而牒文中佛教用语也较多。牒文内容如下：

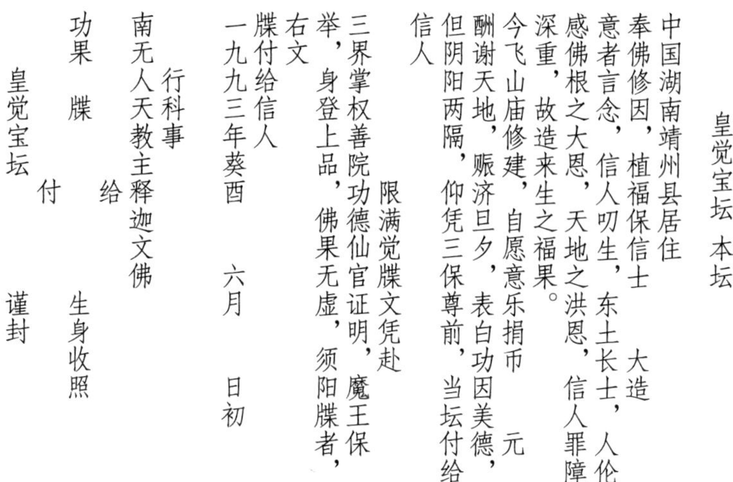

皇觉宝坛　本坛
中国湖南靖州县居住
奉佛修因，植福保信士　大造
意者言念，信人叨生，东土长士，人伦
感佛根之大恩，天地之洪恩，信人罪障
深重，故造来生之福果。
今飞山庙修建，自愿意乐捐币　元
酬谢天地，赈济旦夕，表白功因美德，
但阴阳两隔，仰凭三保尊前，当坛付给
信人
限满觉牒文凭赴
三界掌权善院功德仙官证明，魔王保
举，身登上品，佛果无虚，须阳牒者，
右文
牒付给信人
一九九三年葵酉　六月　日初
行科事
南无人天教主释迦文佛
给
功果　牒　生身收照
付
皇觉宝坛　谨封

在该地区，人们将阳牒存于枕头中，于过世之时与钱纸一起烧至阴间以表明自己在阳间做了好事，去阴间可以凭此报账，以得回报。所以民众前往飞山庙中祭祀神明，并换取阳牒。制作阴阳牒其实是地方信仰传统的延续，是民众基于地方传统习俗的挖掘和利用。后期我们可以看到在飞山公祭祀仪式过程中民众参与仪式行为创造表现在诸多方面。

这些举措主要是基于民间信仰文化的因素，可知飞山公信仰在湘黔桂，特别是靖州一带为百姓所接受，人们才会前往飞山庙或捐款或祭祀，为飞山庙的复修做出相应贡献。各种措施齐头并进且取得了一定的效果，但是同样也面临开支较多、集资员上户集资比较困难、刻石碑又需要资金等问题，又有民众建议再搞一次庙会集资，这也印证了前文所阐述的庙会目的是集资，且效果是较明显的。但是经过储世松等人的商议后，并在争取到民委、文管所等单位默许的情况下，策划以飞山庙维修领导小组办公室的名义向省民委撰写了一份请求拨款维修飞山庙的报告，经过多次修改，最终形成了以下报告：

关于请求拨款维修飞山庙的报告

省民委：

位于靖州苗族侗族自治县飞山乡飞山村的飞山庙，始建于南宋时期，1987 年被列为靖州县重点文物保护单位。飞山庙是靖州人民为纪念民族英雄杨再思而修建。在湘黔桂三省几十个县均有着非常广泛的影响。直至现在，每年均有数万群众自发参加纪念杨再思的祭祀活动……

第一期工程主要维修山门、围墙，经费需要 6 万元。第二期工程主要维修戏楼、过殿，经费预算需要资金 25 万元。第三期工程主要维修正殿和后殿，经费预算需要资金 70 万元……。虽然县政府答应尽力资助，但毕竟是杯水车薪，难以为继，万般无奈，只好向您们求助，恳请拨款帮助完成全部维修工程，以保护这一珍贵民族古迹，弘扬民族文化。特此报告，恳请批准为盼。

靖州苗族侗族自治县飞山庙维修领导小组办公室

一九九二年十二月四日①

这份报告目的较为明确，就是希望湖南省民委能拨款帮助维修飞山庙，尽管当时未能获得批准，但他们并未放弃努力，其寻求帮助的资本则是“民族英雄杨再思在湘黔桂三省区几十个县有着非常广泛的影响”，而选择向民委申请拨款，源于人们对飞山公背后的侗、苗少数民族身份的认识。这份报告实际上后期还是产生了一

① 《关于请求拨款维修飞山庙的报告》，靖州飞山庙维修档案。

定的效果，在多次报告后，湖南省文化局等单位曾拨款支持。

在政府、地方精英、民众及杨氏族群的互动下，飞山庙复修启动资金逐渐到位，施工之事便提上日程。在这一过程中，我们也可充分看出知识精英在庙宇复修中所扮演的角色。储世松及民众等认为复修飞山庙是一件神圣而重要的事情，所以也相当重视每一个维修细节，对庙的设计等各方面都有较严格的要求。维修领导小组从怀化地区文物管理队请了一位张姓工程师设计了一份图纸，储世松曾认为张某对文物不太懂，他的绘图改变了原貌，原来飞山庙的大门和现在不是一样的，这样修已经不是文物了，没有遵循“整旧如旧”的原则。从储的意见可以看出他心中是有一个记忆中的飞山庙形状的，此设计没能完全契合他的心里预设。

到了 1993 年，飞山庙对山门及其围墙等维修基本结束，庙宇中神像复修变成了非常重要的事情。1993 年，众人在飞山庙中召开了一次较为重要的雕塑神像会议。关于神像怎么做，做成什么样，参会众人基于自己的回忆与想象，都提出了不同的意见，而储世松提出将飞山爷爷的神像做成泥塑而不用木雕，并表明其主要原因为：飞山爷爷原有神像高大威猛，而此时找不到那么大的木头，也找不出能雕刻好的师傅，同时泥塑的成本相对于木刻又较低。当然，有的人则提出神像用塑雕泥像不合适，但是通过少数服从多数的原则，最终决定做成塑雕神像，这无不是地方精英人物在庙宇复修中主导性作用的体现。

飞山爷爷在人们的心目中为少数民族带兵打仗的武将出身，所以神像应该高大威武，其神像两边的文、武战将也非常高大，正如上文提及的储某某等人回忆以前飞山爷爷神像的样子。所以在复原神像时，其要求飞山公神像需要高 3.6 米，4 个文、武战将每个高 2.2 米，飞山公神台长 3.72 米、宽 2.42 米、高 1.7 米，战将神台长 2.8 米、宽 1.08 米、高 1.38 米，同时要求神像工艺做得形象逼真。

泥塑飞山爷爷神像面貌主要是依据 1992 年老馆长画出的图像。

因为原有的神像基本被毁，作为地方精英人物的储世松等人参考历史要素，即从书籍上查到的飞山爷爷的生活年代以及官衔，并结合自己的记忆等综合因素形成了此画像，属于精英人物利用知识资源进行的神像再造，所以与储某某等民众雕刻的飞山爷爷神像有较大区别。储世松负责复修出来的飞山爷爷神像更具有“刺史”等“官味”，而储某某等民众雕刻出的则更有“民间亲和性”。

飞山爷爷等神像的复修是民间智慧的代表，是地方精英、民众共同努力的成果，地方性知识在此得到充分的运用与展现。人们远至湖南省邵阳市隆回县请回了一位阳姓师傅带头负责完成泥塑神像。庙中值班人员用稻草及麻做成许多绳子一层层捆绑由楠竹片做成的神像主体框架，并从附近的一个瓷器厂弄来瓷泥，经过碾碎然后再用筛子筛出，用水调匀涂于主体框架，再用十斤盐巴、十斤茶油混于瓷泥中，以防止其开裂。经过这样复杂的一层层的重复才最终做成神像的形体，然后再上漆，最终形成了当下的神像（图3－6）。

图3－6　1993年重新泥塑飞山公神像

其实对于庙中其他配神，人们认为并未如原来的模样。比如现在庙门两侧的马和牵马的人都没有以前的高大。储世松将其归咎于做神像的师傅个子不高，所以根据自己身高做出来的就没有原来的高大。因此储还曾对做神像的师傅开玩笑说：牵马的人像不像你阳师傅。

1993 年雕塑好神像后，人们在飞山爷爷神像肚子里放置了黄金以赋予其神圣性，当时因经济困难只买了两克，同时也放置了银子做成的肠子、心头、肝等，人们认为“金口玉牙、处处为尊”，以示神明的尊贵及灵验。此外，还做了宝莲灯、神龛架、牌位。宝莲灯六角上古雕六个龙头，神龛上雕刻有一对狮子。并购置了一套完整的神具，做好了一面大鼓和小鼓，这些都是为了恢复飞山爷爷的神职，以实现其灵验性。

为了更完整地恢复庙宇原貌，人们还重做了庙内匾额，其中包括过厅中前扁“南极星辉”，正厅中堂抱柱联及“飞山宫”“威远侯”等匾。其实庙内原来正殿只有“威远侯”大匾，“广惠侯”匾为后面复修时增加的，同时，正殿和过厅中也重新挂上了抱柱联。对联的内容从何而来？据庙中老人回忆，当时是请了两位曾经在飞山庙中教书的老师以及一些书法爱好者前来飞山庙中召开座谈会，这些人根据自身回忆或者拿出曾经在飞山庙中誊抄的对联内容，而将其复原。

恢复后的对联主要有宋代陆游对联：澄清烽火烟赤胆忠心昭日月，开辟王化路宣仁布义壮山河。正殿最靠近神像位置两副抱柱对联，其一为：庙貌复峥嵘从此人杰地灵百代蒙庥崇祀典，神恩垂浩荡白蕊风调雨顺千秋神祇泽馨香。其二为：志伏群蛮惊北斗旗飞诸峒归国泰，神恩浩荡镇渠阳万古丹心贯日寒。过厅两副抱柱对联，其一为：功封宋史芳传册志遗靖界，威镇渠阳名垂竹帛显神州。其二为：忠义扶帝业英灵犹自倒胡焕，超群轶王佑千古流芳几丈夫。庙大门则为清道光年间湖南提督杨芳的最长对联。咸丰三年

(1853) 靖州《杨氏总谱》对靖州飞山庙及飞山行祠有过记载，其称：

> 一牌坊：正面飞山行祠，竖书：飞山宫，横书：敦诚坐靖，为牧州守逢源氏敬题。牌坊正面有两对联，第一联：扫尽五溪烟，忠心耿耿辉宇宙。大化千年惠，声威赫赫壮河山。为宋淳熙九年江西淦阳孙国传撰。第二联：尽忠节而壮河山功垂万古，获俎至以隆祀典范贻千秋。乃宋沅陵驻守姚氏熬撰。中堂中联语：止干戈而定社稷赢得忠心辉日月，阐真理以化夷顽永贻清声壮河山；大德庇南疆功勋垂万古，声威溢国外宏范贻千秋；一门忠烈光册史，数代威声树典型；绍宏农家风大展忠勇耀宗祖，承清白遗志倾舒经纶荫芝兰。①

该族谱有关飞山庙中对联、匾额的记载我们已不知道其真实成分有多少，其中有一些是加入了“宗族性”的对联。而复修好庙宇后请知情者回忆的对联与谱牒内容除了陆游、杨芳的对联外，基本不相同。本书在此亦无法区分哪种情况更接近于真实，可能是人们在对其恢复的过程中必然有所取舍或者时代变迁下对联也有所改变。留下的对联都是歌颂飞山公的英雄形象及灵验下对当地民众的护佑。这些取舍凸显了飞山公在地方政府、精英、民众或杨氏等人群中的不同形象（图 3－7）。

从飞山庙复修具体经过的呈现，我们可以看到地方政府、精英人物、民众及杨氏等人群的亲密互动过程。在互动中，这些人各自扮演了不可取代的重要角色，这也是基于彼此的需要。地方政府复修飞山庙是为文物的实现，地方精英、权威人物则将其作为体现自己能力的舞台，杨氏人群服务于飞山公更是为了光耀祖先，而地方

① 《杨氏总谱》，靖州县飞山乡飞山村杨氏家藏，1987 年版。

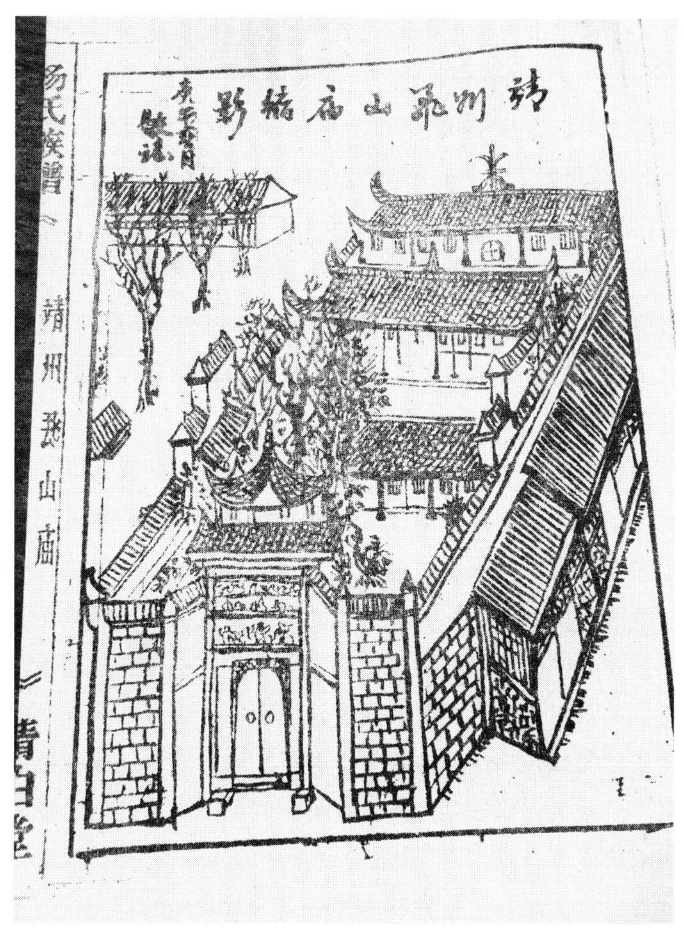

图 3－7　杨氏族谱中所绘靖州原飞山庙缩影

资料来源：《杨氏族谱》，靖州县飞山乡飞山村杨氏家藏，咸丰三年（1853）版。

民众则如杨某某所说：飞山庙从大的方面或者好的方面说，是弘扬民族文化、保护民族文物，但实际上人们并不这样想，他们就是需要一种精神寄托，希望爷爷保佑。正是在这些现实需求下，不同人群走到了一起，共同完成了庙宇的复修。

这些不同角色之间既独立又相互联系，整个庙宇复修过程即这些人群基于自己的角色而不断互动的过程。虽然政府参与其中，却只是以“监管者”的身份存在。自筹经费、以庙养庙的特点，让我们看到了飞山庙从1992年开始的复修过程中阶段性、间隔性等特点。与此同时，当年急于复修飞山庙而对飞山中学有所依赖，即上文所称的以飞山中学的名义向上面申请复修庙宇，并且复修好后可以为学校所用。再加上历史中飞山庙被飞山中学占据了几十年，这些遗留问题在社会向前发展中得以慢慢解决，却无法一步到位。以上诸多因素的最终结果就是飞山庙复修后仍然存在后殿为飞山中学所占用的问题。

民间庙宇的兴旺主要在于神明的灵验程度，庙宇及其神像的修建主要与此有关。人神之间存在一种交换关系，人们为神明修建更好的庙宇则是为了神明更好地显灵。① 在民众的心目中飞山爷爷是非常灵验的，就如庙中某老人所说的飞山庙被破坏的那些年飞山爷爷只能住在庙中的两棵松柏神树上，那些年这些地方过得很是不顺利，所以民众想方设法要复修庙宇让飞山爷爷更好地显灵。随着庙中经济条件的好转，完整地为飞山爷爷复修好飞山庙成为民众的主要心愿。而带头复修庙宇的地方精英则看到了前期的努力成果，庙宇完整复修成为自身能力的体现，同时也更能获得社会威望。完整复修飞山庙成为民众、地方精英等不同人群共同的目标，与飞山中学的庙产之争便无法避免。在庙产之争中，我们仍能看到杨氏的身影，而政府与飞山中学日益由主动变得被动。

2002年8~9月，是1992年以来的近10年复修庙宇战线中暂时性的最后一站。在以庙养庙方针下，庙宇香火得以恢复，并且前来祭祀飞山公的人数也日益增多。这得益于庙宇复修后人们有了好的祭祀场所，同时也和整个大的宗教信仰环境有关。在庙宇开始复

① 韩森：《变迁之神：南宋时期的民间信仰》，包伟民译，浙江人民出版社，1999，第27~30页。

修时政府态度偏于保守，是当时社会大环境还没有完全放开；到了维修的后期，作为参与监管庙宇复修的政府官员就很少再提出要求。明显表现于：民族事务委员会专门管理民族宗教等事务，其参与飞山庙的复修是因为该庙以往是作为宗教信仰活动场所存在的，而其主要职责之一就是负责庙宇复修过程中监管宗教事务。从1992 年 5 月第一次会议开始到 1994 年 4 月末庙宇前期维修结束时做出的《关于飞山庙财务清理情况的报告》中，我们都可以看到该监管部门的存在。自此以后，民族事务委员会就悄然退出了飞山庙后期的其他几次维修工作。也就是在这一年，靖州县人民政府办公室发布文件《靖州苗族侗族自治县宗教治理整顿方案》将飞山庙与梓潼宫、飞山大殿等划为靖州县 6 个合法的宗教活动场所之一，而在 20 世纪 80 年代中期恢复的 4 个宗教活动场所中是没有飞山庙的。①

在这样的环境之下，民众与地方精英等维修庙宇更有热情。前文所述人们关于飞山庙的历史记忆中，后殿是供奉飞山公父母的场地，也是守庙人曾经居住生活的场所，为飞山庙重要组成部分。然而后殿于解放前就被飞山中学占用为食堂，后又被用作实验室。从 2002 年开始，庙中为飞山爷爷服务的值班员便要求飞山中学退还后殿，一批老人去找了飞山中学校长，又有一批老人多次前往政府部门表达要回后殿的诉求。时值飞山庙基本复修完毕，飞山公信仰在该地区民众中影响较大，而这些民众以侗族、苗族为主，民族与宗教无小事，又加上飞山庙的文物身份，于是政府成立了一个由各要职部门组成的解决庙产之争队伍，于 2003 年 7 月在县三中即飞山中学召开专题研究飞山庙后殿和飞山中学食堂的权属问题会议。并讨论形成了一份《中共靖州苗族侗族自治县委书记办公会会议纪要》文件，此次会议明确了后殿确属飞山庙所有，明文规定飞山中

① 当时恢复的宗教场所为：梓潼宫、五老峰禅寺、方广寺、武庙，基本为佛教、道教制度性宗教活动场所，或为官方认可的武庙场所。

学需将后殿归还庙中，同时为了安抚飞山中学，给予学校食堂搬迁补偿、新建用地优惠、办学更多自主权等众多有利条件。政府作为调解者及管理者的身份存在于学校与飞山庙之间，其特别强调飞山庙的文物身份，而并不是为了保护维修一座普通的庙宇，同时又从有利于中学发展教育的视角出发，以获得学校的同意。其实如果仅仅从权力角度出发，政府要求中学退回后殿是轻而易举的事，但是又劳师动众召开此类会议，这是基于前面所提及的因素，即存在“庙与学校争场地”的局面，同时也与文物对地方民族文化工作的重要性有关。为落实上述会议情况，政府后期又下发了一份保护飞山庙的文件。

至此，飞山庙后殿之争本可画上句号，但是直到2003年过去双方也并未按文件所规定的执行，直至2009年后殿仍然为飞山中学所使用。储世松自己的理解认为其主要归于：思想还没完全开放，不够重视；文管所要求县里拨款或者庙里有钱了再修；庙里当时主管人不作为，没有积极向上汇报，争取早日退回，时间就这样给拖延了，才又导致后两年的再一次庙产之争。[①] 储将主要原因归结于庙中负责人能力有限、无作为及文管所作为主管没能起到应有的作用。[②] 储于2002年最后一次组织复修庙宇后便离开了飞山庙，后来这几年庙中主管换成了他人，其话语中隐含着如果自己当时继续在庙中组织的话，也许后殿早已退回来了。而作为当下飞山庙负责人的杨长清则讲了更多的细节：

> 2003年文件规定了飞山中学作为食堂使用的后殿实行有偿搬迁，费用由文管所出，当时是提出需赔偿三万元，我们当时决定先交给学校两万元，剩下的一万等学校暑假后开学再

① 访谈对象：储世松，访谈时间：2014年1月5日。

② 其中杨长清也持有相似的观点，其认为飞山庙用人用错了，要是用人用对了的话就不会这样了。

> 交，但是对方不答应，一定要一次性付清三万才行，而且不愿意开交款条子给庙里。所以事情一直拖延着，再加上庙中的经济也比较紧张，本来庙里一年是有不少收入的，但是刚好那几年文管所掌握了庙里的经济，每次庙会活动以及香火收入等全部被文管所收了，那几年收入接近20万元，都被文管所用于武庙维修等其他开支方面了。后来文管所将经济掌握权返还庙中时本来答应是要退还几万的，最终是一分没给。另外的原因就是三中食堂要搬出后殿需要重新建，这就需要县里拨款，而县里资金不充足；三中也没有其他建食堂的地块，当时计划的土地上又住着两户人，又面临搬迁问题，这些原因导致了飞山庙后殿的延期退回。

杨长清所讲细节应该是基于实情的，所有的问题都归结于经济问题。飞山庙前期主体复修完毕，文管所便全权开始接手管理飞山庙的人、财、物。正如上面杨长清所称：文管所掌握了飞山庙的经济大权，每三天派遣一次会计前来将庙中的香火收入取走，只支付庙中值班员每人很少的生活费用。因为飞山公信徒较多，香火钱成了文管所最大的经济来源之一。此事引发了民众的不满，信奉飞山公的民众与杨氏代表开始互动起来，最终要回了飞山庙经济收入支配权。

对于这个结果人们是满意的，因为其认为飞山庙的香火钱最终专门用于祭祀飞山爷爷。随着经济权利的获得，有了固定收入保障，人们要回后殿进行复修的愿望也更加强烈。但是因为时隔2003年已有了些时日，飞山中学可以说是“有意的”淡忘了归还飞山庙的事情。再加上后殿又被飞山中学改成了实验室，当庙中负责人前往要求退还时则遭到了拒绝，多次争取也毫无结果。这时飞山庙中的负责人及值班员都想到了请回地方精英、权威人物储世松。而要回后殿实现飞山庙完整复修也是储的心愿之一，所以储又重新回到了庙中，组织大家争回后殿并重修后殿。

作为精英、权威人物的储，在回到庙中后除为信徒们出谋划策外，自己也采取了不同的措施。首先就是寻找证据、证人以证明后殿属于飞山庙，为飞山中学所占用，以获取要回后殿的合法性。储认为通过飞山中学的原来领导证明后殿的权属问题，这是要回后殿最基础也是最具说服性的方法。于是储“无意”地于某一天在渠阳中路，碰见飞山中学原校长邓某，并展开了有关飞山庙后殿权属问题的对话：

> 我问他飞山庙后殿什么时候被学校占用拆毁的。邓说：“文化大革命”一开始，大约在1965年还是1966年，是在我手里拆掉的，当时看到里面几根大柱是很好的，结果拆下来一看里面全部是虫蛀了的，我记得是一个姓尹的木匠来拆的，现在这个人还在，撑着木棍子在街上走。当时做好后两头做了教室，中间是黑的就空着，维修的钱是当时飞山公社书记批的5000元钱建起来的，后来改作了食堂。我又问：当时经过哪里批准，办了什么手续？邓说：没有经过哪里批准和办手续，说拆就拆了。当时那两棵松树也想砍，就是找不到人，别人不敢砍所以就没有砍掉。①

可以说储的问话非常具有策略性，目的性也非常强。第一个问题就让大家知道了飞山庙被占用拆毁的细节，而第二个问题则进一步证明了飞山中学的这一举动是没有经过什么部门批准而是“说拆就拆”的，因此不具有合法性与正当性。不仅如此，储还通过努力找到了原飞山小学教导、代理党支部书记肖某，让其开具了一份证明飞山庙后殿是为学校所拆，并支持重建后殿的证明。其证明内容如下：

> **证　明**
>
> 1967年左右，我在飞山小学（后改为飞山中学）任教时，为了改善教学条件，让学生有个较好的学习环境。在经过上级

① 此具体对话内容由储世松提供。

同意并拨款的前提下，学校决定把飞山庙的后殿拆除，修建一栋三个教室的平房教学楼属实。为了保护文物、修复文物，现在需拆除此教学楼（实际也未作教室用了），重建后殿，恢复飞山庙本来全貌是应该的，我表示支持。

特此证明

原飞山小学教导、代理党支部书记

2011 年 4 月 18 日

可以看到储为了获取证据的权威性，所访谈对象及证明人都是当年亲自参与过占用拆毁飞山庙后殿的学校领导而非其他身份的人。在此基础上，储采取了下一步策略，即向主管部门写申请报告，在报告中将国家、省里宗教政策等搬出来加以充分利用，为要回后殿寻找政策依据。

虽然此申请报告只有六百字左右，却包含了较为丰富的内容。首先是打出了飞山庙文物的牌子，提出退回后殿是为了文物完整性，并以可“申请为国家文物”为诱惑抛向主管部门，因为其深知如以单纯复修庙宇的名义是难以获得相应支持的。其次是利用通过参与后殿占用的飞山中学领导访谈所获证明材料复原了后殿被占经过，作为要回后殿的合理性依据。最后又搬出了国家及地方关于落实宗教团体房产的政策，这暗示了飞山庙要回后殿的强硬态度。虽然原来储偏向于认为飞山庙只是纪念堂，而不是民间庙宇，但在此却搬出宗教政策，可以说是策略性的转变，也是其作为地方精英、权威人物的地方性智慧所在。

最后储通过自己的权威，将庙中口才较好、办事比较有能力的值班员召集去政府各主管部门辩论，天天坚持。民众人多力量大，且每天前往各部门领导办公室，必然会引起官方的重视。同时，储又将当年四大班子退还后殿纪要文件复印并拿去给各部门领导看，这些举措获得了很好的效果。正如石某某所称的飞山庙后殿能要回，是在储世松领导下大家共同努力的结果。作为飞山公的虔诚信徒的民众在这其中也发挥了具体的重要作用（图 3 –8）。曾全程参与的石某某回忆道：

> 当时储世松让我推荐出几位能力好点的值班员，作为争回后殿的带头人，我当时就推选了自己、毛昌梅、秦中和、张继莲、马月英、胡启秀几位年龄小点但是又很能说的人，庙中其他人有的是年龄大了，身体不好或者不会说话。我当时就跑了很多的部门，基本县里面各个部门我都跑遍了，差不多有两个多月。每周一我们都去，早上七点半就去了，在办公室门口等着。我们主要去的还是宣传部、政府办等，但是并未实际退回，后面我们就拿着老虎钳打开了后殿的门，等他们上课做实验的时候我们就出来，他们下课、放学的时候我们就两三个老婆婆守在里面不出来，不准其关门，学校拿我们老婆婆也没法，后面我们干脆就找体力好的人将实验设备的大箱子搬到了学校操场那边。同时，又将会议纪要文件印出来又去了县里的部门，包括教育局、妇联、公安局等。就这样前后坚持了 70 天左右，才最终将飞山庙后殿争取回来。①

从石的叙述中，我们可以看到民众在后殿之争中所扮演的冲锋陷阵的角色。这样的角色也主要是基于对飞山爷爷的虔诚信奉，一切都是为了要回后殿以给飞山爷爷完整的庙宇。这些信徒所扮演的角色和作为幕后策划、指挥的地方精英、权威人物有所不同。在后殿之争的整个复杂的过程中，我们不能忽视的一个群体就是杨氏。在要回庙中经济权的过程中杨氏起到了重要作用，如果飞山庙无法掌握经济权的话，后殿的收回并进行重建可能在一段时期内只是一

① 于飞山庙及石某某家多次访谈整理而成。

个愿望而已。只是此时的杨氏人群多与其他民众混在一起，扮演的角色多有相似。而据储世松及庙中民众所透露的，具有官员身份的部分杨氏成员其实是在暗中给予了一定的帮助的，这些主要基于飞山公杨氏祖先的身份，飞山庙的宏伟壮观从某种角度来说能为杨氏家族增光添彩。而部分杨氏参与庙产之争的主要目的可能是想将飞山庙视为某种意义上的“杨氏家庙”。庙中值班员称：

> 记得后殿刚退回，杨家祠堂理事会的人带着重庆、凯里等地方的杨姓人来到飞山庙，介绍庙是他们修好的，是杨氏的。我就打断他们的话，说这不是你们杨家修好的，主要是我们庙里婆婆修好的。①

而庙中一位主管则称：“飞山庙重修好后，我就催文管所领导赶快办理好飞山庙产权，因为飞山庙是广大民众修好的，应该属于大家的，而不是政府的也不是杨氏的，要不然杨家的可能会来争夺飞山庙了。”可见部分杨氏主动参与庙产之争是有一定私心的，在飞山庙的复修过程中杨氏积极的参与，那时主要是因为杨氏祠堂尚未退回，所以族众将更多心思花在了飞山庙上，但是当时就遭到了民众、地方精英等群体的反对。后期杨氏祠堂被要回，杨氏的重心则转移到了祠堂，围绕杨氏祠堂，其实也上演了一些有趣的故事。

按照老人们的回忆，1994 年庙大体复修好后，部分杨氏代表就来争管理权，当时杨氏祠堂还没退回，所以其目的是想把飞山庙作为祠堂。曾经一次在文化局召开座谈会时，某几位杨姓代表就明确提出他们是飞山爷爷的后裔，要求庙属于杨姓。而此举遭到其他人的坚决反对，其反对的理由则是飞山庙自古以来就是一个庙宇，供

① 资料来源于笔者飞山庙访谈，访谈时间：2014 年 1 月 6 日。

奉着杨再思，人们将其当为神，实际相当于纪念堂，历来都属于大家的，过去有姓丁、姓杨、姓张、姓唐的，都是无儿无女的人管理庙宇为神明服务，现在哪个来争飞山庙是谁的，那只要他承认是无儿无女的孤寡人就好，如果作为文物就由文管所管。结果是这些代表未能获取产权，于是争取管理权。其理由则是虽然维修总的负责人不是杨姓，但是在修建过程中，杨氏参与人数是比其他姓氏多，在捐钱和捐木方面起到了重要作用，当然也遭到民众的强烈反对。其实争夺飞山庙的权属或管理权还借鉴了民众建构飞山公附体的方式，借用飞山爷爷之语来获得相应的话语权。如距离靖州县城不远的横江桥乡江村四组杨某记录了一件“附体”事件：

> 飞山官维修的那年，我舅母子在我去吃晚饭后正在收完清席时，起贡时放悲声。我舅老立即问：你是不是飞山爷爷？回答是，于是立即开展对话。主动说：我的子孙把权力让给了别人，把我的大门改低了五尺，向道偏了半个字，还把我的神台挖了三尺，我有意见，又补充说是“文革”时挖的。另外我还求其他人上车时也求飞山爷爷，也是同样讲法。
>
> 证明人：横江桥乡新江村四组　杨某[①]

该“附体”事件所讲述的“大门改低”“向道偏了”的情况，上文有提及，主要是复修庙宇时，设计者并未按照原来的样子设计大门。该“附体”事件则提到这件事，其用意不是很明显。然而我们注意到对话的开始就提道“我的子孙把权力让给了别人”，这就明显地表达了杨氏想拥有飞山庙的意图，只不过是以“附体”

① 该“附体”故事由杨某（68 岁，侗族）讲述，由杨非然整理，其中舅母子指舅妈，舅老指舅舅。

形式借飞山爷爷之口说出的，可能是杨氏获得主动的一种策略，同时也在表达对复修飞山庙庙貌的一些不满。

基于飞山公杨氏的身份标签，杨氏对飞山庙存在与其他姓氏及民众有着明显区别的一些想法。最早的飞山庙是建于飞山寨头宝鼎上，而当下的飞山庙是由飞山寨搬迁下来的。一批杨氏精英人物曾发动各地杨氏捐资重建飞山寨上的飞山大庙，时值《中华杨氏族史》编纂该区域杨氏族史，其倡议还被刊发于该书。在杨氏的倡议下，一部分杨氏捐了钱，但经济以及杨氏内部矛盾等问题造成飞山寨修建大庙的计划半途而废。杨氏在其宗族意识被唤醒之后，曾组织近四百人前往怀化市政府相关部门，后杨氏又强行打开祠堂并派人居住其中，在其他姓氏的家祠基本被拆毁的情况下让杨氏祠堂保存了下来，这和杨氏人群的努力有着直接关系。而直到杨氏到怀化市政府相关部门将位于靖州县政府对面的杨氏祠堂要回后，飞山庙才算真正属于民众专祀飞山爷爷的场所。

图 3－8　复修后的飞山庙后殿

三　历史记忆与飞山公祭祀仪式展演

从飞山地区民众对复修飞山庙及其复兴飞山爷爷信仰的积极态度，可知飞山爷爷在民众心中具有深刻的记忆及民众对其信仰的虔诚性。祭祀仪式作为民众信仰实践，是基于地方社会特征的文化再生产。有关靖州飞山庙历史上祭祀飞山公的相关情况缺少文献记载，我们已难从文字中探知一二，当下飞山庙中的祭祀飞山公仪式主要是人们基于历史记忆等因素再结合当下时代需求的创新型展演。这成为了解历史上飞山公祭祀情况的途径之一，同时也成为解析人们在当下环境之中如何截取历史记忆来完成对飞山公的祭祀仪式建构的途径。因飞山公的族群性及地域性特征，其仪式实践及其建构过程涉及两个重要的主体，即官方与民众。

如据地方精英以及民众等不同群体的集体回忆，古代对飞山爷的祭祀有主祭人等。过去都是按照老仪式进行祭祀，即国家所规定的，官方先祭然后才是民间老百姓祭祀。飞山庙不远处的马场口接官亭，每年县里都打着腰鼓等在此迎接外来当官人员，将马停放于此，然后步行前往飞山庙参加祭祀。从人们的这些记忆中我们可以得知，飞山公祭祀分为官祭与民祭两种类型。

1. 历史记忆下的飞山庙官方祭祀建构

从飞山公信仰的形成及传播过程梳理可知大约于清同治七年(1868)，飞山公奉旨被列入祭典，向例有司具太牢祀之。如清光绪《靖州直隶志》称：威远侯祠在城西门外，神迹详。旧志：自咸丰以来，屡著显应，迭保危城，于同治七年（1868）经巡抚刘奏请，奉旨列入祀典至今。春秋二届及六月六日神诞，州牧咸致祭焉。[①] 可知官

① （清）金蓉镜修（光绪）《靖州乡土志》卷三，光绪三十四年（1908）刻印本，第3页。

方对飞山公每年有多次祭祀。

古代有“五礼”之说，即吉礼、嘉礼、宾礼、军礼、凶礼。其内容涉及广泛，包括人与天、地、鬼神关系等祭祀礼仪。吉礼居五礼之首，其仪五十有五，主要是对天神、地祇、人鬼的祭祀典礼，其主要内容包括三个方面：一是祀天神，昊天上帝、祀日月星辰，祀司中、司命、雨师；二是祭地祇，祭社稷、五帝、五岳，祭山川林泽，以及祭四方百物等，即诸小神；三是祭人鬼，祭先王、先祖。而飞山公作为从人到神明的演变可以视为祭祀先王、先祖之礼。古代帝王祭祀社稷时，牛、羊、豕（猪）三牲全备为太牢。清同治七年（1868）后州府及郡县官员，逢每年六月初六日和十月二十六日飞山公的生辰及忌日，都要按规定的礼仪进飞山庙举行朝拜，行祭祀礼，祭祀时必牛、羊、豕三牲全备。

祭祀仪式是沿袭儒家《周礼》的传统，其祭祀礼仪、程序及其祭祀时所备的三牲等祭品大致从《周礼》中演变而来，可以说具有非常明显的传统宗法性宗教的特点。贵州省溪杨氏土司在飞山庙中祭祀飞山公时则按照以下程序：

> 广惠公春祭用中牢、秋祭大武。其资乡捐轮办，至祭香醪粢盛，必精必洁，爵用五，鼎以七，乐用六佾，设裳衣，荐时食；执事通赞者，皆用子姓，必诚必敬。以当会之家主祭，仍率子族于阶，各循伦次，序以昭穆，照家礼例拜祝之。[①]

从这些文字中可以看到古代就按照家礼方式祭祀飞山公。正如上文储世松所回忆的靖州一带的官员、士绅等名望之人每年必前往飞山庙祭祀，祭祀的仪式过程是普通民众无法参与的。只有在祭祀

① 黄自新整理《贵州省溪杨氏土司世系源流》，载贵州省志民族志编委会编《民族志资料汇编·土家族》，1989，第60页。

仪式结束后，这些官员、地方士绅等出资请戏班举行短为三五天，长至四十天的唱戏活动，以娱神娱人，此时的民众才能参与看戏活动。

清代以来飞山公的诞辰、忌日祭祀仪式权为官方所掌握。杨长清回忆称：以前的祭祀活动和现在的肯定不一样，原先的祭祀活动不像现在这么简简单单地搞，比如需要所有人一排排地站好，然后正式地由仪式负责人喊跪拜，喊跪就跪下，喊起来就起来。① 杨记忆中的飞山公祭祀仪式是官方祭祀的传统或者说是其影响的延续，其所称的祭祀活动没有现在搞得这么简简单单则主要是指主持仪式的人员、参与祭祀人员及礼节和当下的民间祭祀的不同。

庙中老人对于飞山公祭祀仪式的历史记忆是基于自己长辈们的回忆，所以内容呈现碎片化的特点。靖州县政府出于挖掘飞山文化、打造飞山旅游的目的，于 2014 年飞山文化节举办了一场官方与民间合作下的飞山公祭祀。② 该祭祀基于申报非物质文化遗产的目的，所以是一次“仿古式”的祭祀飞山公仪式，当然结合了多重当下因素进行了仪式建构。其也调动了地方精英及民众们对飞山公祭祀的历史记忆，达成了一定的记忆整合。

首先是仪式准备阶段。一是准备祭品，在祭祀仪式之前，杀三牲，即猪、羊、鸡。将三牲除毛及内脏洗净后，匍匐放于铺满红布的桌子上，头朝向正殿飞山公神像。祭品为馔菜，共八碗，包括米粉、炸鱼、猪脚、酥肉、煎豆腐、张公钓鱼，另外还有果品，各种糖、花生、瓜子等共计八份（图 3 - 9）。二是准备旗幡、帅旗，为了体现庄严神圣性，旗幡用黄色布料做成，中间竖写文字，两边及下面部分配花装饰。旗幡上书写内容有：祭祀民族英雄杨再思，发

① 访谈对象：杨长清，访谈时间：2014 年 6 月 6 日。

② 2014 年，靖州县政府举办第二届飞山文化节，为了宣传“飞山祭”及其申报非物质文化遗产，于 2014 年 9 月 28 日举行了一次“飞山祭”，同年 11 月 15 日飞山文化节又举行了一次祭祀仪式。

扬杨再思精神加强民族团结，弘扬飞山文化精神，社会和谐国泰民安等，共有六张，另外有一面绣有帅字的帅旗。三是主祭人就位，主祭人各代表苗族、侗族、汉族，各自穿着本民族的服装。四是礼生就位，礼生包括两位即上礼生、下礼生，礼生着礼服，礼服由长袍、马褂、礼帽组成。五是准备祭祀用具，包括脸盆、焚文炉盆、酒杯、碗筷、手巾等。六是准备仪式所用乐器，包括笛子、鼓、锣等。

图 3－9　祭祀所用三牲等祭品

其次是庙中祭祀仪式。祭祀仪式正式开始，首先由上礼生大声念道：庙会祭祀开始，庙堂肃静，执事者各执其事。设香案、设馔案、设古乐所、设鸣金所，设盥洗所、设焚燎所、设读文所。旁边便准备好香案，在香案上点上蜡烛，然后放上祭品，配乐之人将喇叭、鼓、号、锣等乐器准备好，并将用于盥洗的脸盆、手巾等放置于一旁以备用。这一切到位后，上礼生接着念道：陈设已毕。

上礼生接着念升头炮时，便有人第一次放鞭炮两响，念鼓发初擂时，锣鼓声起，念金鸣初匝则敲响锣，念及大乐初奏时，响起喇叭声，念及小乐初吹则响起笛声。这些结束后，下礼生开始念初肃词，初肃词内容为：光王制礼，体极森严，凡百君子，慎勿欢喧。主要是要求大家安静以体现对神的尊重。初肃词念完后，上礼生接着念：升二炮，鼓发再擂，金鸣再砸，大乐再吹，小乐再奏。下礼生接着歌再肃词，再肃词内容为：天地之大，儒教独尊，尊礼敬神，礼教犹存，九族衣冠，等杀悠分。上礼生继续念道：升三炮，鼓发三擂，金鸣三匝，大乐三吹，小乐三奏。只是此次多了两个环节：金鼓交连，作大通，金鼓交连即锣和鼓声音一起响起，作大通即吹马号。下礼生歌三肃词，其内容为：祭神大事，正当指示，祈祷其易，宁戚而之，尽礼慎终，切勿怠驰。

这些环节结束后，三位主祭人便在礼生的指挥下来到祭祀香案前并排站立，众信徒人手一炷香站立在四周。在三位主祭人开始祭祀前需要在之前准备的脸盆中象征性地洗脸和手，以示对神明的敬重。盥洗完毕后，主祭人便回到香案位前，下礼生开始念诵迎神之章，内容为：迎神之礼，备极周详，幽冥路隔，设祭于堂，求魂于阴，求魄于阳，杨公不昧，来格来尝。念诵完毕后开始奏起迎神乐。

迎神环节结束后，接着就是行上香礼。主祭人跪于香案前，开始初上香，亚上香，三上香，上香环节为上礼生拿着香向神明鞠躬，然后将香传递给下礼生，下礼生也拿着香向神明鞠躬后将香放置于香案上。主祭人及两位礼生开始三叩首，叩首时主祭人与礼生不同的是主祭人跪着，而礼生则是站着。

叩首完毕，开始行初献礼，下礼生念诵初献礼章，完毕后主祭人来到食案前，下跪后开始为神明献祭品，包括酒、饭、纸，即礼生拿着装有酒的酒杯、装有饭的饭碗及纸双手捧起在神像前鞠躬，献完后，主祭三人三叩首。叩首完毕，主祭人又回到香案前跪立叩首，进行亚献礼环节。下礼生念诵亚献礼章，主祭人又来到神案前下跪，重复初献礼时的动作。开始三献礼，与第一次、第二次献礼相同。

三次献礼结束后，进行侑食礼。下礼生念诵侑食之章，内容为：不话不敖，以妥以侑，仪即成兮，微我有咎，虽无旨酒，式食庶儿，虽无佳肴，式食庶儿，谨陈薄奠，灵其鉴之。念诵完毕，主祭人再来到食案前，每人用一双筷子点下酒水，夹食物，为神明献食。献完食物后，三叩首后继续回到香案前。这一程序主要是完成了礼生加爵、献爵、奠爵、还爵、献箸、正箸、侑食、献粢盛、献肴馔、献羹汤、还箸、叩首等环节。

为神明献食物结束后，进行送神礼。下礼生开始念诵送神之章，内容为：礼制有限，毋容烦渎，祭祀杨公，音容肃穆，来者留恩，去则降福，三献既终，告兹将撤。送神之章念诵完毕后，由主祭人之一念诵祭飞山之神文。祭飞山神文内容为：

> 岁惟甲午，时逢金秋，飞山白众，敬献三牲，诚祭于飞山公之神位前，飞山之神，远迩钦崇。元丰六年，赐庙显通。自是及后，王侯屡封。血食此土，福庇族众。岁时水旱，祈求验重。备员于兹，雨赐时丰。面貌庄严，功德建隆。栋宇轮奂，湘桂黔中。五溪之民，有求虔忠。一千余年，自春徂冬。有求必应，时和岁丰。殁不有庙，深山谷中。御灾捍患，福泽诸峒。鸟鹊噪野，年谷屡丰。瑞气郁蒸，威服溪峒。民安盗息，赖神之功。飞山后辈，有感必通。和谐社会，祖德宗功。尚飨！

神文诵念完毕后，则进行焚燎礼。开始时由下礼生念诵焚燎词：祭祀英雄，恩泽四方，除凶降吉，万民安康，今有杨公，阴灵默佑，如履康庄。然后由下礼生将祭文及香、烛、纸等一并焚烧于正殿前，主祭者则需要转过身看着焚烧完祭文。完成以上所有环节，各种乐器声音响起，鞭炮齐鸣，庙中主要的祭祀仪式基本结束（图 3 - 10）。①

① 礼生即司仪，分为上下礼生；馔案即大、小酒供桌；乐器类金为大锣，大乐为喇叭、唢呐等，小乐为笛子、小喇叭之类，大通为长号、马号；侑食指好酒好菜。

而另外的一个重要环节则是由信徒负责的烧草鞋仪式。众信徒统穿黑色服装，头裹黑色布帽，手持一根清香，来到庙内广场，将一百双草鞋堆放在一起，然后用纸点燃焚烧。焚烧的过程中众人下跪，并不断唱诵佛歌，直至草鞋焚烧完毕。

图 3－10　庙内古礼祭祀及游神仪式

最后为游神仪式。庙内神像前祭祀及烧草鞋仪式结束后，便开始了隆重的抬飞山公游神环节。用于游神的飞山公神像约不到一米高，呈坐姿，右手放膝，左手握刀。信众将神像放置于用红布做成的轿子内，以便于抬行。一切准备就绪后，鸣锣开道，吹长号（马号）、鸣金开始出发。一名吹长号者及两名鸣锣者在前开道，紧随其后的是由四位女性抬着的写有“飞山祭，祭祀飞山太公杨再思”字样的大祭祀牌，祭祀牌后的则是由几位初中生扬起的旗幡，旗幡之后则是每两位男性各抬着的祭品，包括一桌菜肴、一桌糖果等，以及用于祭祀的羊和四人抬着的大猪。紧随祭品之后的就是四人抬着的飞山公神像。1992 年复修庙宇时做的大木鼓由两人抬着，一人负责敲打，另外两人抬着锣。紧随其后的是穿着戏服前行的戏班成员。走在游神队伍最后面的则是众信徒及群众，走在最前的信徒手举着高高的帅旗。游神队伍约有一百五十人，一路不停地吹奏马号、敲打大鼓等，甚是热闹。

游行路线主要为：从飞山庙出发，经过汽车站、渠阳中路、诚州路、梅林路、靖宝市场，然后再返回飞山庙。所经过的地方为靖州县城主要街道，游行大约用时两小时，游神结束后将飞山公神像安放于庙中神台，人们开始烹煮猪、羊等祭品，大家分食或带回家给家人吃，以获得飞山公的保佑。至此，整个祭祀仪式全部结束。

以上祭祀缘于政府的组织，旨在挖掘飞山文化，以打造文化旅游品牌，而飞山公信仰文化则是被视为其代表文化。基于此背景下的飞山公仪式展演，政府也参与了其中，并渗入了不少官方元素。此次飞山公祭祀仪式政府出资 3 万元，用于购买猪、羊等祭品以及仪式各种花销，祭祀人员所使用的民族服装等都是文化局提供的。做成的旗幡上所书的“发扬杨再思爱国爱民光荣传统，弘扬飞山文化精神”等无不是政府在通过宗教祭祀宣扬官方政治立场及向民众宣传爱国等思想。为保证祭祀仪式的“文化性”，政府指派对飞山公杨再思有多年研究的文化局陆大君①为其祭祀书写了飞山神祭文。祭文多依据《飞山神祠碑记》所记载内容及杨再思在该区域的影响等，旨在歌颂飞山公之功德。对于该祭文，庙中负责人杨长清曾称：还是很有水平的，要是让我们庙中民众自己写怕是写不出来。在选择主祭人时，政府也是下了一番功夫。主祭人分别来自侗族、苗族、汉族，三位都为政府官员身份，祭祀时穿着各自民族的服装。湘黔桂界邻地区居住着诸多少数民族，而靖州现为苗族侗族自治县，以苗族、侗族及汉族为主，所以说此举意图较为明显，即彰显飞山公作为苗、侗、汉等族群共同敬奉的神明，跨越了族群的边界，成为促进不同族群团结的象征。

---

① 陆大君，1969 年生，靖州人，毕业于吉首大学中文系，先后在靖州社保局、史志办、文化局工作，曾担任史志办副主任，现为文化局副局长，在史志办工作时就开始研究杨再思，曾著有《飞山蛮演义》缩减版小说，其对飞山公杨再思关注时间较长且有较深入的研究。

尽管该祭祀仪式存在政府的一定影响，但是我们仍然能从祭祀环节看出人们对于古式飞山公祭祀的一种选择性记忆下的文化创造，或者说是一种对飞山公祭祀的想象中的模拟。其祭祀以上、下礼生及主祭人为主，具体仪式礼节包括为祭祀神明的庄重性而要求祭祀的人严守规矩等要求的初肃、再肃、三肃词；洁净观念下的敬神前主祭人的盥洗礼；正式的迎接神明进行祭祀的迎神礼及念诵规范的迎神词；祭祀神明时的上香礼、三次上献礼、侑食礼都是向神明敬献祭品等；同时又包括祭祀后期的送神礼、念诵祭文、焚燎礼等环节。在此祭祀环节中，各种祭祀古乐器交错响起，不同环节使用的乐器也有相应的不同要求。这些都呈现了祭祀的礼数性、程式性，其实也就是受到了《周礼》的影响，正如祭祀过程中的再肃词所表达的"天地之大，儒教独尊，尊礼敬神，礼教犹存"。

这些祭祀礼节是官祭的模仿，同时也与家族祭祖的礼节相似。据写出该祭祀礼节的地方精英储世松称，自己以前听长辈们谈起过古代对飞山爷爷祭祀的场景，主要为地方官员士绅等祭祀，而具体的祭祀环节自己也不是很清楚。就是在这样的状态下，储查阅了家族族谱中的祭祖礼仪，以及依据靖州地域社会中民间的丧葬礼节，综合多种因素最终决定了祭祀过程中需要做出以上的环节。诸如我们能看到的飞山公祭品中的一道菜叫"张公钓鱼"，张公由萝卜做成身子，鸡蛋壳做头，并在鸡蛋壳上绘画五官，头上用纸做成斗笠，再用红布做成衣服，呈人样，其手握一竹条代钓鱼竿，钓鱼绳一端则钓着一条鱼。按当地习俗，"张公钓鱼"虽然是在呈现张公钓鱼的行为，却是一道用于祭祀过世之人的菜，以前一般举办丧事时必会做此菜。所以说，这一仿古式的祭祀礼节是地方知识精英运用祭祖礼节结合历史记忆、地方丧葬习俗等方面进行的一次文化再造。

如按官祭习俗，民众是无法参与祭祀的，此次祭祀活动中我们看到香友、群众身影的存在，礼生及主祭人祭拜的时候，他们也在一旁虔诚祭拜。而在官祭中基本不举办的游神、绕境等仪式环节也融入其中。至于民众参与的烧草鞋仪式因缺少相关文献资料的记载，笔者已不能确定是开始于何时，是否古代祭祀中就有此环节，只能推测在严格的礼数下的官方祭祀飞山公的环节中烧草鞋仪式可能是不存在的，多是历经了不同朝代民间飞山公信徒的创造。

与此同时，我们还能看到，古代祭祀中必搭台演戏，民众记忆中的飞山庙毁坏之前就有的宽敞的戏楼就是其历史痕迹。而此次祭祀未能见到唱戏，只是穿着唱戏服装的人紧随游神的队伍，将唱戏融入了游神环节中。如按传统礼制，飞山公按太牢礼数祭祀，祭品三牲为牛、羊、猪，而当下却换成了猪、羊、鸡三牲，是基于经济限制的一种变通，杀牛祭祀的经济成本过高，所以用鸡来代替，这是当代生境下祭祀变通行为。

2. 民间飞山公祭祀仪式的当代展演

飞山公信仰肇迹于靖州飞山，并在神明的“标准化”“正统化”下，国家与民众、地方官员等群体的不断互动下最终形成了湘黔桂界邻区域最主要的信仰之一。该区域内的民众是飞山公信仰得以传播的主体，其信仰的本质和属性也可以说是民间的，所以说民众才是飞山公最虔诚的信徒，是该信仰得以延续并历代相传的主要载体，所以我们可以看到复修飞山庙及复兴飞山公信仰中民众的积极性行为。民众与飞山公的关系也最为亲密，所以靖州地区的民众将飞山公亲切地称为飞山爷爷。因此，与官方祭祀飞山公相比，民间对其祭祀更为频繁，祭祀形式更为多样——因为民众私下的祭祀不受礼数的限制。正如清道光《靖州直隶州志》对威远侯庙的记载：每年六月初六日，为侯生辰。十月二十六日为侯忌辰。向例有司具太牢祀之，近以祀典不载，官不敢举，民间崇祀如故。[①] 在湘黔桂界邻区域众飞山庙中有着“总庙”地位的靖州飞山庙的民众，基于地方性习俗及其对飞山爷爷的相关历史记忆，践行着民间性的祭祀仪式。每年农历六月初六、十月二十六飞山爷爷诞辰与忌日，靖州飞山庙必会举行隆重的祭祀活动。对于曾经的祭祀活动盛况，庙中老人记忆犹新：

> 自从飞山庙重新维修，飞山爷爷神像上位后，举办飞山爷爷诞辰、忌日活动时，飞山庙全部挤满人，大门外都是人，前来祭拜的人都没地方下跪，厨房每天需要煮700斤米。由于场所不够用，还借用了旁边的飞山中学操场用于大家吃饭和休息。[②]

从这些记忆中可以知道飞山公祭祀庙会的盛况。飞山公诞辰、忌日祭祀活动一般举行三天，诞辰于六月初五正式开始，初七结束，忌日则是从十月二十五开始，二十七结束，其诞辰与忌日祭祀仪式基本相同。

农历六月初五这一天主要是准备各种祭品，并迎接外来信徒祭拜飞山爷爷。早上七点半左右就有人前来庙中祭祀，主要是其他地方庙宇组队前来祭祀的，有的是接收到飞山庙举行庙会祭祀的请帖而前来，有的是自发组织而来，他们往往一行10～30人不等，打着腰鼓，敲着锣，身穿黑色南岳进香服装，打着自己庙宇的旗帜或南岳进香的旗帜。[③] 在香头的带领下于庙内进行集体祭拜飞山公仪式，又称拜忏仪式。在拜忏之前，庙内负责人会拿起木棍敲击三声

---

① （清）魏德畹等修（道光）《靖州直隶州志》卷十二上，道光七年（1827）刻印本，第63～64页。

② 据飞山庙老人回忆。

③ 庙中老人称：原来三省八县的人前来祭拜飞山爷爷是打着绑腿、敲着南京锣、吹马号来的。

磬，意在告诉飞山爷爷：我们这些信士将在飞山爷爷神像前进行仪式以祭祀您。然后集体开始拜忏，即以唱佛歌的方式唱经忏，其中包括拜玉皇忏、观音忏、太上老君忏等，拜忏仪式时长从半个小时到一个半小时不等。

下午五点的时候，通道县播阳镇白衣观 32 位信士来到飞山庙中祭拜飞山爷爷，其中只有一位男性。一位约六十岁的带头人称自己当年在通道县县溪镇的一个庙时，飞山庙下过请帖，所以知道这里有飞山庙，自己以前来祭祀了十年左右，后面自己搬去了播阳居住，主要在白衣观祭祀，所以就组织那里的人前来祭祀。这群信徒中以杨姓居多，唯一的一位男信徒称：我们听说这里有个杨家的将军，很灵验，保护地方平安，有人一组织，所以我们就来了，今年是第三年来。

在外来信徒举行祭祀之余，庙内的老人们则在准备着各种祭祀需要用到的东西，即准备香、蜡、纸等，同时各自准备自家祭祀飞山公的重要祭品：草鞋。一位老人一般都要准备四五双草鞋以上，因为基本上是一人一双，或一户买一双，老人们还会帮自己的子女、孙子、孙女等买草鞋，有的甚至会帮孙女婿买，然后用黄色纸书写上名字置于草鞋上一并烧给飞山爷爷，以求飞山爷爷保佑。按古式书写格式在黄纸上写“湖南省靖州县飞山乡飞山村……，信士：杨某某、吴某某，请求飞山爷爷保佑全家清吉平安，草鞋一双，二〇一四年六月初七日呈”等文字。

这些草鞋一般是专门去某佛具点定制，用稻草编制而成，价钱为三元到五元之间，草鞋的大小各不同，不同佛具店做出来的大小不一样，但相同的是一般比现实中人的鞋子大了近两倍。同时需要准备马粮，将稻草用刀铡细，并拌上谷子、米、米糠、细的秸干、黄豆等。

六月初六为正式祭祀飞山爷爷的日子。在庙中祭祀负责人张某某的带领下，庙内所有值班老人一起拜飞山宝忏祭祀飞山爷爷，同时，外来祭祀飞山爷爷的民众将草鞋、香、蜡、纸、金元宝、香烟以及猪头肉、鸡等祭品放于飞山爷爷神像前的神台上敬奉，然后一并参与到值班员组织的祭祀仪式中。

仪式开始时，在庙外先放鞭炮以示迎接神明，然后敲击三声罄告诉神明将进行祭祀。同时，在神台上点上檀香、神台边燃烧几叠纸，便正式拜飞山忏。带头人诵念经文，诵念过程中不停地重复下跪、起身等动作。下跪、起身有着一定的要求，即带头人起身时其他人下跪祭拜，其下跪时，其他人起身，以示对神明的敬重。而这期间需要伴随着鼓、锣等仪式音乐，这些敲鼓、打锣配合唱经，时快时慢，主要是依据所唱经书的内容，比如到经文重要部分，需要反复唱上两次或者每一段经文结束时需要拖长部分。祭祀仪式过程中所唱经文先后顺序分别为“请神”“恕怨”“请香”“飞山宝忏”。其中一个版本的飞山宝忏内容如下：

聪明有威，正直无私，为将为帅，各显功勋，于上古，作威赐福，永垂德泽于人间，显千年不朽之名声，作万代有灵之福主，人民仰赖，天下皈依，大悲大愿，大圣大慈，敬礼威远侯王大将军，英济广惠大天尊（三称三拜）。

跋步飞山那样高，烧香人子不辞劳；巍巍雄峰屹立位，钲远威侯显威灵；飞山寨上数千秋，白云洞里水长流；山川毓秀古今岔，飞来名山有来由；手捧清香把官进，参拜威远大将军；自朱元璋开壁靖，威镇渠阳到如今；我今烧香为父母，双膝跪在圣台前；伏愿神灵来保佑，祈保合众永安宁；飞山寨上神通大，神通广大佑万民；飞山爷爷当中坐，文贤武将两边分；祈保合众永安宁，发心朝拜把香焚；一拜天高并地厚，唐代咸通爷降生；文韬武略机智敏，正直无私为庶民；二拜国王并万岁，覆勅爷爷征诚州；以仁化德之肆成，瓦解敌军民安宁；三拜紫薇早下界，护国安邦保太平；爷爷典范训昭然，渊渊缭回驻庙前；四拜诸神并诸佛，万民朝拜把香焚；异江渠水千里船，五溪人民尽沾恩；五拜五岳五圣帝，五洲应感大天尊；爷爷大节崇庙祀，典型留于世人沾；六拜南海观世音，紫竹林中现金身；层圭选翠飞山寨，矗壁陡立竟施工；七拜虚空过往神，爷爷阴司建奇勋；广赋诚州著名扬，乐为湘黔人财增；八拜爷爷费心灵，爱民如子抗昏君；人心向往似潮水，王命即宣气吐虹；九拜爷爷战功卓，生擒敌寇功受封；职权左仆射尚书，施衣一万二千户；十拜爷爷为民生，显德四年归西境；皇恩诏赐显灵侯，民间四时把香焚；大宋南渡遇灾难，爷爷阴司助国功；皇上加封阴护侯，惟数文笔鳌头功；嘉庆八年又诏赐，封为英济广惠侯；驰去云海无关门，一片丹心洒血痕；虎穴誓闯争胜利，大义凛然屡立功；宗德以昭华人步，精忠赢得中华地；典范常存古北口，千载不泯吊公魂；肖立远照在飞山，飞山聚偎势天然；峻峭削壁拥松柏，肥美腴沃开陌阡；左视距江五老峰，右视长剑接青龙；庙宅得所钟瑞气，地灵人杰佳誉传；庭阁姿俏壮渠阳，引来墨士书华章；左经右史壮高阁，旧闻新册具宏篇；济济英才颂国辉，纷纷志士习法权；瞻仰爷爷藴公基，文贤武备传万年；愿我临终无障碍，阿弥陀佛远相迎；观音甘露洒吾头，势至金莲安吾足；一刹那中离尘浊，屈伸臂倾倒莲池；莲花开后见慈尊，亲听法音是可了；闻已即语无声忍，不见安养入婆婆；莎知方便度众生，巧把主劳为佛事；我愿如是佛自生，毕竟当来得成就；信人今有不到处，敬请神圣赦尤衍；我今虔诚来参拜，祈保父母早超升；保我合众人康泰，四时康泰寿长春；菩萨请在宝座上，祈将邪魔尽消灭；信人虔诚酬神恩，倾向神前拜世尊；贫贱富贵前身定，唯有行善是本根；求忏千差

> 于万错，减少一二护真身；诸神诸圣鉴法会，群仙群佛佑群生；信香一炷殿前化，赦宥凡民诸罪衍；片香数里来朝拜，一路虔意通神明；诚心诚意求忏悔，保香一炷表微忱；保香烧在金炉内，金炉里内放豪光；金炉不断千年火，玉盏常明万岁灯；飞山爷爷灵应显，护国佑民大天尊；愿以此功德，普及于一切；拜忏保平安，消灾增福寿；菩提妙法遍庄严，随所处处常安乐。

六月初七为仪式最后一天，主要是举行送神仪式，主要仪式环节为燃烛，烧草鞋、马粮（图 3－11）。一大早，庙内老人们开始打扫庙宇各个角落，并为这一天的送神仪式做准备。上午九点左右开始准备燃烛仪式，其目的是送飞山爷爷。在正殿前的香台上点燃三根大香、三根中号的香、两对蜡烛，准备好的 366 根蜡烛以及 366 炷香插于香台上，蜡烛和香的数量依据当年有多少天决定，即数量代表天数，比如 2014 年多一个月那这个月有多少天就得增加多少。供果主要是苹果，共有七十几个，个数根据参与祭祀的人数而定。在香台左右两边摆放两张桌子，右边桌子上放置苹果，茶、酒各 9 杯，表示长久、安宁。花生一盆、各种糖果一盘以及专门用于祭祀的双饼、大枣等。左边桌子上放置苹果、9 杯酒、果冻、糖等祭品。同时在香台左右各摆放烧纸盆一个，用于烧纸给土地神。将其他各种祭品摆放于飞山爷爷神像前以及其他神像前，点上香，然后在香和蜡烛上铺上纸，并将原来放于飞山爷爷神像正前方的记载有进香者名字的功果单摆放在上面。

这些结束后，敲几下磬。敲锣打鼓，放三次鞭炮，然后点燃放置的香烛、纸钱、功果单等，同时在香台的两边盆里烧纸钱。众人面朝香台，背对大门外，开始跪下、鞠躬，香头敲着木鱼。等焚烧完毕，带头祭祀者将桌上的酒倒在地上，并倒向门外，并将糕点等祭品抛出庙门。燃烛仪式结束后，开始进行打卦占卜，咨询飞山爷爷是否对祭祀活动满意并祈祷飞山爷爷的保佑。

图 3－11　燃烛及烧草鞋、马粮仪式

燃烛仪式结束后则是烧草鞋、马粮，这是飞山爷爷祭祀仪式中最后也是最重要的环节。庙中的老人们称，一般情况下祭祀的最后一天才集中烧草鞋、马粮等给飞山爷爷，祭祀第一天也可以烧，但是祭祀的六月初六这一天是不能烧的，因为这天是飞山爷爷的生日，当天飞山爷爷是需要休息的。在忌日祭祀活动中也是，仪式第一天和第三天烧，第二天不烧，理由是第一天飞山爷爷还没过世，第三天过世了，这时候烧了草鞋就可以派阴兵前来收鞋了。

烧草鞋时，人们将堆放于庙里的所有草鞋用木板凳翻转后抬到庙外干净的草地上。用木凳翻转抬草鞋，这主要是便于抬草鞋，更是为了保证草鞋干净。然后将草鞋以及马粮堆放于一起，堆放有严格的要求，即草鞋需要面朝上，且鞋尖斜朝天，老人们认为这样做是为了飞山爷爷的士兵们方便穿草鞋，然后就可以直接穿着上天开始去打仗。还要在草鞋上面铺上纸钱，插上香、蜡烛，倒上一些酒。一般是一层草鞋上铺一层纸钱、蜡烛、香等，都是为了各个士兵都能享受到。最后将猪肉、祭祀专用的双层饼、三杯酒、三杯茶、糖果、大枣放于草鞋堆前，鸣放三次鞭炮后，开始焚烧草鞋、马粮、纸钱等。众人则在香头的带领下开始下跪、祭拜、祈祷，并打卦。结束后众人将祭祀用的酒和茶一起喝掉或者擦手或者擦自己的身体，祭拜过飞山爷爷的茶酒是圣物，所以饮用或者擦在身上更能得到爷爷保佑。至此，祭祀仪式结束。

以上就是靖州飞山庙飞山爷爷诞辰、忌日庙会的祭祀仪式的呈现，如果只是简单地从三天的祭祀环节来看，并非特别复杂。但是从祭品、祭祀经文、祭祀人群等方面着手，其中又包含了非常多的信息。理查德·道森把秘鲁、日本、印度等国家祭祀仪式中的物品分为“我们生活之中的日常用品”和“我们生活之外的神圣物品”两类，前者包括食品、饮料、服饰等，后者最典型的则是“圣像”。而爱德华·萨皮尔承接其观点并认为无论哪一类物品，当出现于仪式场合时，便都成为多种象征的凝聚体。[①] 祭祀飞山公的双层饼、酒、茶、烟、糖果、大枣、猪头肉、鸡等祭品可以归为我们生活之中的日常用品，香、蜡、纸、金元宝、文疏等可以归为生活之外的神圣物品。而此处却出现了草鞋、马粮等祭品，应将其视为何类物品——在古代其作为日常生活用品，而当下却不是，但是其作为飞山公祭祀仪式上重要的祭品，则成为多种象征的凝聚体。

在庙中老人胡某某、储某某等老人的记忆中，以前就有烧草鞋、马粮祭祀飞山爷爷的习俗了，听说有几百年历史了，是长辈们一代代传承下来的，所以现在只是照做而已。她们小时候曾由父母带着来过飞山庙祭拜飞山爷爷，曾听长辈们说：

草鞋是那个时候最常用的，特别是飞山爷爷带着许多兵将

① 〔英〕维克多·特纳：《庆典》，方永德等译，上海文艺出版社，1993，第32~67页。

打仗、保护地方平安，更是需要许多的草鞋。同时，打仗还需要骑马，所以也必备马粮才行。解放前，从牌坊到飞山庙大门的路两边都有人烧草鞋，那时候烧的草鞋比现在还多。

虽然现在因无确凿的文字记载，已不能考证烧草鞋、马粮的习俗始于何年，这已变得不是那么重要，但是据庙中这些老人的记忆，草鞋、马粮等祭品成为飞山爷爷带兵打仗的象征。

湘黔桂界邻区域在历代以来的王朝边疆开拓中经历了各种战乱，包括各种苗、侗族起义等。在朝廷推行边疆管理举措中已然将飞山公打造成了忠君爱国、维护地方社会的形象，而民众作为其中的参与者，有着对地方稳定的生活追求，所以经历代的沉积，飞山公带兵打仗、维护地方社会的形象已被人们“刻划”进记忆中。这种记忆则被民间转化为祭祀活动中烧草鞋、马粮等仪式行为。而堆放草鞋时要求鞋面朝上，且鞋尖斜朝天，老人们认为这样做是为了飞山爷爷的士兵们方便穿草鞋，然后就可以直接穿着上天开始去打仗，则可以看出飞山公的神明形象在民间被隐喻于草鞋之上。而其中在六月六的飞山公诞辰祭祀时，在准备烧草鞋仪式前有这样一个有趣的事，参与祭祀的十几位老人都在庙外草地上将三四千双草鞋伴着马粮、香、蜡、纸等堆在一起，为焚烧做准备。当时堆了大大的一堆，其中一位老人感叹道：这么多的草鞋，飞山爷爷有没有车来拉走哦。旁边其他人则回答道：哪里需要车哟，在这里飞山爷爷就把它们分给了他的士兵，飞山爷爷那么多阴兵，自己穿着就走了。可见人们心中已将飞山公进一步形象化。草鞋等祭品经一代代传承，已然成为祭祀飞山公的必备祭品。时至当下，有虔诚的信徒则做出了漂亮的布鞋，大小与草鞋相似，与草鞋一起敬献给飞山公。

在广大的湘黔桂界邻地区，各地飞山庙也会在飞山公诞辰或忌日等时日举行祭祀仪式，只是较少有见到烧草鞋、马粮等仪式环节，而只有靖州飞山庙存在。这可能是飞山公信仰源起于靖州飞山，在作为“总庙”身份的信仰实践中，人们在强调飞山公作为带兵打仗的英雄，是地方保护神的最核心身份。

而作为文本的“飞山宝忏”则更是靖州一带民间信徒在践行飞山公信仰下的一种文化创造。从文本反映的内容来说，是人们基于记忆或者对飞山公形象的一种想象，是民众结合佛教、道教及民间记忆的仿经文创造。“宝忏”中“跋步飞山那样高，烧香人子不辞劳”是因为民众心中的飞山爷爷成神于飞山，是在对飞山公信仰起源的追溯。此外还将飞山公的出生日期、受皇帝的敕封、在诚州一带带兵打仗、抗击昏君、维护地方社会稳定、忠君爱国等写于“宝忏”中，从各个方面对飞山公的“功绩”进行了歌颂。这种歌颂包括作为人对地方百姓的保护，以及作为神对民众的保佑，如“宝忏”中所言：“瓦解敌军民安宁，护国安邦保太平，飞山寨上神通大，神通广大佑万民。”同时又表达了民众祭拜飞山公则是为了“拜忏保平安，消灾增福寿”等。

从该“宝忏”中描绘的事项及叙述视角，我们可以看到该“宝忏”其实是综合了民间有关飞山公的传说以及摘抄了杨氏谱牒中的部分内容。其中指称的“职权左仆射尚书，施衣一万二千户”等内容是湘黔桂界邻地区大部分杨氏族谱中建构“英雄祖先”目的下的产物。而“嘉庆八年又诏赐，封为英济广惠侯”之说也许有误。有关飞山公的敕封，对于早期的敕封是有碑记记载的，而中期的敕封则无碑记或者官方文本的记载。到了清嘉庆年间，靖州地区的地方志书已经有好几个版本，比如康熙《靖州志》、乾隆《直隶靖州州志》等，而清后期则有光绪《靖州乡土志》、光绪《靖州志》等，后两本资料对飞山公嘉庆年间无丝毫记录，反而是对其他敕封有记录。祭祀飞山公的“飞山宝忏”为何时创造，笔者也无法对其考证。按照庙中的老人讲，“飞山宝忏”是老人传承下来的，他自己的就是在靖州尧管一位老人那里抄过来的，是请他教自己如何诵念的。所以可以推测的是该“宝忏”形成的时期是较晚近的事，时间并不长。

1992 年复修飞山庙后，民众祭拜飞山公时也就有了“飞山宝忏”等民间经书文本。其实在民众的记忆中，飞山公的祭祀活动还是多由道士前来举行的。庙中老人们称当时他们这些人不会唱经，所以不会自己拜，最开始这些祭祀活动是请道士师傅前来做的。从飞山庙现存的档案中，我们可以得知 1993 年农历六月初六举行了第一次最为隆重的飞山公诞辰庙会活动，专门请了一位叫武大炳的道士师傅，支付其拜忏工资共计 768 元，兵盘、纸马等共计 70 元，当年的农历十月二十六日飞山公忌日也同样邀请了道士武大炳前来负责祭祀。①

民众将飞山公视为道教神明，他们虽然不懂得道教与佛教的历史以及严格的区别，但是他们却是依据“飞山爷爷是吃肉的，而佛教的是不能吃肉的”的逻辑将其归为道教，所以凡是重要的祭祀都必请道士师傅前来。2013 年 7 月到 2014 年 8 月，恰逢飞山庙后殿复修后飞山公父母神像上座及飞山公忌日同时举行，所以庙中就请了靖州甘棠镇的四位道士师傅前来举行仪式。这四位道士师傅皆称自己为五斗米道一派，祭祀过程中设置三清坛，按照道教的仪式程序举行祭祀活动，所念经文也为道教经书。所以这些师傅在庙内老人们心中是更“专业”的，而他们自己的祭祀仪式却较为“业余”。

就是在这样的道教神明认知体系下的民众，在祭祀仪式中所使用的“飞山宝忏”“请神经”等科仪文本中却有非常明显的佛教元素。诸如其中所称的“启运慈悲爷爷忏法，一心皈命南无三世诸佛，佛门常记勤念佛，参拜爷爷坐中堂，志心虔诚皈命礼，朝拜满堂众神灵，一请仙山诸佛祖，二请万圣降来临，三请三教儒释

① 复修飞山庙档案资料。

道……”基本是道教、佛教的元素杂糅一起。这是民众在创造“飞山宝忏”经书文本时借用道、佛元素的结果。不仅如此，就连民众心目中“专业”、自称五斗米道的道教师傅，在设置三清坛时，上挂元始天尊神像，而下方却放着释迦牟尼、药师佛、普贤菩萨等佛教菩萨。这些都与湘黔桂界邻区域的宗教大背景有密切关系：宗教信仰恢复以来，该区域内佛教发展迅速，道教受到严重的冲击。该区域内众多的庙宇、寺庵，人们在进行庙会祭祀时基本称为“拜忏”，民间自创的祭祀飞山公的文本也称“飞山宝忏”。南朝梁武帝在郗皇后死后，集录佛教经语句为《梁皇忏》十卷，命众僧拜颂诵祈祷，相传这是拜忏之始。明吴炳的《画中人·旅衬》中也写道“不须另请男众，小尼原会拜忏”。“拜忏”主要指僧尼信徒拜佛诵经以忏悔罪业，祈求保佑。所以说“忏”“拜忏”等称呼是专业的佛教用语。

佛教的影响已渗透到民众的生活各个角落，甚至是道教神明的场域中。最明显的一个例子就是靖州梓潼宫发生的佛、道之争。据《武冈州志》记载：梓潼宫为明嘉靖六年（1527），天子以梓潼之神，宜列祀典，命天下州县皆得立庙祭祀。梓潼掌文昌府及人间禄籍，故天下科名人士，尤宜祀之。道光《靖州直隶州志》亦有：

> 梓潼宫即桂香阁，祀文昌的记载。梓潼帝君是道教所奉的主宰功名、禄位之神，相传姓张名亚子，仕晋战死，后人立庙纪念。唐僖宗入蜀，封顺济王，宋咸平中改封英显王。据道家传说，玉帝命梓潼掌管文昌府和人间禄籍，故元仁宗延祐三年，又加封为文昌帝君，因其为四川梓潼县人，故又称梓潼帝君，其庙就叫梓潼宫。靖州县梓潼宫乃明嘉靖三十四年（1555）州牧许子言所建，殿内供奉梓潼帝君，地方官员、士绅文人均到此祭祀。为配置风水，又于宫前建塔一座。雍正六

年，因塔圮建阁，名曰桂香阁。清光绪年间，梓潼宫曾被火烧，旋即修缮，民国二十四年又复修一次，至是庙宇辉煌，香火旺盛。①

从以上文本的记载我们可以确定的是靖州梓潼宫为道教场地，供奉着道教神明。而 1994 年 2 月却发生了佛教争夺梓潼宫事件，起因是一位孙和尚住在梓潼宫后欲将梓潼宫变为佛教寺庙。表面上是孙和尚一人所为，实际上是其背后存在其他力量的支持。靖州县档案局现存有一份《关于靖州梓潼宫的历史和现实情况的报告》，该报告为靖州县道教协会写给主管宗教事务的县民族事务委员会的，其首先申明梓潼宫历来为道教场所，然后指控孙和尚为假和尚，挑拨佛道两教矛盾，通过各种非法手段霸占梓潼宫，最后则提出要求应将孙和尚迁出道教梓潼宫圣地，并要求改组佛教协会。然而最终梓潼宫成为佛教场所，改为桂香寺，并将佛教协会设置于内。梓潼宫之争实质是佛道两教势力之间的争斗，展现了该区域社会内某一时段内的佛、道文化的特殊关系。

所以说，飞山公的诞辰、忌日祭祀仪式，是民众基于历史记忆，结合对飞山公神明的想象而践行的受佛道等文化深刻影响的神明信仰。我们可以看到，本来是由“仪式专家”举行的祭祀仪式，民众在信仰实践中不断向其学习，由“仪式专家”的助手演变为庙中负责祭祀飞山公的主体人群。现在庙中基本的祭祀都由这些老人负责，其祭祀借鉴了“专业先生”的经验，比如原来的祭祀过程中是没有求平安的“燃烛”仪式环节的，后面才增加了进去，如果有请“师傅”的话是需要煮好稀饭等吃的，“燃烛”仪式结束后就需要先吃稀饭，然后再吃斋饭，而老人们却进行了一定的变通，并将“燃烛”仪式的规模做得非常大。

① 梁经河：《梓潼宫》，载《靖州文史》第 5 辑（内部刊印），第 75～76 页。

小 结

从最早的《飞山神祠碑记》开始，作为讲述飞山公杨再思灵应传说最多的地方官员就直接将飞山公信仰与靖州飞山建立了联系。在地方志书有限的飞山公信仰记载中，也多有提及靖州飞山庙及杨再思与靖州之关系。该区域当下仍然保存有众多飞山庙，从庙内残存的清时期碑刻及祭祀科仪文本等民间文献中，可以进一步探知各地飞山庙与靖州飞山庙之关系，虽然未有明确指称本地飞山庙隶属于靖州飞山庙或从其分香而来，但是都与靖州飞山庙或直接或间接地搭上关系，已然将靖州飞山庙视为“总庙”。各地飞山庙中神像及其配神等多与靖州飞山庙高度相似，在当下的庙宇复修热潮中，人们又热衷于前往靖州飞山庙参观学习，这无不是湘黔桂界邻地区的民众对靖州“飞山总庙”的认可。这主要源于人们代代相传的飞山公相关记忆，这些记忆隐喻了该区域社会所曾经历的某些历史事实。从中大致可以勾勒出该区域的飞山庙宇网络图及其区域内曾经所经历的移民迁徙过程等。

当我们把目光聚焦于“总庙”的靖州飞山公信仰时会发现，虽然一些碑刻记载为我们呈现了历史上靖州飞山庙的场景，但是我们从这些记载中所能解读出的东西却是较为有限的。反而是人们基于各自不同身份所讲述的一些有关飞山庙及飞山公的记忆内容，丰富了飞山庙原面貌及飞山公神明形象，为我们复原飞山庙宇及早期信仰生活提供了丰富的素材，人们记忆中的飞山庙及飞山公并不相同，却有一个共同点就是原来的飞山庙非常宏伟，飞山公神明非常灵验。

正是基于对飞山庙的回忆以及飞山公神明的灵验，飞山公信仰历经各种曲折后又得以快速复苏。这是在虔诚的民间信众、地方精英、权威人物及地方政府的合力之下完成的。飞山公信仰的形成与传播是国家与地方社会的不同人群互动的结果，在当下飞山公信仰重新恢复的背景下，不同人群更是基于自身角色的需要展开了更密切的互动，而这种互动已不再是诸如碑刻、地方志书等碎片化的文字呈现，而是一种能够源源不断输出并不断延展的呈现。飞山公信仰的恢复，其实在某种程度上唤醒了人们有关该区域过去生活图景的记忆。

这些人群在复修庙宇、庙产之争下的各种互动其实象征了地域社会的整体性互动过程。在这种互动过程中，我们可以看到不同人群基于自我而对于历史的不同表述。庙宇复修成什么样，飞山公神像该雕刻成什么样的形象等，是不同人群基于历史记忆的历史重现或者文化再造，这其中也展现了人们地方性的智慧。与此同时，不同主体者在庙宇复修下的目的性也存在差异，我们可以看到其中杨氏人群的积极参与，修复飞山庙与修复祠堂或者编修家族族谱有着类似的功能，飞山公杨再思作为神明背后的重要一面即宗族的因素，飞山公信仰的恢复在某种程度上比修复祠堂或者编修家谱的意义更为重大，就如杨氏曾在飞山公祭文中提及的：

> 清同治七年朝廷下诏黔、湘、川各州府、县建飞山大庙（令公庙、杨公庙）祭之，使公灵有凭依，血食有尝，享万民之祭祀，以绥先灵，千百年来香火如薪，非公之神灵无以致。

所以，令杨氏自豪的是该区域曾诸多豪酋大姓，唯有“本族先祖”享万民之祭，这也是杨氏积极参与庙宇复修的最根本动力。在互动过程中，地方精英、权威人物扮演了非常重要的角色，庙貌甚至飞山公神像都由其主导完成，虽然民众也有不少提议，但只是参考而并未融入，其更多借鉴的是文献资料及其历史背景等因素。正因为其知识精英的角色，民众对其信服且甘愿作为其指挥下的具体实践者。

官方更多的是一个对民间事项的监管者，实际庙宇复修及其信仰复兴等民间实践在某种程度上在顺应其监管的同时，也在获取自主权利，所以我们才看到庙宇香火经济收入虽开始被官方掌控，但没过多久民众就在地方性策略下夺回了经济掌控权，让香火真正地为飞山公所独享。也正是如此，飞山庙宇才完成了包括后殿在内的完整复修，以作为飞山公长期护佑当地民众的回报。飞山公古式祭祀仪式的重现是基于官方挖掘历史资源的需要，同时也是民众基于历史想象并结合本地祭祀特点进行的具有鲜明地方特色的祭祀文化创造下的仪式展演。其民众为飞山公烧草鞋、马粮，准备“军用物资”等，则是基于对飞山公保护地方社会的武将身份的历史想象与信仰的实践化、地方化。

第四章　人群与神明：村落结构下的家族互动与信仰建构

到了明清以后，中央王朝开辟疆土及其区域治理的国家行为主导了大量移民进入湘黔桂界邻以侗、苗为传统主体民族聚居的区域社会，这同时也推动了部分原有民众在该区域的迁徙与流动。“外来族群”与“土著”等多群体间的磨合，伴随着显性与隐性的或竞争或合作的态势，旧的地域社会秩序和村落社会结构面临冲击与改变，随之而来的是新的秩序、人群结构的形成。在这种多以血缘性的姓氏为表征的新的村落社会结构及其秩序之下，不同家族在互动或竞争之中不断建构多元化及其具有重要地域性特征的家族神明，形成了与飞山公特殊而复杂的关系。

一　“开基祖先神”建构下的飞山公信仰

六爽侗族村寨位于贵州省黎平县东南部的洪州镇之南，地处三省坡西南侧的半山腰，东南面与广西三江县独峒乡接壤，东北面与湖南通道县独坡乡交界。20 世纪 50 年代曾称高山村，全村辖 1 个自然寨，5 个村民小组，2005 年有 271 户 1337 人，2013 年末，该侗寨约有 300 余户 1500 余人。各姓氏人口状况大概为：吴姓约有 160 户、石姓有 40 户、黄姓有 60 户、粟姓有 30 户、杨姓有 3 户。[1] 因为六爽侗寨地处偏远深山的特殊地理位置，开始有人居住

① 该人口数据为村中吴老支书估算，因无具体的家庭人口登记名册，可能与实际略有出入。

已是较为晚近的事，同时这也是一个近距离移民村寨。该村原有的居住格局为聚寨而居，1969 年杨姓烧炭引起的一场大火将整个村寨毁于一旦，有关家族来源记录的族谱类文本也一并为大火所焚。所以当下并不能确切了解该村不同姓氏确切的迁徙时间及来源地，只能通过村中老人们碎片化的回忆进行简单追溯。

杨氏三兄弟大概于清末最早迁徙于此，迁入的原因已不清楚，但又因该地多干旱天气造成庄稼歉收，其中两兄弟于 1930 年左右陆续迁往附近的赏芳村，只留下最小的弟弟，该户育有 3 子，成年后结婚分家形成了当下的 3 户杨姓。而吴姓有两个房族，一房族从不远的湖南境内搬迁而来，而另外一房族于江西搬迁过来。由于吴姓人口较多，人口比例超过本村的百分之五十，婚配问题日益凸显。为了解决这个重要的问题，从民国开始，以来自不同地方的吴姓作为房族区别并彼此通婚，且吴姓两大房族间的通婚数多于与其他姓氏之间的通婚数。吴姓是否分为两房族且来自不同地区，我们不得而知，但在湘黔桂界邻区域社会内，破姓开亲的习俗被人们认可，如《黎平县志》及一些地方民间文献也有相关记载。所以说该地吴氏之间通婚可能如其他村落一样，是为解决婚配习俗下的人口繁衍问题才建构了同一姓氏却是源于不同地区以摆脱血缘性的束缚这样一个理由，但不管怎样，所有吴姓在该村祭祀着同一“开基祖先神”。村寨中石姓来自湖南潭溪地区，而黄、粟姓的来源之地老人已不是很确定，据传都来自贵州黔东南某地。

村民称六爽侗寨虽只有 300 余户却拥有四座庙宇，分别为飞山大王庙①、二王庙、三王庙、四王庙。地处村寨中心位置的飞山大王庙由村中各个姓氏共同捐建，也是整个村寨祭祀活动的中心。另外二王庙、三王庙、四王庙分别为黄姓、粟姓、吴姓所建，杨姓和

① 此处所指的飞山大王庙，即村寨中用于供奉飞山公杨再思的飞山庙。

石姓没有以自己姓氏单独建立的庙宇。四座庙宇主要依据各姓氏来此的先后顺序而命名，村中人都是如此称呼的。飞山大王庙为一座木瓦结构的小屋，面积约 2 平方米，高 2 米。二王庙供奉着黄姓祖先神，与粟姓祭祀祖先神的三王庙一样，所建庙宇都是木瓦结构，近 2 平方米，略小于飞山大王庙。二王庙中神龛位置的木板上画有一位威严的男性祖先，头戴帽，面呈红色，其形象介于官与士绅之间。庙门处两边各绘有一位男性图像，为侍卫打扮模样，对联中“酧荅神恩”等字眼向人们展示了其神庙的身份。以前这三座庙中都有神像，大王庙神像大一些，而二王庙、三王庙神像较小。曾经的那场大火将庙宇与神像都烧毁了，大火之后只重建了庙宇，而没有重雕神像。① 现存的飞山大王庙由各姓氏捐钱，祭祀师傅在各姓氏中分别选择两位代表于 1982 年重建而成，1985 年二王庙、三王庙才重新同时建成。

而“四王庙”为村中人口最多的吴姓所有，吴姓称其供奉着“塔金”，“塔金”为侗语称呼，译成汉语则是“奶奶”之意。虽然被称为“四王庙”，但实际上只是村寨后树丛中的一座坟墓，并不是世人心目中的神庙构造，墓前有块无字墓碑，长 1.2 米，宽 0.7 米。据老人称：听祖辈们说，这是为所崇拜的女性祖先神所建，该女性神是吴姓第一位于清末带着两个孩子来到此寨的女祖先，经过历代繁衍，吴姓人群得以壮大。这块碑原来是有字的，但是时间久了，字也就消失了（图 4－1）。②

六爽侗寨将飞山大王视为各姓氏共同的神明，每年举行隆重的祭祀仪式，各姓氏共同全程参与到了飞山大王祭祀仪式过程中。其

---

① 人们觉得还是雕刻神像较好，祭师吴某曾组织大家一起为大王庙雕刻神像，其他姓氏的有老人提议为自己的庙宇雕刻神像，但是均没能实现。

② 如果按照吴氏最后来到六爽侗寨的说法，应该不会超过两百年，碑刻内容应该不会无字，即使是因为地处丛林中遭受雨水侵蚀或者碑刻字迹较浅等因素，一般也会多少有些字迹，但石碑风化的痕迹也并不明显。

图 4-1 飞山大王庙、二王庙、三王庙、四王庙（从上到下）

祭祀过程首先为选择牺牲，每年正月初八开始正式祭祀飞山大王，负责祭祀仪式的师傅于正月初七便开始通过卜卦的形式在各个姓氏的洁净户中选定一头猪作为牺牲。而所谓洁净户就是符合没有灾难、没有孕妇、没有残疾、当年没有人过世等条件的家庭。又在这些洁净家庭中选择约 50 户进行卜卦选择，剩下的家庭则轮流至明年。一旦卜卦确定，无论猪主是哪个家族的，均不能以任何理由拒绝。据说，曾经有一年，祭祀师傅卜卦选定了一家，但是该家猪刚好一百斤左右，正是生长的最佳时间，主人不愿意将其用于祭祀，后面没过多久，该户的猪就得病死了。村中人都认为这是飞山大王给予的惩罚，从此以后，家家户户更是乐意被选中。2011 年正月初七选定的猪为一黄姓家庭所有，据他介绍说，这是他家族莫大的荣耀。① 即

① 朱卫平主编《五溪之神：杨再思历史文化研究》，海南出版社，2011，第 49 页。

使遇到某家只有小猪崽也要杀，曾经就发生过这种情况，村中各户只分到手指大小的一点肉。购买猪的费用由全村各姓氏按市场价平摊，由各姓氏推选出来的代表负责按户收集自己姓氏的“份子钱”，或者将寨中各姓氏共同拥有的被雷击而死的风水树拍卖所得收益进行支付，树木的砍伐及当场拍卖由各姓氏推荐产生的9位代表中的某一姓氏负责。

祭祀飞山大王的第二个步骤就是准备祭品。初八早上，由村里几位年富力强的各姓氏代表合作将确定作为牺牲的猪杀好并称重。这些年富力强的代表一般为各姓氏于每一年祭祀活动前占卜选出，每个姓氏各选两人作为本姓氏的代表，以负责参与当年的飞山大王所有祭祀活动。因为杨姓只有三户，所以选出一位代表即可，有时在洁净的年头也选择两位，如当年杨姓家庭都不洁净，也可一位也不选而选择其他姓氏代替，由于寨中杨姓与石姓关系更为亲密，多由石姓代替。其他姓氏人口相对较多，则各选两位代表，所以几个姓氏加在一起就有9位左右代表。各姓氏中的两位代表也主要通过祭祀师傅从洁净的家庭中占卜产生，一般每年在本姓氏的20户左右中选择，依次轮流。用于祭祀飞山大王的猪只能由这几位代表杀，其他人不能碰。在此，我们可以看到神明神圣下的洁净观较为突出。六爽侗寨习惯用稻草将猪烧火去毛，当地人解释说这样去毛后猪肉更加鲜嫩。猪肉被拿到位于寨子下方的中心鼓楼——五组鼓楼，在中央火塘里的大锅中煮熟，各家各户安排一位成年男性带上两只碗——各家碗的底部标记了本家庭名字，一瓶酒、六炷香和一些纸钱来到五组鼓楼前的广场。按照既定的方位摆上各自的碗，在一只碗里装上酒，另一只碗空着，焚香化纸并作揖，祈求飞山大王保佑。焚香化纸完毕，将碗中的酒倒进各自姓氏的桶内。每个姓氏有一个用于装酒的桶，一般情况下人们会注意哪个姓氏的酒桶中的酒最多，有时如果人口多的姓氏酒桶中的酒比人口较少的姓氏的酒少的话，大家会觉得很是没有面子。而在祭祀结束喝酒的时候大家就不再区分，可以饮用其他姓氏的酒。

祭祀的最后仪式过程则是祭祀与分食祭品。下午两点钟左右，全寨各姓氏 60 岁以上的男性老人负责祭拜。全体参与祭祀的人都穿着民族服装前往飞山大王庙并列队站立，其他 60 岁以下不参与祭拜的人可以不用穿着民族服装，基本是站立在周围观看祭祀活动。猪头、三杯清茶、三杯酒放于庙内神台上。随后，负责祭祀的师傅便在庙内焚香化纸，念诵咒语、祭词。祭祀完毕，由 9 位代表负责放三响装有火药的铁炮，如果当年铁炮三声都响则预示有好的兆头，只响两声就要差一些，如果都不响或者只响一声则代表来年将不怎么顺利。紧接着放若干鞭炮，以示祭祀结束。此时各户参与祭祀者前往五组鼓楼取回各自放好的分别盛有肉块和肉汤的两只碗。祭祀完飞山大王，各家各户将祭祀食品带回家分食。在吃之前必须先敬自家的祖先且只能给家庭中的男性吃，在当地人心中，女姓为外家人而不属于本家：妇女是外面嫁来的，女儿是要嫁到别家去的。同时，负责祭祀相关活动的人们则集中在五组鼓楼吃煮熟的猪肉祭品，这些人主要是祭祀师傅、9 位负责祭祀的各姓氏代表，以及邀请的村干部、各个姓氏中年龄较大具有一定威望的男性老人。请什么人吃饭则由 9 个代表商量决定，被邀请的村干部和老人等都会欣然前往。

值得注意的是，在飞山大王祭祀之前到祭祀完成期间，即农历的腊月二十五前后，各家各户杀猪宰羊准备年货，然后至次年正月初八期间，全寨各家各户不能进行杀生，也不能开展各种各样的生产活动，只能在家过年或者玩耍。这段时间内，全寨人不能外出务工、求学。腊月三十以后到正月初八期间，即使这一期间寨内有人去世，无论是谁，也要等到初八祭祀飞山大王后才能举行丧葬活动。如某一年刚好是村里吴老支书的叔叔在正月初二过世，自家人将过世的老人放入棺材置于房屋的下面一层，烧香纸祭祀，但不能请祭师以及宴请亲朋好友进行丧葬仪式，等到正月初九才举行丧葬仪式将老人送上山埋葬。所以如果有人在腊月三十去世则必须在当天举行丧葬仪式送上山埋葬，超过晚上十二点就只有等待正月初八祭祀完飞山大王后了。这期间可以吃荤，但是荤食必须是提前准备的，如果去别的村玩耍，别人杀生的食物也是不能吃的，实际上是各个姓氏在飞山大王祭祀前后进入了一种“半斋戒”状态。

如果说正月初八是各个姓氏共同祭祀飞山大王，那么在共同祭祀之下，各个姓氏也各取吉日对自己的“家神”进行祭祀，只是祭祀过程较为简单。黄姓于六月初六在二王庙祭祀“家神”，粟姓于正月初六在三王庙祭祀“家神”，吴姓于七月十四日前往四王庙祭祀。杨姓与吴姓没有自己的庙宇，则于十月二十六日前往飞山大王庙祭拜。各个姓氏祭祀时带有清茶、酒、鸡、猪肉等，在庙中烧香焚纸。一般会在每年的祭祀时在各自庙中杀鸡，但不是本姓氏每家都前往，同样由本姓氏当年从洁净家庭中推选出几家作为代表，被选定的家庭则当年购买两只鸡用于祭祀。当天的上午十一点左右带到庙中杀掉，然后将鸡毛、鸡血等涂于神位之上，以示杀鸡敬神。将杀好的鸡在庙旁煮熟后带到自己姓氏的鼓楼，将其平均分给各家各户，分肉时各户自带碗一个，带回家中同样不能给女性吃。每年的腊月三十，吴姓需要拿着谷物等前往四王庙祭拜，如果不前去祭拜则当年的庄稼收成不好。传说20世纪50年代，因为人们的生活比较困难，许多家庭都不前来祭拜“塔金”，所以当年谷物收获很少。从此，吴姓都会自觉前往祭拜。

宗教是由一系列行为和仪式组成的，其存在并不出于对心灵的拯救，而在于对社会现状的维持。为了共同体的崇拜对象而将人们组织起来，神圣与世俗之间完全分离，而神圣之物就是共同崇拜之物，神圣之物具有沾染力，人们相信跨越被禁止跨越的边界就会带来危险。[①] 地处三省坡深山中的六爽侗寨，是一个晚近形成的家族村落社会。家族村落类型可分为一姓村、主姓村、多姓村、杂姓村。同样依据姓氏人口的比例，也可将其分为：纯姓村、强单主姓村、单主姓村、双主姓村、复主姓村、杂姓村。[②] 如按照这样的分类，六爽侗寨属于杂姓村落社会，飞山大王为不同姓氏共同信奉的神圣神明，各姓氏共同建庙祭祀，从而将人们组织了起来。所以我们可以看到不同姓氏的人们全程参与到祭祀飞山大王的仪式中，而祭祀飞山大王所规定的严格禁忌则是人们认为跨越了神圣界限就会招致神明的惩罚。与此同时，不同姓氏又将本姓落寨始祖建构成自己姓氏的祖先神，建庙祭祀的同时按照落寨先后顺序给予命名，这无不是神明信仰建构下地域社会开发中形成的家族社会结构和地域社会秩序的反映，这主要是移民背景下的生存环境状态决定的。

六爽侗寨地处贵州、湖南、广西交界之地，属于晚近移民开发下形成的村寨。该区域内条件较好的地方已被先期移民占据，而后期移民则只能选择生存条件更为恶劣之地。六爽全村面积 11 平方公里，耕地面积 655 亩，森林覆盖率为 62%。村落海拔 710 米，是三省坡地区海拔最高的一个村。2003 年才完成农村电网改造，2004 年 6 月平架至六爽公路才通车。如果雨天前往该村落，公路较陡，车辆无法通行，从山下的平架步行三个小时才能到达六爽村寨，且途中很少有住户。同时，村寨较少拥有平地，寨内木楼只能依山而建，寨外山势险峻。

村寨中每年都要举行的萨岁坛安水仪式就是其生存条件较恶劣的反映。六爽侗寨下方树林中有一萨岁坛，和其他地方的萨岁坛形状较为相似，用圆锥形石砌成，直径约 1.5 米、高 1 米。区别在于

① 〔法〕爱弥尔·涂尔干：《宗教生活的基本形式》，渠东、汲喆译，商务印书馆，2011，第 89 页。

② 王铭铭：《走在乡土上——历史人类学札记》，中国人民大学出版社，2003，第 55 页。

坛内主要埋着一罐水，上面有直径约0.9米的一圆形盖，坛前竖有一块无字石碑。据村中老人讲，石碑原来有字，后面时间久了字也消失了。该萨岁坛为最先搬来的杨姓所建，其主要作用是保护水源。六爽村海拔较高，处于三省坡半山上，因此较为缺水。为了保证生活、生产所需水源，杨姓搬来之初就建了此萨岁坛，果然建萨岁坛后不久就在寨后接近三省坡顶的地方找到了从地下冒出来的水源。村民于是在此处修了一口水井，称其为大井水，并将其视为神圣之水。除了每年腊月三十晚进行较简单的祭祀萨岁坛外，在祭完飞山爷爷后的正月初十也会举行较为隆重的祭祀萨岁仪式。仪式由全寨的女性为主导，男性参与，祭品为清茶三杯，并在萨岁坛旁边烧香纸。祭祀活动最重要的环节就是正月初八祭祀飞山大王庙时由祭祀师傅通过卜卦等方式从9位不同姓氏的代表中选出一位，负责当年萨岁坛的加水，保证其中水不枯竭。除了正月初十加水外，平时需要选择一个好的时日前往加水，所取的水也不能是一般溪水，而应是三省坡顶水井中的水。

六爽侗寨祭祀萨岁坛的加水仪式作为该地水资源缺乏的生存困境之镜像，映射出人们为了在这样较为恶劣的生存条件中生存下来并繁衍人口，需要不同人群加强彼此间的合作的状况。而飞山大王在此成为各姓氏共同信奉的神明，并非因为此村寨杨姓人口的众多——相反杨姓在此村寨是人口最少的姓氏，而是因为飞山大王作为区域性神明，人们认为其更能超越自身家神而起到更好地保护人们的生存繁衍的作用，再加上杨氏最先落寨，所以特别地加以祭祀。

六爽侗寨的家神在家族内部扮演了精神纽带的角色，人们通过“开基祖先”记忆和祭祀活动维系家族认同。由于族谱类文本的缺失，村民无法了解人们曾经如何书写或歌颂自己的“开基祖先”，同时，家族作为村落社会活动的基本单元，全程参与飞山公祭祀仪式。鉴于对飞山大王祭祀仪式的隆重程度远远超越对自身建构的“开基祖先神”，此类家神信仰透露出对飞山大王强烈的依附性。

通过庙宇命名我们又可以看出该村寨对清末以来地域社会移民秩序的遵守。六爽侗寨各家族无论是人口还是经济、政治实力都较弱，当面临较为恶劣的生存环境时，其必须有序地组织在一起，团结协作，作为具有区域影响的飞山大王信仰就成为其团结协作的纽带。如果说家神建构是为了强化本家族的血缘认同，在此之上再赋予其神圣性则能达到更好的效果，毕竟神性大于族性，飞山大王则成为这些家族在村落空间内编织秩序、相互沟通的媒介，祭祀仪式便成为其向区域信仰权威表达依附的最好体现。而该区域其他大部分地方因为与此地生存环境不同，又因为移民背景下形成的家族势力的悬殊与家族结构差异性等因素，其对待家神与飞山公的态度又不尽相同（诸如会同县沙溪乡与绥宁县东山乡等）。

二　“学法祖先神”建构下的家神信仰

距靖州县城44公里的沙溪乡，位于会同县东南边境，东接王家坪乡、金子岩侗族苗族乡，南界靖州苗族侗族自治县甘棠镇、文溪乡及绥宁县鹅公岭侗族苗族乡，西邻岩头乡，北接团河镇。该乡下辖沙溪、陆家、古雅、岔口、双门、大路、凤羊、市田、中全、羊山、洛阳、板塘、玩洞、塘湾、耿琴、冷溪、晒金、松冲、木寨19个村。飞山庙与各姓氏家庙并存于该乡，具体情况详见表4－1。

表4－1　沙溪乡飞山庙与家庙并存基本情况

村名	庙宇名称及祭祀神明	建庙及信仰群体	该村姓氏结构
沙溪村	飞山庙（杨再思）	杨姓所建，杨姓等信奉	林姓105户510人，杨姓90余户400人，叶姓30户142人，而沈姓和李姓各不足100人
	林太公庙（林法云）	林姓所建，无其他姓氏信奉	
	恩公庙（黄某某）	沈、叶二姓所建，无其他姓氏信奉	

续表

村名	庙宇名称及祭祀神明	建庙及信仰群体	该村姓氏结构
玩洞村	两座王太公庙（王法通）	王姓所建，无其他姓氏信奉	王姓约130户600余人，林姓约50户250人，李姓约30户160人，蔡姓18户90人
	蔡太公庙（蔡法元）	蔡姓所建，无其他姓氏信奉	
冷溪村	飞山庙（杨再思）	林姓负责建，林、杨等姓氏信奉	林姓约61户270人，杨姓约50户240人
	林太公庙（林法云）	林姓所建，无其他姓氏信奉	
陆家村	飞山庙（杨再思）	陆姓负责主建，杨、林等姓氏共同信奉	陆姓50户240人，杨姓20户95人，林姓25户126人
双门村	飞山庙（杨再思）	于、覃、林三姓共建，多姓氏信奉	以于、覃、林姓为主，人口不详

沙溪地区总体的姓氏结构如果按人口多寡进行排序则为杨姓、林姓、王姓、陆姓、沈姓、蔡姓、叶姓等。各个姓氏多集中于某一村，如王、陆等姓，而杨、林等姓氏又呈现散布于各个村的特征。飞山庙遍布于沙溪、陆家、双门、冷溪等村，除了沙溪村飞山庙为杨氏所建，其他飞山庙皆为某一姓氏独建或共建。大部分姓氏在信奉飞山公的同时，也不断建构了本姓氏的家神，并建庙祭祀。

沙溪乡是一个由杂姓组成的村落团体。从表4－1中我们得知飞山庙是作为不同姓氏信奉的区域性神明而存在的，如冷溪村林太公庙建于飞山庙的侧面，作为飞山庙的“配庙”存在。在他们眼中林太公是家神，主要管理林姓家族事务，而飞山公是大神，不能将家神与大神供奉在一起，所以将飞山公与观音供奉于飞山庙中，而将林太公供奉于“配庙”中。在飞山公的诞辰、忌日等特殊日子，人们多会前往不同的飞山庙中进行祭祀，祭祀时一般先祭祀飞山公再祭祀自己的太公神。为何信仰飞山公？村中人称是祖先传承下来的信仰，所以跟着信，并且飞山公很灵验，帮助村中人打土匪等。同时，部分林姓又强调这样一种说法：原来这里有许多姓氏，以林姓为主建起了飞山庙，飞山公就帮助其赶走了其他姓氏，所以村中大部分是林姓，很少有其他姓氏。[①] 从这里可以看出，在他们心中飞山公成为林姓在该地区生存空间扩展的保护神。

在中国民间历史文献中，族谱可以说是最为基本的一个种类，也是目前为学界熟知和利用最多、最广泛的一种民间文献。族谱不只是一种供史家参考利用的文献资料，它首先是一种文本，一种与社会生活或社区生活有着密切关系的文本。很早就开始利用族谱资料来做研究的罗香林，在探究客家的源流或客家人的来历时，就直接把客家族谱中关于祖先移居的历史叙述当作真实发生过的历史事实来处理。[②] 笔者在湘黔桂界邻区域的乡村移民社会大背景下探讨家族结构及神明信仰关系等也多依据村落间的族谱类民间文献。虽然这些族谱建构痕迹较为明显，但仍然是我们可以用来了解历史背景下地域社会的最重要的文献之一。

沙溪是一个较早形成的移民乡，各个家族来源地各异。沙溪一带的杨姓自称为侗族，清光绪甲辰年（1904）所修《杨氏族谱》对该地区历史上的杨氏来源做了介绍，其称：

> 再思祖的后裔廷茂公随盛榜公由江西太和县迁徙渠阳榜公、茂公于宋孝宗十八年移会同之瓦窑坪，茂公生二子进修、进思徙水二里高锡村，思公生六子，长子再亨于南宋咸淳乙丑岁徙丰山乡之土门团（后称白果树脚，今沙溪乡沙溪村八组）。[③]

从以上记载中我们可以得知杨氏于南宋年间就从靖州迁徙到了

---

① 该资料为笔者于冷溪村飞山庙中访谈林姓老人整理而成。

② 参见罗香林《客家研究导论》，台北：南天书局，1992；罗香林：《客家源流考》，中国华侨出版公司，1989；罗香林：《客家史料汇编》，台北：南天书局，1992。

③ 《杨氏族谱》，会同县沙溪乡沙溪村杨氏家藏，清光绪甲辰年（1904）版。

会同地区，成为文本书写下的该地最早的家族。民国 22 年（1933）蔡氏所修《蔡氏族谱》卷首重录的清嘉庆十七年（1812）蔡氏源流序对该地区蔡氏的迁徙历史进行了追溯：

> 鼻祖念一公籍居江西南昌府丰头城县蔡市街人也，家资颇足，轻财好施，广赈饥民，当时之颂……长彬叟、次彬义、三彬文，兄弟三人因彼地变乱，避难图存。自元延佑间由江西丰城县至湖南靖州之龙宝七里街五客塘以暂住，见此田肥地阔水秀，明复赴筑老团落诞而世居焉。①

蔡氏因避乱于元延佑年间从江西迁徙于此，成为继杨氏后第二个迁居于此的家族。而该地林氏则主要为思义公单传进祚的后裔，于明太祖洪武元年（1368）自夏郡徙会同沙溪。② 与此同时，王姓开基祖景崇公也于明洪武元年（1368）携妻带子从浙江温州府永嘉县迁居会同沙溪境内。③ 而其他陆、叶、沈等姓氏虽无谱牒文献，但其也多称自己祖先于明后迁徙于沙溪一带。

如果这些族谱有关祖先迁徙大体是基于基本事实修成以及人们对祖先迁徙史的记忆具有传承性的话，那么沙溪地区的姓氏除了杨、蔡的迁徙可能早于明朝，其他姓氏多于明后进入该地。明洪武九年（1376）纂修的《靖州志》对诚州地境内（沙溪亦属诚州属地）的户口人丁进行了最早的记录，其称：洪武元年（1368）全县（包括今城步、通道两县大部分境域在内）2628 户 11225 口，到洪武八年（1375）为 3760 户 22685 口。④ 到了清康熙五十一年（1712）二月，康熙颁布“承平日久生齿日繁，嗣后滋生户口勿更出丁

① 《蔡氏族谱》，会同县沙溪乡玩洞村蔡氏家藏，民国 22 年（1933）版。

② 《林氏族谱》，靖州县甘棠镇寨姓林氏家藏，1990 年版。

③ 《王氏族谱》，会同县沙溪乡玩洞村王氏家藏，1988 年版。

④ （明）唐宗元修《靖州洪武志》，刻印本。

钱，以本年丁数为定额”的诏令。又乾隆初期普遍推行“摊丁入地”政策，客观上鼓励了人口的发展，乾隆二十年（1755）全县17653户76265人。到了乾隆六十年（1795），人口已发展到42528户200982人。道光八年（1828）全县有44023户207426人。[①]

明初八年的时间，其人口数就翻了一番，如果按照人口基数的自然繁衍率，是无法实现的。从明到清末以来该区域的人口数及增长量我们可以看出其移民与开发边疆的政策对该区域人口居住的影响。移民的进入，需要获得相应的“入住权”[②]，多要依附于大姓家族或最早入住者，神明的选择就成为其中重要的一种依附手段。飞山公的湘黔桂界邻区域“巨族”杨氏的祖先身份则成为“外来小族”的首选神明。同时，作为较后迁居者，其改变不利境遇最有效的途径，莫过于对王朝力量的借助，从而寻找契机以对地方资源或利益重新分配。由于中央王朝对飞山公神明“标准化”“正统化”的推动，飞山公成了地方势力和王朝力量结合的象征，所以沙溪地区林、王、蔡、陆等姓氏信奉飞山公则成为理所当然的事。

在依附于杨姓及向王朝力量靠拢的同时，各姓氏也纷纷建构了本姓氏的家神，以区分“我族”与“他族”，达成一种家族认同，同时也与其他家族进行合作与竞争。与六爽侗寨各姓氏建构“开基始祖”为家神不同的是，沙溪地区不同姓氏建构家神主要是赋予本家族血缘性某一祖先特殊本领，然后加以神化，即学法祖先的神化。据沙溪乡玩洞村的蔡氏称：

> 我们村口太公庙中供奉的蔡太公神明，原来是我们的祖先，听祖辈们讲，大概是明朝的时候就成神了，太公去了峨眉山学法，

① 绥宁县志编纂委员会：《绥宁县志》送评稿，1993，第182页。

② 科大卫：《从香港新界乡村调查所见明清乡村社会的演变》，载叶显恩主编《清代区域社会研究》，中华书局，1992。

> 蔡太公和王太公是师兄弟关系，一同修行的一共有18位师兄弟，习得法术回村后就有了特殊的法力。某一年，村里一位年轻人独自外出，许多年不回，蔡太公施法算出其已经客死他乡，于是通过施法，让其尸体自己走回了村里，才得以安葬。①

关于蔡太公是否真有其人或者为本地蔡氏多少代祖先，蔡太公庙前的《永固不朽》石碑称：自古至今，本境蔡法元太公神威灵神，不少善男信女在神灵的保佑下，身强力壮，真诚地致谢各位四方道友以及团邻，太公神得到各位的支援，四面环山，绿水长流，过往行人求神拜谢……②从碑刻内容可知蔡姓所称的太公神乃蔡法元，然而民国22年（1933）由蔡氏所编修的《蔡氏族谱》相关谱系中未能找到蔡太公其人，可能因为其真名并非蔡法元，蔡法元只是其修行法号，也可能为蔡氏所杜撰。显然蔡氏作为该村落结构中人口较少的弱势家族，其通过家神建构与王氏之间的“师兄弟”关系的意图较为明显，而王氏在沙溪一带也是较为弱小的家族。与此同时，蔡氏与王氏虽然存在“血缘性”差异，却因都居住于玩洞村，其地缘性联系非常紧密，在蔡、王二姓的太公诞辰、忌日庙会时两姓之间往来也较为频繁，两姓通过家神的“联合”以实现两家族间的合作，进而改变弱小家族的劣势。王姓建构太公神的逻辑基本与蔡氏一样，其称王太公同样是去了峨眉山学法。与蔡太公不一样，《王氏族谱》确有王太公相关记载，其称：

> 王太公真名为王法通，生于明洪武年雄三月十八日，是王姓第七世祖。父母为王胜公，母亲唐氏，有兄弟三人，大哥王槛公娶林氏，有后，二哥王海公娶有妻，但无后，王法通没娶

① 资料源于2013年9月中旬笔者访谈玩洞村第十组组长蔡某等人。

② 引自蔡太公庙前《蔡氏太公庙永固不朽》碑文，现存于玩洞村蔡太公庙前。

妻，早逝，无后。[①]

在王姓人群的记忆中，王太公从峨眉山学道归来后，便有了特殊的本领。某一年，大家都在为某一家庭建房，天热难耐，大家都跑去村边河里洗澡，而王太公却没有下河，居然拿着筛泥的筛子打起了水洗澡，他们特别强调了当时在场的所有人都见证了王太公这一法术，以赋予其真实性。王法通作为一位无后者，却被王氏以学法的方式赋予特殊能力而建构为神明。与蔡姓有所区别的是，王姓人群在讲述王太公用筛子打水洗澡时又建构了新的灵验故事。当年土匪猖獗，经常骚扰周围百姓，于是周围几个村子的人就联合起来去攻打土匪。但是土匪深居山上，易守难攻。这时太公显灵，翻一个跟斗就翻过了土匪多人把守的大门，将守大门的土匪打晕，并打开大门，帮助村里人消灭了土匪。[②]

神明显灵灭土匪的神迹在湘黔桂界邻区域被人们乐于讲述，作为区域性神明的飞山公的重要神迹之一就是帮助人们消灭土匪，后文将详叙。王太公被王氏赋予这一神迹，王太公就有可能超越保护本家族的神明身份，成为庇佑该村域社会中其他姓氏人群的神明。不难看出王氏提升家神神格，扩大家族影响的尝试（图 4－2）。

图 4－2　蔡太公神像、王太公神像（从左到右）

① 《王氏族谱》，会同县沙溪乡玩洞村王氏家藏，1988 年版。

② 资料源于笔者 2013 年 9 月中旬于玩洞村访谈。

而作为与杨氏人口不相上下的林氏，同样是以学法成神的路径建构了家神。据《林氏族谱》记载：

> 林太公，监生，原名林昌发，为林氏第十三代，父林再思，母杨氏，妻于氏，生有儿子，林顺梅、林顺存，奏名法云，自南京学道得授真传，后人称南京太公。并有后人赞颂之语：从师太上教启南京，有求感应救死回生，呼风唤雨普济黎民，再生真正殁后为神，名登国学万古流芳。[①]

与王姓、蔡姓不同的是，其特殊能力来源之地不再是峨眉山，而是“自南京学道得授真传，后人称南京太公”。林氏赋予林太公的法力则是求雨。据沙溪村管理林太公庙的林某称，沙溪一带以坡地耕种为主，时常遇到干旱，造成在山田中的稻谷颗粒无收，所以当地的人们日子过得比较艰难。自从林太公南京学道归来后，遇到天不下雨，太公只要吹牛角，雨水就会从天而降。[②] 在有飞山公信仰的地区，特别是靖州一带，飞山公许多时候是作为“求雨之神”出现的，凡是遇到干旱，人们就会抬着飞山公神像游神求雨。林太公被赋予求雨的法力是否有特别的含义值得猜测，而后来林太公求雨的神迹又被林氏建构到了飞山公肇迹之地的靖州。其称：

> 某一年，靖州大旱，县官派士兵前来请林太公求雨，林太公在士兵左手和右手分别写了雷与神两个字，然后双手紧握，回到靖州县城，当士兵打开双手就看到雷、神两字分别变成了雷公、河神，不久果然下起了大雨。为了感谢林太公的降雨功劳，县太爷要给林太公奖励。林太公拒绝，但是县太爷坚持要

① 《林氏族谱》，会同县沙溪乡沙溪村林氏家藏，2007年版。

② 资料源于2013年9月初沙溪乡沙溪村访谈林某。

给，林太公就说，那我就装一牛角米吧。县太爷欣然答应，但是没想到的是，林太公的牛角装了三天三夜都没有装满。[①]

图 4－3　与观音并供一庙的林太公神像

可以推测林氏建构林太公靖州求雨是林姓家族势力的扩张进而通过家神与飞山公争取社会空间的体现，而从沙溪乡沙溪村林太公神像与观音并供于一庙来看，其争取更大空间的意图较明显（图 4－3）。而林太公与飞山公空间之争最明显表现出来的则是在陆家村飞山庙举行祭祀飞山公庙会的活动上：

某一年，由陆姓主持庙会并举办唱戏，三个小孩坐在公路边看戏，被一辆经过的汽车撞倒，其中两个陆姓小孩当场死亡，林姓孩子被救活。于是林姓称自家林太公保佑了林姓小

① 资料源于 2013 年 9 月初沙溪乡沙溪村访谈林某等人。

孩，所以没过多久，一位林姓道士雕刻了一个林太公神像，放于该飞山庙中。当杨姓知道此事后，将其扔掉，林姓只好将林太公神像放在隔壁村中的一个土地庙中供奉。

林太公与飞山公庙宇空间争夺的背后其实是家族间势力的展现，林姓虽为后来移民者，但其迁出之地就是距离不远的靖州甘棠镇寨姓地。该地古称夏郡，有一座号称湘黔桂界邻地区林姓发源地表征的林姓大庙，又称林氏先祠[①]，庙里供奉着林姓谱牒中所称的西南一世始祖忠义侯林端公、得道蒋氏太君及第九子征边千户侯林思义（林氏落诞祖）。林氏先祠仍然为林太婆举行隆重的祭祀仪式，在2013年，林氏举行了较为隆重的敕封忠节得道助国夫人蒋太君诞辰820周年纪念庙会。林姓人群最为集中的甘棠寨，将林端视为一世祖，据《林氏族谱》称：

林端，字开远，原籍福建省新化府莆田县贤良港人，生于宋宁宗庆元元年九月九日，宁宗嘉定十三年（庚辰）科中武榜进士，理宗时官京湖宣抚副使，至保佑五年三月，偕阃帅少保京湖宣抚使都督江陵军马事赵葵征讨楚粤红苗，殁於王事，享寿六十有二，奉旨扶榇回籍归葬城西之龙桥。[②]

在对林端公的介绍中，其被林姓建构成了征讨楚粤红苗之朝廷武将，而“得道太婆”则“妻袭夫职”，成为被建构为神明的重要基础，有关林姓“得道太婆”，《林氏族谱》有较为详细的记载：

① 又称寨姓林氏先祠，于1987年被公布为靖州县级文物保护单位，于2004年成为怀化市级文物保护单位。

② 《林氏族谱》，靖州县甘棠镇寨姓林氏家藏，1990。

"得道太婆"即蒋太君，莆田县迎仙桥人，生于宋光宗绍熙四年六月六日午时，秉性贞烈，得授仙术，精通韬略，宋理宗保佑五年九月端公殉国，奉命妻袭夫职，率九子相继征讨苗疆，完成平南使命，敕封忠节得道助国夫人。殁理宗保佑六年二月十五日，享寿六十有四，葬龙宝蜈公形卯龙乙山辛向，生九子：思明、思聪、思温、思恭、思忠、思敬、思问、思难、思义，时称九思衍庆，双凤朝阳。①

为了不断将林太婆神化，林姓于沙溪乡界邻地区为太婆修建了一座豪华的太婆庙，其庙宇远近闻名（图4－4）。据林氏族谱及林氏先祠外的碑刻所载：

"太婆庙"，亦称林氏先祠，始建于明洪武之初。据传：太祖端公奉旨平蛮殉难辰州（今沅陵），柩归故里。祖妣蒋太君袭夫职，平定苗蛮后，屯兵夏郡，率第八子思难、九子思义带领兵丁开垦粮田千万倾（今名"龙宝"田团，靖州县甘棠镇辖地），发展桑农，安抚百姓……。太君意于斯土颐养天年，一日，偶尔拄拐杖闲游，仰天祈告：若是吉地，插杖生根。随即插杖于地，须臾竟生根不动，绽出枝叶来，长成了参天大树。太君归天后，民感其德，龙宝三十余姓民众集资建祠纪念，称之为"太婆庙"……。至清代康熙之末，百姓募资续修，规模有所扩大。咸丰五年（1855）改建为林氏先祠。原庙不动，作高楼罩之，成为"大屋套小屋"之典故。并新建了前厅和牌楼。同时供奉太祖、妣神像，历代香烟不断，百姓奉为神庙……②

---

① 《林氏族谱》，靖州县甘棠镇寨姓林氏家藏，1990年版。

② 据《林氏族谱·太婆庙记》以及《林氏先祠说明词》整理而成。

图 4－4　林氏先祠

正如《林氏族谱·太婆庙记》及《林氏先祠说明词》称：林氏宗祠又名太婆庙，主要供奉“得道太婆”。太婆庙的修建，正如庙前门联写的：籍属莆田原是福建望族，祥发夏郡仍然湖南名门。实乃林氏在此宣称自己家族的“望族”“名门”身份。有关蒋太君的故事，有两个版本，一个是族谱中所称太君“钻天”，另一个就是民间传说版本。族谱版本称：

> 当日太君带兵至绵阳坪对面时，前有老寨苗匪拦阻，后被尖峰贼寇追赶，此地狭隘，不便安营，遂施仙术，太君变为老叟，军卒化为群鹅，苗匪至此问曰：见有兵丁过此否？太君答曰：吾立住多时看鹅，未见一人来此。苗匪叹曰：莫非钻天了！至今甘棠地区绵阳坪便叫钻天，是因太君之古遗名。

而民间又流传着有关“得道太婆”另一个版本的故事：

传说林姓太婆原来姓殷，有8子，来到团河镇，追兵将到，于是将8子变成8只鹅，追兵到了，于是问太婆，有没有看到一个妇女带着8个孩子的，太婆告诉追兵看到他们往前面跑了，于是摆脱了追兵。后来太婆就在甘棠地区生活下来，隐姓埋名，将姓从殷改为了林。

该传说与族谱中的叙述较为相似，都是以人变鹅而逃脱追杀，却将太婆改姓的因素加入其中。还有的版本则是淡化了神奇色彩，其称，林太婆带着9子逃难，从靖州县城来到甘棠地区，甘棠有个县官姓黄，几个老婆都没有孩子，于是帮助林太婆将几个孩子藏起来，免遭杀害，太婆后来嫁给了这个黄姓县官，所以林姓和黄姓不能结婚。不同的叙述主体阐述了不同版本的“得道太婆”故事。

从林氏迁徙地简图（图4－5）可以看出，端公之七子，只有思义公一人落诞于靖州甘棠寨姓地，其他人皆回到福建。落诞祖思义公后裔除光宝后裔不详及光隆后裔迁徙地不详外，其他五公中，光兴、光华、光荣等后裔迁徙到了湘黔桂界邻区域。据林氏人群统计，在靖州苗族侗族自治县境内，林姓分居于13个乡镇的46个村，共计659户2702人，其中荣公147户613人，富公252户1029人，贯公102户416人，兴公25户110人，隆公133户534人。[①] 而甘棠寨姓一带作为林姓迁出地，人口最为集中，沙溪一带林姓也基本是从这里陆续迁移过去的。林姓的到来，导致沙溪地区家族格局发生了较大的转变。

林氏从靖州甘棠寨姓地区迁徙到沙溪的沙溪村、冷溪地区后，也将“得道太婆”带了过来，于每年太婆的诞辰、忌日举行祭祀仪式，诞辰祭祀仪式中最重要的环节之一即“抬太婆”游神。仪式每年举行一次抬太婆活动，和杨姓抬飞山公活动非常相似，将“得道太婆”从上家抬到下家，也为其准备有武器，敲锣打鼓沿着

① 数据来源于《林氏族谱》，靖州县甘棠镇寨姓林氏家藏，1990年版。

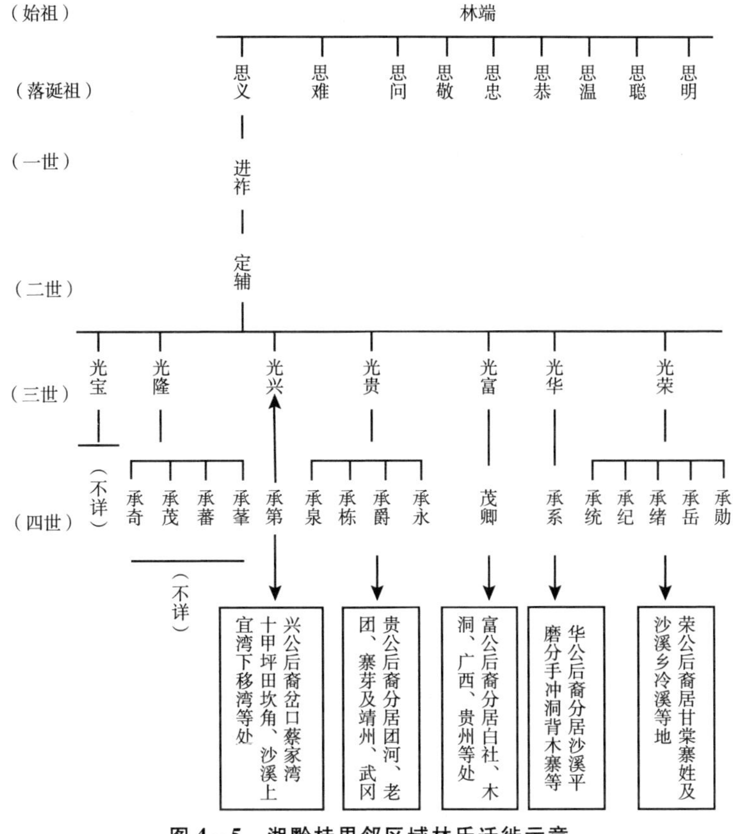

图 4－5　湘黔桂界邻区域林氏迁徙示意

资料来源：湘黔桂界邻区域林氏迁徙简图，由笔者依据《林氏族谱》整理而成。

村子大道抬着神像游行。而“得道太婆”与飞山公诞辰都在农历六月初六，我们已经无法得知这种巧合是被人们建构出来的还是有其他原因，总之“抬太婆”与“抬飞山公”游神仪式就在同一天举行。现在村中高龄的老人有的还曾经于解放前亲自参与了“抬太婆”与“抬飞山公”游神仪式过程中因玩笑引发的械斗。老人们回忆了当时的情景，其经过大致如下：

解放前某一年的农历六月六，照旧杨姓抬“飞山公”和林姓抬“得道太婆”的游神活动同时举行。刚好两队人马相遇于沙溪村街道上，杨姓有人以开玩笑的口吻对林姓说道：“太婆”不就是“太公”的媳妇吗，你们太婆就做我们太公的媳妇，跟我们太公走吧。林姓认为杨姓的话是在侮辱自己的祖先神，所以开始争吵起来，最后矛盾升级，杨、林两姓开始械斗，其结果导致一位林姓死亡。①

林、杨之间的械斗事件引起了县里的重视，如果游神引发的矛盾不解决的话，以后将会经常出现械斗事件。所以经过县里裁决，以后杨姓上午抬飞山太公，林姓下午抬“得道太婆”。据某林姓称：

当年因群殴事件而死亡的林姓，并没有得到什么赔偿，这主要是因为杨姓人多，在上面当官有权力的人也多，掌握着权力，所以没有赔偿。同样，杨姓上午抬他们太公，我们下午抬太婆，上午时间比下午时间好，这也是县里在偏袒他们杨姓。

虽然矛盾仍然存在，但是游神引发的群体事件得以暂时平息。只是不久以后，杨、林二姓因为小孩之间的矛盾又引发了大人间的械斗，这次械斗持续了三天。杨、林二姓之间联姻较多，而发生械斗之时，不分亲戚关系，女婿对岳父家的人都大打出手，而械斗结束后，女婿与岳父家照旧来往。这次械斗的引发与游神活动中群体事件积累的矛盾爆发是有着较强关联性的。而这些矛盾的根源在于杨、林二姓家族势力之间的一种竞争关系，隐藏在飞山太公、“得道太婆”背后的是该地区域社会结构下的杨、林二姓的家族势力及家族关系。

可以说沙溪地区主要是将谱系中的一位祖先建构为学法祖先神。这是对于有族谱文书中祖先谱系的家族来说的，而无完整谱系

① 笔者访谈沙溪等地部分老人整理而成。

的姓氏则采取了另外的家神建构路径。沙溪村有一座恩公庙，祭祀着恩公神。恩公庙前《复修恩公庙序》石碑上刻有一份修建委员会成员名单："沈文家、叶宏亮、叶宏有、叶美凤、沈国连、沈大口、沈光富、沈德凤、陆翠梅、丁春芬、林连香、沈大德、沈光礼、叶青。"[①] 从这一份修建委员会成员名单可以看出该恩公庙为沈、叶二姓共同修建，沈、叶二姓也称恩公庙一直以来都是他们二姓共同修建的，恩公乃是在他们沈、叶二姓努力下从靖州被移神到沙溪，成为他们两姓主要祭祀的神明。恩公被视为沈、叶二姓供奉的"家神"，其他姓氏一般是不会前去祭祀的。诚如沈、叶二姓及其他姓氏的人都将恩公视为沈、叶二姓的"专有神明"或"家神"，于每年恩公诞辰、忌日举行祭祀仪式。[②]《恩公纪念堂首序》对恩公神的来源进行了较为详细的追溯：

> 恩公实乃姓黄，官至元帅军衔。洪武年间，奉旨平定五溪之乱，开辟靖州，镇守湖广。为官清正爱民，深得广大民众无限敬仰。恩公研究造化玄机之微，知人间吉凶福祸，征兆灵验无误，故有"灵公元帅"之称。恩公神通广大，能驱瘟压邪，镇煞除怪，百解消灾，又有"瘟公老爷"之称谓。
>
> 恩公曾领导驻地军民开垦耕地面积三万八千余亩。解决了当时军民急迫所需的温饱问题。广大群众称之为"恩公耳"。恩公爱民如命，当时靖州城内，有一大毒井，水时清时蓝。恩公见后，立即派兵看守，严禁使用此水，并下令封闭。但是，当时刚入城不久的军民，并不了解毒井其情，却认为此井无毒，硬要饮用此水，而争论不休，互不相让。在无奈的情况下，恩公只好慎重地

① 引自《复修恩公庙序》碑文，现存于沙溪乡沙溪村恩公庙前。

② 沈、叶二姓共同为恩公建庙，于农历五月十七日举行祭祀活动。2010 年，恩公庙请道士做了一场隆重的祭祀恩公法事。

说："先让我喝一点，如果我死了，就绝不能使用了。"恩公饮用了此水，当即脸色变青、肚子发胀，死于井边。恩公用自己的宝贵生命，舍己为群，救活了当时入靖的四十八姓人的生命，使十多万军民避免了一场特大的灾难。

因而"恩公"的誉称大振，永传民间，历代不息。到了明代永乐年间，在靖地青靛等地修建了恩公元帅圣殿。明末时期，因李闯动兵，殿宇失修，后移徙到会同沙溪。历年二次抬恩公纪念活动，祭祀庆贺直到如今。感到遗憾的是：在文革期间，恩公庙宇被拆毁，神像被付之一炬。而今国运昌盛，政策开放，人民生活安定团结，蒸蒸日上。为缅怀恩公业绩，发扬恩公舍己为群、爱民如命的高尚品德，以及救活四十八姓军民生命的光辉典迹。以沈、叶二姓为主体，揍动各地善男信女，解囊相助。各地有识之士，组成修建委员会，修建恩公元帅纪念堂，以使恩公典迹千秋，万代永存。乃吾辈之深幸也，是为序。①

从该碑序中我们知道恩公并非沈、叶二姓之祖先神，而是从靖州之地请来的一位神明。为何沈、叶二姓会共同"借用外来神"作为共同的家神，如两姓无法寻找出一位如林、王等姓赋予特殊本领的祖先而加以神化，那借用一位外来神明则成为可能。这里更有一个有关沈、叶二姓同姓的传说故事：

传说许久以前，沈、叶本是同一姓氏，因历史原因被迫分开。时逢战乱，有沈姓两兄弟遭到官兵追杀，当两兄弟被士兵追到后，士兵拷问其是否为沈姓，一位承认自己姓沈，然后被官兵残忍杀害，而另外一位见状不对，心想如果自己也承认姓沈的话，势必被杀。看到路边的树叶，灵机一动，于是谎称自

① 引自《恩公纪念堂首序》碑文，现存于恩公庙前。

已姓叶，从而免遭被杀的厄运。从此以后，落脚沙溪一带的沈姓就开始分为沈、叶两姓。[①]

该传说故事我们已难辨真假，只能猜测沈、叶二姓有可能确实是因战乱而被迫分姓的，但同时也存在另外一种可能，那就是沈、叶二姓本不是同姓，而是因为两姓在该地家族势力弱小，从而建构了两姓同姓，即通过“拟制血缘”的举措实现了沈、叶二姓的“同姓化”。在传统中国社会文化的情景中，姓氏成为构建、维护以及重构血缘组织及其内部认同的一个标志性符号，这是一个可以追溯共同祖先、建立和发展宗族关系的重要前提。[②] 这样的话就可以相互认同，从而壮大家族势力。除了恩公诞辰、忌日祭祀活动中的亲密合作外，沈、叶二姓在平日的生活中更是频繁来往。沈、叶二姓所讲恩公成神的故事以及所附赞扬恩公的两首七律诗，都在着重强调恩公“挽救众生感天地，四十八姓他救活，沈叶二姓永长亲”等内容，而四十八姓基本代表了该区域的大部分姓氏，更是包括了沙溪一带的杨、林、王、陆等“大姓家族”。沈、叶二姓这一建构“家神”的逻辑可以理解为其主要是为了给自已借来的神明树立权威性，以期获得其他姓氏的认可，这是较小家族获得地方威望与尊重的重要途径。

从以上内容可以看出沙溪地区蔡、王、林等姓氏作为他姓看待飞山公神明的态度及依据家族势力处理本家族与他族之间的关系，其建构家神的逻辑为在区域性神明与家神之间游走，同时又强调神明的家族性。而作为当地的杨姓，也将飞山公视为本家族的象征符号，在建构其家族性的同时强调其区域性。

按照线性的谱系，沙溪杨氏自称为飞山公杨冉思第七子政岩与

① 由笔者访谈沙溪叶姓整理而成。

② 张应强：《“弃龙就姜”——清代黔东南地区一个苗族村寨的改姓与宗族的演变》，《历史人类学学刊》第2卷，2004年第2期。

马氏后裔。杨氏在开基祖盛榜公于靖州迁至会同沙溪一带时，已繁衍子孙四十余代。对于飞山公的祭祀仪式则主要是“抬太公”，该地《杨氏族谱》载：会同县沙溪杨姓于十月二十六日抬太公，广坪抬杨公菩萨，异姓也有抬飞山公、抬老爷教灵公菩萨等习俗，均是对再思公的纪念。① 可知“抬太公”为诸多地方祭祀飞山公的习俗，而杨姓将“异姓也有抬飞山公”等文字载入谱牒中，可见飞山公在杨氏心中作为区域性神明的特点是存在的。

沙溪村杨氏的飞山公祭祀仪式和其他地区有些差别，其特点就是飞山公没有祭祀的庙宇，现在的庙宇为后来修成，将飞山公神像放置于杨氏某家庭神龛之上，由某一户一年或者几年轮流进行祭祀。到六月初六和十月二十六日飞山公的诞辰和忌日时，就将飞山公神像抬往另外一家供拜，其对飞山公的祭祀只限于血缘性的家族之内，具有较强的家族性，所以体现出较明显的祖先神信仰特点。其“抬太公”祭祀活动的主要经过如下。

所有杨姓在一起抽签决定将飞山公神像放于哪一家主要祭拜。为了神明的神圣性，其洁净观念较强，即抽签供奉祭祀飞山公的杨姓家庭必须是洁净的，如某家刚好有人过世则不能参与抽签。同时，为了体现家族内部共享神明护佑的公平性，已经负责祭祀过飞山公的家庭也不能参与抽签。当某一家庭当年抽到签，就需要将飞山公神像置于家中神龛上专门放置神像的位置。祭祀飞山公的活动开支主要是公田的收入，以前这里的公田较多，每年平均能收上千斤谷子，负责祭祀飞山公神像的家庭当年耕种公田，收入所得主要用于平时为祭祀飞山公买香、纸、油等祭品，必须每天为其烧香、纸，一般大家会相互监督，如果某家没有这样做，那么人们就会对其进行经济处罚，处罚方式就是要求其杀猪、杀牛宴请大家。另外公田的收入就是用于祭祀飞山公活动的三天，宴请村中所有杨姓人

① 《杨氏族谱》，会同县沙溪乡沙溪村杨氏家藏，1988 年版。

吃饭。“抬太公”祭祀活动的具体过程主要分为以下几步。

首先是祭祀所用的仪器的准备。民众心中飞山公是地方保护神，乃武将出身。基于这样的文化建构下的身份重塑，飞山公成神后也是一位武将神。所以在祭祀仪式前，需要用木头制作各种武器，包括大刀、长矛、斧头等；同时需要制作战旗，战旗主要包括四方旗、条幅旗，四方旗上面画有孙悟空等图像，表示其神通广大，条幅旗又称武功旗，上多是龙、凤，尤其是绘有双龙抢宝的族幡，这些主要象征飞山公出征打仗时所需的武器。同时，将飞山公的神像放在一米见方的神龛①内。其神龛为小型的庙宇式，从外表看，正殿是四角飞檐，正殿前有两个柱状的四角飞檐，正殿飞檐的下面是神龛。神龛正前方，有平板式的对联一副，云“忠义传家远，恩威世泽长”，上边的横批是“威灵殿”。左右是柱状的副殿，也有平板对联一副，云“宗功同地久，祖德与天齐”，上边的横批是“佑启后人”，各两字分开，成为各有两个字的横批，即“佑启”挂右边，“后人”两字挂在左边。② 在以前，其神龛的制作更为精美、高大、雄伟，需要花费较多资金，随着时代的改变，神龛的制作逐渐变得简陋了些。这些礼器一般由负责祭拜仪式的一家存放，下一年的祭祀活动可以继续使用。

其次是准备祭品。主要包括猪、鸡、鸭、鱼等食品，及香、蜡、纸等。这些祭品多由当年供拜飞山公的家庭准备，用变卖公田

① 2005 年举行了一次规模较大的抬太公祭祀活动，所抬太公的轿子分为两层，轿子雕有青瓦，轿顶上雕有一只象征和平的展翅欲飞的鸽子。轿门正上方为一“杨公祠”匾，门首两边有分书“威德”“神恩”的匾，并有两副对联，里面一副为“祖德与天长，宗功同地久”，外面一副为“威灵显赫，远邑靖邦”。身着官袍的杨再思在轿中正襟危坐，威风凛凛。4 名身着侗族节日盛装的轿夫抬着轿子，在后面是两面上书“杨”字的红色旗子和 24 面绘有龙、花、民间传说人物的幡旗以及鼓乐队、狮子队等，整个抬杨太公的活动持续一个小时左右。

② 杨良友：《忆杨姓侗族抬太公的活动》，载侗族百年实录编委会编《侗族百年实录》，中国文史出版社，2000，第 31 ~ 33 页。

所收的粮食后获得的资金购买。当然，不同家庭也会各自准备一些相应的祭品。

最后是游神及其具体的祭祀仪式过程。仪式活动主要举行三天，举办地点在供拜飞山公神像的家庭中。抬飞山公活动的第一天，该家庭就必须杀一头猪并准备各种食品宴请村中所有杨姓，并为第二天的游神活动做准备。活动第二天，也就是正式游神的一天，请道士一名，主要负责仪式的具体操作。猪头放于神像正前方，同时供台边放有公鸡（不用母鸡）、豆腐、煮熟的猪肉等进行祭祀，人们需要换上新衣、新裤、新袜、新鞋等。然后成年男性每人拿着一炷香，在神像面前三鞠躬并下跪祭拜。上午九点左右，道士开始念咒语请飞山公神像从家庭神龛位置下来。人们拿出用于祭拜飞山公的各种武器、旗帜和专用于抬飞山公的神龛，将飞山公的神像放置其中。随后开始鸣炮、奏乐（主要是吹唢呐、马号，敲大锣、大鼓等）。由四人（前后各两人）抬着神像出发，前往由抽签所选中的负责供拜飞山公的下一家，但不是直接抬过去，而是需要在村子中的大道上游神一圈。所有杨姓后人拿着武器、旗帜，吹着唢呐、马号，敲着大锣、大鼓走在神像后面，场面非常壮观。游神完毕后，到达下一家，然后由道士念咒语，开始安神：将飞山公神像放置于该家神龛最中间，该家庭中供拜的其他祖先牌位放在飞山公旁边，在神像前摆放各种祭品，烧香、纸、蜡等；紧接着，道士继续做法事，让飞山公安心住在该家庭中，接受其供拜，并祈祷飞山公保佑村中各家身体健康、万事如意等。至此，抬飞山公的游神及其祭祀仪式基本结束。第三天，杨氏族人继续在上一家供拜飞山公的家庭聚会、吃饭。并在这一天开始抽签决定下一年由谁家负责供拜飞山公（图4－6）。

从抬飞山公神像进行游神的祭祀活动中，我们可以清楚地看出飞山公在杨氏族人的社会生活中主要是扮演了祖先神的角色。首先，杨氏宗族自称为飞山公的后裔，其《杨氏族谱》将飞山公杨再思定义为该地域社会的“一世祖”，将飞山公作为杨氏祖先的身份建构了起来。仪式旗幡上所书的“宗功同地久”“祖德与天齐”“佑启后人”等无不在昭示其杨氏祖先神的身份。再在此基础上将其视为重要的区域性神明，超越了其他普通祖先对后世的保佑能力，其将家中神龛上供奉的其他祖先神牌让位于飞山公神像就是明证。同时，被杨氏人群所讲述的飞山公保护杨氏老人逃避土匪抢劫的灵验故事折射出杨氏心中飞山公对本地方、本族人的保佑。而讲述的飞山公阻止太平天国军进入靖州县城进而避免战乱的灵验故事则将飞山公的神力扩展开来，将其远扩至作为飞山公的“总庙”之地的靖州县城，其神力更大，保护的对象也不再只是杨氏族人，而是所有生活其中的家族。

抬太公神像进行游神的活动主要盛行于解放前，解放后举行次数较少。2006 年，沙溪村的杨氏族人踊跃捐钱，新建了一座砖瓦结构的飞山庙，其面积约 20 平方米，庙内最中间靠墙位置建有带屋檐的神台，供奉着飞山公的神像。神像高约 1.5 米，武将形象明显。神像旁边保存着当年抬飞山公游神时所使用的神龛。神龛内是用于游神的红脸飞山公神像，其见证了解放前该地区杨氏族人对飞山公虔诚的敬奉，各种武器、战旗等在“文革”期间基本被毁。以上的祭祀过程多为杨氏老人们的回忆，其称抬飞山公祭祀仪式已有近千年的历史虽多有虚构之嫌，但是从飞山公被供奉于杨氏家庭中及其祭祀仪式中排斥了他姓的参与，可见其早已成为杨氏家族的象征符号。沙溪乡于 1988 年把“抬太公”的习俗又恢复了回来，并得到县乡两级政府的拨款等支持，政府还将仪式录像送到中央电视台转播。[①] 杨氏新修的谱牒加上了这些文字记载，从中可以看出杨氏对于有政府参与的抬太公活动的复苏是感到自豪的，这得益于新的宗教政策及地方文化习俗旅游开发的社会大背景。另一方面正

---

① 《杨氏族谱》，会同县沙溪乡沙溪村杨氏家藏，1988 年版。

如上文其他姓氏所称的，杨氏人多势力大，许多人任职于职能部门，同样折射出该地杨氏家族强大势力的存在。

图 4－6 抬飞山公所用神龛及其神像

三 “英雄祖先神”建构下的家神信仰

东山乡地处湖南省绥宁县西南边陲，东临朝仪侗族乡和鹅公岭侗族苗族乡，南接乐安铺苗族侗族乡和寨市苗族侗族乡，西毗靖州苗族侗族自治县的寨牙苗族乡，北连靖州文溪苗族乡，距离靖州县城飞山庙只有35公里。与沙溪乡的杂姓村落结构不同的是，虽然当地有着龙、杨、李等姓氏，但其主体则是由龙、杨两大姓氏构成，该乡约有两万人口，龙姓居住最为集中，人口也最多，超过一万人，其次是杨姓，约九千人，剩下的为其他姓氏，[①] 属于一个典型的复主姓村落体构成的民族聚居乡土社会。这里的杨姓自称为飞山公杨再思第六子杨政绾之后裔，多为杨再思第36代后人。杨氏何时迁徙于此，《重修绾公墓记》称：

> 杨公正绾，字维绥，乃再思公之子，吾族二世祖也，生于唐长兴元年（930），于北宋咸平四年（1001）随父南征，任播州知州，功绩卓著，名流世代，晚年致仕，定居绥宁东山，其子孙繁衍，遍居湘、桂、川、黔二十余县，达数万人。绾墓于清道光十二年壬辰岁，由虑后大麻冲，迁葬山口大坡头，与蔡氏妣合墓，惜年久失修，毁坏不堪，为维护古迹，纪念祖先，乃于公元一九八六年三月，自筹资金，鸠工重建，曾建牌坊、栏杆及围墙……[②]

从该碑记对其开基祖的介绍文字可知杨氏于北宋咸平四年（1001）后就开始生活于东山一带。而东山的龙姓则称东山为西南五省龙姓发源地，按照龙氏谱系，开基始祖为龙宗麻，所有龙姓自称其后裔。以嗣孙自称的龙宗周于宣统元年（1909）春月所撰《水口墓碑记》称：

---

① 具体各姓氏人口数尚无统计，该姓氏人口数源于笔者访谈乡政府工作人员、龙姓、杨姓综合估算而得。

② 《重修绾公墓记》，现存于东山杨政绾墓前。

> 吾姓始祖（东山一世祖）元爵公讳宗麻，宋南平侯，忠武公讳禹官之长子，母罗氏暨……朝灵庭旺，皆文武才，有父风，初忠武公奉命南征，恩威并著，蛮人感服，兵不血刃而南方悉平，卒于任上，命杨经署领其军，于是苗民复叛，残害生灵，元祐二年，上以大臣奏召公自浙州列校任湖南巡抚处置副使，带兵剿捕，乃携母及诸弟自长沙行营历常、辰、沅、靖，抵于绥宁，不率则用武即服，则修文四年之内莫不怀德，畏威望风归命，而荆楚复平亦。公于是乞休，遂于东山铁冲家焉，元祐七年卒，越明年罗夫人卒，皆葬水口龟形厥后，其子望霖公卒亦附葬焉，封石为墓，旧有碑铭，迄今世远，年湮石毁碑裂，非重加整砌……①

从碑记可以看出龙姓谱系中的开基祖在北宋时期因平苗乱而定居于此，只是晚于杨姓几十年而已。如果按照杨、龙两姓对开基祖生平的追溯，早至宋时期此地就有了两大姓氏活动的身影。

就在东山乡东山村，规模宏伟的东山龙姓大庙与杨姓飞山大庙分别矗立于龙姓聚居区和杨姓聚居区，两庙间距不足一公里。东山龙姓大庙主要祭祀着龙禹官父子、禹官夫人，而杨姓飞山大庙则主要祭祀着飞山公杨再思夫妇，并增加了胡公及杨金花和杨文广等。在此笔者注意到不管是地方志书还是族谱类文本都没有记载该地的龙姓修建过飞山庙，龙姓也不前往飞山庙祭祀飞山公，龙姓只建有东山大庙，祭祀龙家祖先神明。

不仅如此，东山乡横坡村与东山村的庙宇格局极为相似，该村杨姓聚居于第 1 组到第 6 组，第 7 组到第 11 组则为龙姓聚居区。第 1 组到第 4 组的杨氏建有一座横岑祠②，又名威远侯庙，庙大门

① 《水口墓碑记》，现存于东山龙宗麻墓前。

② 横岑祠，其名主要源于地理位置，据称此处有一座横出之山，故以此命名。

上面正挂着威远侯大匾，无庙名。据庙前石碑记载：

> 此庙为横岑祠，系黄团口，即横坡村第一、二、三、四组杨姓聚居地名，纪念祖先杨再思之纪念亭，已有数百年历史。位于黄团口大田塘之中央……于公元1997年修补并雕塑神像。庙中神像有飞山太公及其夫人，胡公及其夫人，文昌帝君，以及观音菩萨等……①

第5组到第6组的杨氏则建了一座身少斗祠，又名威远侯庙。庙前的石碑记载了该庙初建于清朝乾隆十年（1745），庙中祭祀的神明与横岑祠基本一样。“身少”为该地区方言，即小的意思，杨氏称该庙和横岑祠一样，这两座飞山庙就像两兄弟的关系，隶属于东山村飞山大庙（图4-7）。这两座庙平时前来祭拜的人不多，因为离东山村桥头飞山大庙都很近，所以大部分规模较大的祭祀活动都去东山村飞山庙中，这里庙宇祭祀飞山公的时间也略有不同，为上、中、下元。②

而距离杨姓身少斗祠不到一公里的第7组到第11组龙姓聚居的村落中心，则建有一座龙姓庙宇，据庙前石碑记载：该庙叫黄堂庙，又为龙姓一世祖南平侯宗麻纪念祠堂，庙内主要供奉着龙宗麻及其父母神像，左下角和右下角分别供奉着观音和土地。由村中龙姓轮流为该庙点香灯，其祭祀时间与该村的威远侯庙相同，祭祀仪式所需费用则以龙姓交红丁款③的方式筹集，由各组负责人负责收领。

---

① 该碑刻现存于庙大门外左侧广场处。

② 中国岁时节令有所谓“三元”，指正月十五上元，七月十五中元、十月十五下元。主要由村里统一分组，将村中几十户人分为五组，每组13户左右，负责每年祭拜的各种活动，一组负责一年，这五组轮流负责。祭祀活动请道士念经，举行唱佛歌、山歌比赛。比赛一般是三年举行一次。

③ 即按龙姓各家人头数量交纳祭祀费用。

图 4－7　东山龙姓大庙、飞山大庙（从左到右）

从以上所阐述的东山村与横坡村飞山庙及龙姓家庙的特点，我们可以看到飞山庙已被杨氏作为家族的象征，而龙姓家庙则代表着龙姓家族，如果不是横坡村的邻村翁溪村李姓建有一座飞山宫①祭祀飞山公的话，我们在此地是很难看出飞山公是作为跨家族、跨地域的区域性神明存在的。这主要是因为该地龙姓家族人口集中，作为该地最大的家族，其经过不同朝代的努力，建构了龙氏“英雄祖先神”，以区分于杨氏的飞山公神明。据清宣统元年（1909）编修的《龙氏族谱》称：

> 龙禹官于宋元丰四年辛酉岁任南昌节度使副使，治兵戎屡建奇功，后升湖南安宣抚处置副使、湖南安抚招讨使。平苗立功、坐镇常德，卒葬于常府南城外，敕封南平侯，谥忠武立庙。宗麻公为禹官之长子，继父职平苗之功，升湖南宣抚处置副使，家居东山铁冲，为东山基祖，即东山一世祖，诏封为天威得胜扫崗一王。②

① 翁溪村现存的飞山宫由李姓负责修建，所以又可以称李姓飞山宫。庙主要由主殿和左侧的厨房和保管室组成。主殿的面积约有 40 平方米，加上厨房、保管室等面积约有 100 平方米。

② 《龙氏宗谱》，分为清宣统元年（1909）版，民国 35 年（1946）版两个版本，绥宁县东山乡东山村龙氏家藏。

按谱牒内容，龙禹官官至湖南安抚招讨使，龙宗麻子承父业，任湖南宣抚处置副使，皆为重要的官员，而自宋以来的历代正史中尚无相关记载，只有较为晚近的《湖南通志》及清同治版《绥宁县志》略有提及龙宗麻，但也可能为采借自龙氏谱牒中的内容。有地方学者曾称：作为朝廷大官，特别是平苗功臣的龙宗麻是不存在的。龙氏建构“英雄祖先神”以“平苗”为基础，但是当下许多龙姓却多自称为苗族，与该地的杨氏建构飞山公“平苗英雄”相似，看似矛盾，实则是一种建立与中央政权相关联的地方性策略，通过此种说法赋予了其家神龙禹官、龙宗麻朝廷官员及“平苗”功臣身份，所以东山大庙门正上方挂着一块“南平侯”竖匾，同时在龙氏东山水口大墓墓碑最上端刻有“南平侯”字样。

人们往往以“文明的”族群与“野蛮的”土著族群之间的激烈冲突为背景，以此建构家族“英雄祖先”的认同。龙姓等借助该区域在边疆开发历史上曾时常发生的“土著”苗、侗族群与朝廷之间的冲突背景而将对当地具有影响的英雄祖先建构成了“英雄祖先神”。在地域社会中，家族的认同则往往是通过传说构造氏族的英雄祖先认同，在历史化中，这些英雄祖先被赋予官宦和政治色彩，将本氏族纳入了国家政治体系之中。[①] 在此基础上，龙姓“英雄祖先”的神化则是在某种程度上借助了国家政治力量。《龙氏族谱》记载了“官公显圣”的神话故事：

> 宋哲宗九年，苗乱又起，正月初八日，哲宗皇帝在集英殿宴请群臣贺新春，宴上，皇帝向众臣讲述了他正月初一晚的一场梦景：在梦中，我见武臣龙禹官身披铠甲，手持干橹工与苗逆英勇搏击。接着高太尉罗典对皇帝说：武臣龙禹官，几年前在

① 林济：《宋元宗族谱系的构造——以徽州程氏为例》，《安徽史学》2014年第3期。

> 招讨苗乱中卒于楚南，其子龙宗麻袭职复征于楚，父子二人相继而逝，可能是他们以阴灵护国，以报皇恩吧。
>
> 当旬，在接替宗麻职务的杨沈将军的营中，有两个将士也做了相似的梦，梦见宗麻将军给将士们披挂战服、发放武器的情景。次日，风雨大作，雪雹非常，杨沈将士战无不胜，攻无不克，所向披靡，敌营将士不战而退，或无端自残，杨沈深叹为奇，将战况上报朝廷。哲宗感叹道：国难思良将啊！并降旨加封龙禹官、龙宗麻父子为天封将并赐“湖湘世家”称号，修建绥宁东山大庙一座，雕塑龙禹官、龙宗麻、罗太君金容三尊，永祭之神……①

龙氏借助了代表中央王朝最高权威的宋哲宗的梦境，创生了龙禹官及龙宗麻“为国尽忠”的故事以达到神化的目的。不仅如此，龙氏也在尝试着诸如杨氏飞山公信仰的“标准化”“正统化”的路径，以实现龙禹官、龙宗麻“国家授权下的正统化”。以此，龙氏家族可最终提高本家族在拥有众多大姓家族的该地域社会中的威望。有意思的是龙氏不仅建构了龙禹官父子的敕封为神，还附带上了龙禹官夫人，其称：“其妣罗氏自宋哲宗敕封夫与子之后，而灵爽日甚，卒服之，苗民复行猖狂，自见为女将，所杀遍侗、苗，因疾疫而死，宋哲宗丁丑岁（1097）申月朔日诏封太母罗氏为宣诏一王。”② 如前文所说的林氏一样，以“平苗”等事件建构女性祖先为神明，也成为湘黔桂界邻区域内不同家族提高威望的方式之一。

龙氏不止于“英雄祖先”的神化故事建构，为使其更具历史性、权威性，龙氏还建构了一封宋哲宗因禹官父子“南平”有功

① 《龙氏宗谱》，绥宁县东山乡东山村龙氏家藏，清宣统元年（1909）版。

② 《龙氏宗谱》，绥宁县东山乡东山村龙氏家藏，清宣统元年（1909）版。

而被敕封为神的《敕封龙禹官父子诰》。其具体内容如下：

> 皇帝诏曰，朕闻治国之道，在乎得人纯臣之心，一于报主，朕受神器，夙夜帷寅，诞敷文德，海表咸均，蠢兹梗土，称乱于荆，朕志则一，臣邻悉惊，禹官父子，继之生勋，今复猖狂，据众臣奏，助战显灵，千橹亲赐，百峒时清，有此忠耿，理宜特旌，据梦可奏，腾敕无淫，天封得胜扫峒大王，厥父之尊，天威得胜扫峒一王荷，厥子之英，建庙永垂，以慰德音，咨尔扬沈，即荷纶綍，益扬休命。
>
> 宋哲宗乙亥（1095）十一月望三敕

龙氏将这封《敕封龙禹官父子诰》雕刻于东山水口龙氏大墓正门处最显眼的位置，并用黄色颜料涂于字上，凸显了“皇帝诏诰”的权威性，可以说龙氏在建构“英雄祖先神”时是付出了诸多努力的。龙氏在建构“英雄祖先神”权威性的同时，也没忘记建构本姓氏迁徙之地的“正统性”。从《龙氏族谱》东山地区龙姓宗族源流考所记载的内容我们可知龙禹官之父彩濂公为应天府，即今南京市黄池人，本为浙江会稽即今苏州地县令，于神宗熙宁五年辛亥岁（1071）辞官迁河南卫辉府淇县，龙禹官曾随父居会稽卫辉府。而龙禹官又与江西吉安府泰和县有了联系，其缘由是其随岳父罗腾万公在此居住。代表华夏地缘符记的特定“郡邑”，成为一些姓氏援借攀引的对象，在湘西及贵州，常被人们援引的汉地故里则是“江西吉安府”或“南京应天府”。对于这些“祖籍”在相关地区之流传普及程度来看，这些祖源多半是虚构的。[①] 龙禹官居

① 王明珂：《英雄祖先与弟兄民族：根基历史的文本与情境》，中华书局，2009，第 176～177 页。

住之地同时涉及这两个华夏地缘符记之地，其建构家族“正统性”的目的十分明显。这或许是不同族群应对激烈的地域社会竞争的文化手段，换一个角度来说，这亦是区域社会逐步建立国家认同的一种强烈表现。[①] 科大卫称珠江三角洲的诸多族谱都记载有珠矶巷的传说，介绍了他们的祖先在宋代如何由广东北部珠矶巷南迁至珠江三角洲。该传说的重点是这些移民在原居地和新住地都得到政府颁发的文件，分别允许他们离开旧居地而定居于新居地。其目的是表明这些移民及其后来发展之宗族在珠江三角洲的定居是有合法性的，是获取新户籍的主要手段。[②] 诸如该区域诸多家族建构迁徙传说的“江西吉安府”或“南京应天府”，亦是有此类目的存在。

既然龙氏“英雄祖先神”被建构起来，修建供奉神明的庙宇则成为龙氏家族最重要的事情。清道光十年庚寅岁（1830），在龙道澄、龙宗固、龙池濂三人所记的《东山祠堂记》中，对东山龙氏大庙的历史及历代修建情况等进行了较为详细的追溯：

> 元大德元年丁酉岁竖前进祠宇于中心，团彩画金容，其地基原系靖州陈梁、陈俊包墙施舍，立碑为记，明永东元年癸未岁造小钟一口，成化四年戊子岁八月雕三尊小金像，成化五年乙丑四月初八日开光上座，成化十一年乙未岁造大钟一口，弘治十五年壬戌岁建竖中内祠宇，万历二十四年丙申岁九月，白竹后裔装修麻祖大金像，万历二十五丁酉岁七月县干团修官祖大金像，茆落中户众等修祖妣罗氏大金像，本年八月初九日上座。清康熙四年乙己岁重建内进，三十九年庚辰岁合族烧砖封祠。雍正八年庚午岁合族又重装三尊金容。乾隆八年癸亥岁修

① 张银锋、张应强：《姓氏符号、家谱与宗族的建构逻辑——对黔东南一个侗族村寨的田野考察》，《西南民族大学学报》（人文社会科学版）2010 年第 6 期。

② David Faure, *The Lineage as a Cultural Invention*, 1989, pp. 4 – 14.

> 整东山水口墓，至十二年丁卯岁工成，立碑为记。道光戊子年重修祖墓至乙丑清明告竣，更换碑文。本祠旧称大庙祠，后右岭叫犁头嘴，系本祠后脉上中……①

这份道光年间记录的《东山祠堂记》对我们了解龙姓庙宇的修建比较有帮助。也就是龙氏建构“英雄祖先”成神于北宋后200年左右的元大德年间，龙姓开始修建祠宇，但是到了明代后才将龙禹官、龙宗麻及罗氏夫人的金像供奉于其中。也许可以从中推测，元朝龙氏修建祠宇可能只是作为家族的活动中心，而到了明代的成化年间前后，龙氏才开始强化祖先神的身份。现无确凿的资料证实龙、杨两大姓氏定居于东山地的具体时间，也许是如上文族谱、碑刻所称的宋时期，也许是在明朝后期大移民背景下才真正形成龙、杨两大家族并存于此的局面，激发龙氏将其“英雄祖先神”搬入祠庙之中。明朝及其后的清朝时期，龙姓又多次修整金身，雍正年间的“合族重装三尊金容”及祠庙的日益扩大是龙姓家族人口繁衍、势力大增的结果。其中一份《龙姓祭祖庙仪节》规定：

> 先期整理礼堂神位设备，钟鼓音乐以及祭器之类，谨具猪一、羊一牲礼供品，执事负责摆设一切并将毛血盤置于几筵，率众子弟演习礼仪，是夜告神将祭祀于先祖庙，敢将与祭人名誊于祭桌左。主祭一人，分献二人，通唱二人，引唱二人，纠仪二人，司爵帛六人，司香二人，司祝一人，司樽二人，□歌四人，椵酔一人、监礼四人、□毛血一人、司乐儿人，务各矢

① 《龙氏宗谱》，绥宁县东山乡东山村龙氏家藏，清宣统元年（1909）版。

诚敬静候贤明恭行祭礼。①

从该祭祀仪节中我们可以看到龙姓是按照古礼以祭祀祖先神的。而一份清明祭祀龙宗麻的祝文称：

中华民国某年某月某日嗣孙某等致祭于始祖宋宣抚处置副使讳宗麻公之墓曰：维我始祖威灵丕振，盛德垂庥，义服荆蛮平定之功，动尽地派衍绥靖贻谋之，厚德同天，贯金石而不渝，忠诚奋发尽鞠躬而匪懈，继述昭明伟续既著于当年恩应自流于后世，祥徽累代，炯如日月之光，泽被千秋，沛若江河之注，凡在异姓莫不蒙庥，况属孙支敢忘所自兹，值清明佳节，万物维新，百官有新火之颁，吾祖无明礼之焉乎……②

该祝文实是在歌颂龙宗麻的“丰功伟绩”，“凡在异姓莫不蒙庥”则是在进一步凸显龙姓家族对其他姓氏的“恩泽”。龙氏建构“英雄祖先神”的背后是移民背景下地域社会新秩序形成时家族之间对地方资源，特别是土地、社会威望等资源的竞争。如上文所述，龙姓可能是继杨氏之后第二个迁徙至此的家族，两姓之间在不同历史时期上演了怎样的或合作或竞争的事件，鉴于无相关文献资料，已无法对其进行回顾。但当下所能见到龙、杨两大家族之间的竞争是显然存在的，正如绥宁县某职能部门一负责人称：

龙、杨两姓作为东山最大家族，其竞争是很激烈的，我们知道的就是：如果我们给龙姓大庙批了什么，那杨姓也必会来

① 《龙姓祭祖庙仪节》搜集于东山乡东山村龙姓大庙资料室，其中部分字损坏无法看清，故用□代替。

② 《祭宗麻公祝文》搜集于东山乡东山村龙姓大庙资料室。

> 找我们，我们也得给批。另外就是到每年的清明祭祖时候，两姓特别注重攀比，各举行规模盛大的祭祖仪式及各种表演等。[①]

这位政府工作人员道出了龙、杨两大家族之间的关系。龙氏自称遍布西南五省，宗麻公之裔迁湖南有九县近二百余村，迁徙广西龙胜等三县二十余村，迁徙到贵州的镇远、天柱、锦屏三县，而另外一部分则北迁至重庆的安岳、大足、荣昌等地。湖南通道县与广西三江县界邻区域的平坦乡阳烂、高步等侗族村寨龙氏皆称祖辈来自绥宁东山。不仅如此，龙氏还称广东的东莞、吴川、吴地、浦地、遂溪、兴宁、汕尾等地龙氏之祖有庚公十八世泽兴公，乃源自江西泰和县和甘竹村，与龙宗麻等有着一定的渊源关系。而代表龙姓祖先的东山水口大墓[②]，墓地立有各地龙姓人群为东山大墓修建或清明祭祀宗麻公等所捐款的万古流芳碑，其涉及贵州锦屏县、镇远县、黎平县，湖南省通道县、靖州县、新晃县、溆浦县、隆回县、邵阳县，广西三江县等。而碑刻上将台湾龙姓捐款等用大于其他碑文的字号标刻出来并涂上黄色颜料。这些无不是龙氏在展示自己家族迁徙广远，以昭示龙姓家族不只是限于东山的地域社会，更是跨越县域、省际的广大家族网络。而作为龙宗麻、龙禹官夫人罗氏及龙望霖三人合墓的主墓碑上罗列了从三世孙后到二十八世孙的进士、举人、岁贡等龙氏达官显贵之人，这更能凸显龙氏赋予本家族名门望族地位的心理。靖州县飞山寨脚下储氏家族为祝贺东山龙氏大庙五公神像上座庆典所赠“武陵旺族”的牌匾正契合了龙氏的心理，所以该匾额被放置于龙姓大庙正殿外显眼位置。

---

① 内容来源于笔者访谈绥宁县某部门工作人员，访谈时间为2014年4月9日。

② 东山水口大墓为龙氏将一世祖湖南宣抚处置副使龙（讳宗麻，字元爵）公、先宋始祖妣诰封显灵（护国夫人）龙母罗太君、二世祖考恩荫承袭列校龙（讳望霖，字沛田）公合墓。

而作为龙氏最主要象征的东山大庙则也被当下的龙氏充分利用来壮大家族声望。如上文所述的该庙原祭祀龙禹官及其夫人罗氏、龙宗麻，而到了当下，龙氏则将大庙正殿主神台左右新增了四座神像位置，供奉上了龙宗朝、龙宗旺、龙宗灵、龙宗廷四位祖先神像(图4－8)，这四位是龙氏按照其谱系所追溯出来的龙禹官之子，只是分迁于东山之外的其他地方。与此同时，还举行了规模盛大的五公神像开光上位仪式。[①] 仪式中要求全体禹官公后裔负责人及其大庙负责人共同为五公神像揭彩，并于宣传栏中专门书写了“官公五子今团员，大庙矗立七祖先，承蒙祖德佑吾辈，丕振家声启后闲”。在将五公神像共同祭祀于大庙后，龙氏则开始了编纂五公总谱的计划。[②]

所以说龙姓主要通过祖先神凝聚力量并宣扬家族势力。1987年清明所立《重修水口墓志》称：我龙氏始祖讳禹官公之德配罗氏太夫人及其长子宗麻公，孙望霖公合墓修复竣工，同年清明举行隆重庆祝，湘桂黔川诸省儿孙云集东山达两万余人，实惊人状况。[③] 而东山杨政绾大墓重修捐款也涉及鹅公乡金坑村大盘田、棉花团、在头冲、杨家湾等以及东山乡桥头团、俊头

① 为何是五公神像开光上位仪式，据某龙氏称：因新供奉的祖先神明与龙宗麻同属龙禹官之子，为顾及各公后裔感情，特也将宗麻公列位其中。

② 龙氏成立了中西南地区东山龙氏宗祠宗亲理事会，为筹集资金，向五公后裔发放了《关于编纂中西南地区东山龙氏宗祠五公总谱的倡议书》，宗祠文件规定：凡奉捐100元以上者载入芳名录；500元以上者上个人照片简历；1000元以上者上夫妻照片简历；5000元以上者为本次五公总谱协修，上个人简历及全家福照片；10000元以上者聘为名誉主修。按宗祠要求，凡在本届中西南地区龙氏宗祠宗亲理事会担任副会长以上职务者，原则上奉捐不低于2000元，委员不低于1000元，各分会副会长不低于1000元，分会委员不低于500元，寿高九旬龙氏族人，其后裔捐100元以上，可录入总谱，需要重点推介的龙氏留学生、研究生及重点大学生，奉捐1000元以上者上个人简历及夫妻照。为保证编修五公总谱资金到位，凡在本次编修五公总谱奉捐500元以上者，上个人简历照片，送总谱一套。

③ 《重修水口墓志》，现存于东山龙氏大墓旁。

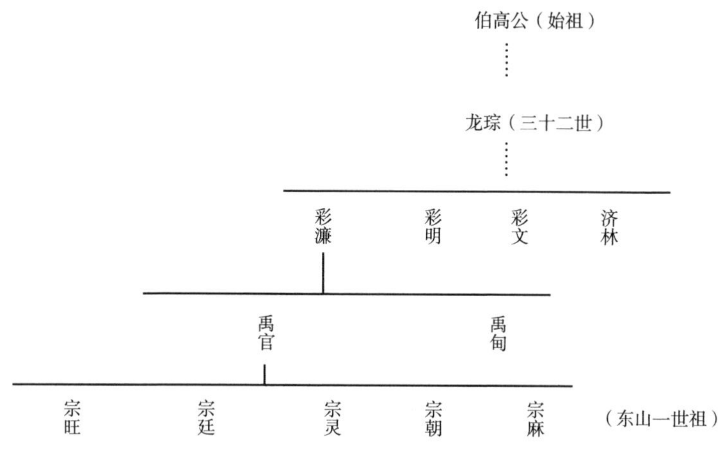

图4-8　龙氏追溯的宗麻公五兄弟谱系

图4-9　东山杨政绾墓、龙氏大墓（从左到右）

众团等地杨氏人群（图4-9）。东山飞山庙中有一份通知，其称：

> 2013年，五年一度的绾公公墓清明公祭大庆即将来临，经过农历十月二十六日，飞山庙祭祀飞山公时举行的绾公后裔代表大会共同选举了桥头团杨晟康为绾公公墓清明祭奠大庆组委会主任，杨晟勇为总顾问委员会主任，杨昌山、杨昌信为副主任。并经过组委会商议，定于正月十三日报道，十四日召开选举产生副会长及成员、各分会会长及成员。届时商议绾公公墓被外族侵占，及大麻山公墓被别人非法进葬等问题，届时务

必参加，不得缺席。[①]

从这些表述中可以对龙、杨等姓氏在地域社会中的家族竞争关系探知一二，祖先神明往往成为家族象征符号，成为探寻地域社会结构及支配关系的重要镜像。日本学者濑川昌久的《村的形态》，研究了中国华南的居住空间——作为地缘社会集团的“村”是如何建立、变化而来的问题，认为在移民地萌芽的社会关系，是以语言、习俗相同的同乡聚居的形式体现出来的。然后，其中取得成功者从同乡集团中分离出来，转移到条件较好的同乡聚居地。山田贤在其《清代的移民社会》《清代的地域社会和移民宗族》中，以重庆云阳县移民社会的地域整合过程为例，也认同此观点。所谓移民社会中的地域统合，无非是在移民缔结的各种社会关系聚拢之后，作为向某个中心整合的稳定而平衡的体系加以重组、实现秩序的过程。该过程经历了三个阶段，即从同乡聚集到“宗族”的形成，再到掌握公权力的地域精英的阶段，最终以“宗族”结成紧密的社会关系，并以此为背景，逐渐增加对州县行政的影响力、话语权。[②] 麻国庆也认为台湾移民社会的宗族类型中，其建立的基础是祖籍和同乡，这展示了宗族作为一种生存手段的利益性，这种以地缘关系为基础结合起来的宗族，经过数代的发展，其血缘性的特征也逐渐明显。由于无法利用纯粹的血缘关系来组成人群，才运用了祖籍、方言结构原则作为各自组织的结合点，但仍然是披着血缘关系的外衣，一旦能够利用血缘关系，其他结构原则就退居次要地位。[③] 如上文所提及的会同沙溪、绥宁东山等地的村寨的形成也

---

① 详见东山飞山庙中档案。

② 〔日〕山田贤：《移民的秩序——清代四川地域社会史研究》，曲建文译，中央编译出版社，2011，第3、310页。

③ 麻国庆：《祖荫下的社会认同：祖先的张力——流动的同姓集团与社会记忆》，载麻国庆《永远的家：传统惯性与社会结合》，北京大学出版社，2009，第116页。

许经历了这样的过程，逐渐由地域认同到家族认同等，所以该地域社会家族结构在移民的背景下因生存需要而加以强化。同时，刘志伟在研究沙湾地区的北帝信仰时，认为新发展起来的村落在文化上的模仿，反映了某种具有正统性象征的神明崇拜，可能被利用作为改变社会地位的文化手段。民间神祭祀传统的形成与变化，实际上是地域社会变迁的一种文化过程。[①] 该区域的飞山公与家神的信仰状况与此有相似性，只是具有复杂多样的地域特征与历史背景。

小　结

黎平六爽、会同沙溪、绥宁东山三个以侗、苗等族群为主体聚居的乡土村落社会，基本代表了湘黔桂界邻地区飞山公信仰之下的不同家族对待家神与区域性神明的态度，折射出该地域社会移民历史背景下不同人群的生存策略、家族兴衰与家族关系等特点下的地域社会结构及支配关系。亦神亦祖的神明性决定了飞山公“家神”特点的一面，再加上移民因素的助推，从而决定了该区域不同家族基于地缘、血缘或拟制血缘等因素不断建构飞山庙与“家庙”共存的状况。他姓在强调本姓家神时也进一步促成了飞山公被杨氏视为杨氏祖先神的家族象征符号。

湘黔桂界邻区域经历了不同朝代的“王化”过程，基于调动地方家族势力维护新疆域的统治目的，神道设教就成了其最佳的非暴力管理举措之一，飞山公也由此跨越祖先神成为该区域最主要的神明之一。随着大量移民的进入，旧有的社会秩序受到较大的冲击，移民群体为融入新的地域而对原有“土著”大姓的依附实难

① 刘志伟：《在国家与社会之间：明清广东地区里甲赋役制度与乡村社会》，中国人民大学出版社，2010，第285～286页。

避免。改姓往往成为对大姓依附的重要表现形式，但这种拟制血缘形式的依附面临“背叛祖宗”的危险，大部分家族则采取信奉代表大姓之神明的方式来规避此种危险，同时还能获得精神信仰方面的满足，该区域社会下诸如沙溪等地不同姓氏选择信奉飞山公，可能并非因为历代中央王朝神明“标准化”“正统化”推行下的飞山公背后的王权象征，而更多的是基于自身生存需要下的妥协即依附于飞山公神明背后的杨氏家族及其对地域秩序的维护。

但是为了维持本家族的“血缘性”认同感，建构家神成为一种族群边界划分的举措。在族群界线的创造和延续中，民间宗教都扮演了重要角色。蔡志祥在对香港长洲岛上族群界线的研究中指出，族群很有意思地利用宗教活动去划分他们与其他族群的界线，也就是说，宗教活动的参与是表明和加强族群界线的一个有效方法。[①] 所以在该区域我们能见到众多家庙的存在和不同的家神祭祀活动。弱小家族与强大家族的家神建构路径是有着较大区别的，弱小家族缺乏建构“英雄祖先”的基础，只能通过学法祖先或开基祖的神化或“借神”等方式建构家神，这些家神之间往往又存在各种联系，这种联系往往又是依据家族所需而进行的文化再造。但学法祖先神或学道祖先神透露了血缘崇拜的根源，学法祖先神多限于本姓族人崇拜，较难转化为受到不同姓氏共同祭祀的地方神明。[②] 而大姓家族则在努力建构家族“英雄祖先”的基础上特别注重借用国家力量建构“正统性”家神，以宣称本家族势力的强大而抗衡其他大姓。这些地域性家族社会结构特点决定了飞山公神明普遍存在但非普遍信仰。

就在离沙溪乡不远的甘棠陈家团，有一座供奉着陈太公的家

① Chi-cheung Choi, *Reinforcing Ethnicity*: *The jiao Festival in Cheung Chau*, Down to Earth , pp. 104 – 122.

② 沈丽华：《客家“公太（婆太）神”的类别、分布地域和特点》，《文化遗产》2009 年第 4 期。

庙，墙壁为新旧两层，新墙壁即用白色石灰涂于旧墙上并书写着“陈发道”，即陈姓太公神。[①] 而旧墙壁上却有一副很有意思的对联，横批为“威远侯王”，上联是“日昌晶□安天下”，下联是“月朋□朋修凤角”。[②] 从“威远侯王”的字眼我们可知该庙原来为飞山庙，其对联大意也即歌颂飞山公之功绩。伴随着地域社会支配关系的改变、新秩序的形成以及不同家族势力的变化，像此类飞山公被家神替代的事例已不再是个案。但是源于区域社会传统及其历史记忆，飞山公仍然在诸多村落社会中具有重要的影响。

① 《陈氏族谱》，靖州县甘棠镇寨姓陈氏家藏，清宣统三年（1911 年）版。

② 属于生僻字，故用□代替，前一个□为四个日字组成，上下分别两个日字，后一个□为三个月字组成，上面一个月，下面两个月。

第五章　替代与变身：谁是飞山公?

在不同空间场域下，不同人群基于“血缘”身份的不同，从而将神明视为姓氏的符号、家族的象征。飞山公作为区域性神明，跨越了地域、族群的界限，当然也跨越了“血缘”标识下姓氏的界限，成为该区域社会不同民众所信奉的神明。然而民众信奉的飞山灵神，却出现了与其他神明混融的现象，也被人们以其他“历史英雄人物”指称。同时，随着该地域社会的快速变迁，飞山庙作为专祀飞山公的场域也发生了一定的变迁。因此，在村落社会家族象征之外的飞山公信仰实践又呈现多样性的特征。

一　此“杨公”非彼“杨公”：水神杨公与飞山公

湘黔桂界邻区域，因侗、苗等多族群特征下的文化多样性，在不同时空之下呈现祠庙林立的现象。有的为原生型传统宗教祠庙，有的为外来型制度化的宗教祠庙。有的祠庙香火曾盛极一时，被民众顶礼膜拜，而后又消失于村落之下，诸如水神杨公。因为地域空间及时间维度在某种层面的重叠性，水神杨公与飞山公曾共享香火于飞山庙或杨公庙内。

1. 水神杨公与飞山公的混融

明清以后，湘黔桂界邻区域出现了众多的飞山庙。与此同时，被人们称为祭祀杨公神明的杨公庙又大量出现于清水江、渠水及沅水沿岸。民间许多人士认为这些杨公庙就是飞山庙，所祀神明为飞山公杨再思。如当年参与会同县少数民族识别的学者在对当地民众走访后，认为几百年来会同县域内各地所建“杨公庙”“飞山庙”，是对五代时期侗族首领杨再思的纪念。[①] 又溆浦县江口镇《复修飞山庙碑记》亦称：飞山庙，又名杨公庙，位于溆城西江口沅水畔。[②] 会同地区于农历十月二十六日杨再思的忌日举行“杨公节”，由于杨再思威灵极大，所以当地民众又称他为“杨公菩萨”。[③] 又如广西三江县林溪乡一带普遍流行着飞山公信仰，现存于高友村大飞山庙中的同治三年（1864）所刻《飞山庙碑序》称：

> 盖闻渠阳之志，靖州飞山之顶，有杨公庙焉，屡显圣于其地。杨公者，威远侯也，生为良将，殁为明神，于唐为尚书，由唐宋以来，历朝加封，祀之者无不获福……

可知该地将飞山庙视为杨公庙，也将飞山公称为杨公。而民间另外一部分人则称杨公庙所祀杨公并非大部分地区飞山庙所祭祀的飞山公杨再思，而是水神杨公。可见该区域社会已然将杨公庙与飞山庙所祭祀神明身份混淆，出现了飞山公与杨公信仰混融的现象。从地方文献的记载及其民间信仰实践可知湘黔桂界邻地区的杨公庙绝大部分是祭祀水神杨公，而部分地处江河之边的杨公庙祭祀飞山公，人们赋予了飞山公水神的身份，也出现了飞山庙同时供奉水神杨公与飞山公的现象。水神杨公与飞山公信仰在湘黔桂界邻一带混

① 黄同金、粟多穗、李一西：《会同民族识别概况》，载会同县政协文史委编《会同文史》（内部刊印），第 4 页。

② 《复修飞山庙碑记》，存于溆浦县江口镇张家村飞山庙内，1995 年立。

③ 邓星煌、郭长生：《会同县侗族苗族成份调查》，载《会同文史资料》第 3 辑（内部刊印），第 15～16 页。

融的状态，主要与该区域多江河险滩的地理环境以及明清以来水运成为主要的交通运输渠道有关。

位于锦屏县城清水江畔的飞山庙①，始建具体时间不详，但依据《黎平府志》等文献的记载，大致推定其始建于乾隆三十四年（1769）。又据《黎平府志》《开泰县志》所载，该庙于嘉庆十八年（1813）、光绪七年（1881）分别进行过较大的维修。20世纪60年代的“破四旧”，使庙宇遭受较严重破坏，门、匾、楹联、台阶、栏杆等荡然无存，庙宇变成了油料、面粉加工厂。但后来又出现了转折，该庙于1981年被定为县级文物，1982年被列为贵州省重点文物，后经过不断修缮，2013年成为国家重点保护文物。1992年5月锦屏县文物管理所为完整复修该飞山庙，特意邀请了一位对飞山庙原貌非常熟悉的城关印刷厂退休老人李某某前往庙宇观看并回忆其原来面貌。其回忆内容摘录于下：

> 该庙建于清朝，为王寨的王、刘、吴三姓所建，又叫“三姓庙”。现六街旧称“老寨”，有王、刘两姓居住，并于民国12年维修过。飞山阁一楼后中柱间，与大门同向筑有砖墙，绘有“孔明平蛮图”，二、三、四楼均有浮雕，二楼雕绘的是刘备、关羽、张飞像，三楼雕绘的是“镇江王爷”像，四楼雕绘的是“魁星点斗”，各浮雕前均设有拜台。
>
> 四合院的情况是，墙门石柱上有对联，顶端宝顶呈葫芦

① 飞山庙由前殿、正殿、山门及阁楼组成封闭式四合院。前殿阔13.15米，进深为7.45米，正殿宽13.8米，进深为10.4米，阁楼为三重檐四角攒尖结构，翼角出檐深远，高24.8米，楼阁平面呈正方形，底面阔，进深均为10.8米，屋面盖小青瓦，上置琉璃宝顶。楼阁分四层，主要由四根大柱支撑，原有望江门，门联内容为：俯视波涛，遥忆长江归碧海；仰观云汉，直凝高阁上青霄。该阁楼为贵州境内保存下来的最高的古建筑。

形，左右角是翘角，大殿之间都安放有菩萨，左右各放两尊，中间所放一尊为“飞山福主”，靠墙面而立，面前为一长方形槽形青石香炉，供瞻仰之人烧香拜佛。殿前则有栏杆，顶端呈三角形，靠河边墙面中间六边形图内是浮雕：三国时刘备、关羽、张飞手持兵器形象。

下河边石阶两边原来有二十多块石碑，其中有修建飞山庙碑、口政碑等，现县物资公司后面水井即搬用这些碑而砌成的。阁楼右边地坪原有一平房，为庙内僧人的住所，有门从四合院门前的石板路进入，阁后则是伙房，架设竹筒引坡上井水饮用。飞山庙以前有进行庙会的习惯，庙会期间在戏台演古戏。①

因是复修庙宇的目的，李某某老人对该飞山庙的原貌进行了有所选择性地回忆，对庙的设置方面较为详细，而淡化了民众在该庙宇中的祭祀等情况。如果依据老人年岁因素进行推算的话，所回忆的飞山庙情况大概是20世纪初。20世纪以前该庙宇的状况因缺少碑刻及文献等记录，并不能知道其详情。但是其中我们仍能得知一些较为重要的信息，庙中所祀神明有“飞山福主”，即飞山公杨再思。与此同时，飞山阁三楼雕绘有“镇江王爷”像，“镇江王爷”即杨公，飞山公与杨公同出现于飞山庙庙宇内。而又据锦屏文物管理所申报飞山庙为文物保护单位材料称：锦屏飞山庙原供杨五将军木雕神像，供周边民众祭拜，一时处于重要地位，现神像已被拆除。② 这里所指称的杨五将军即镇江王爷杨公，从中可知杨公曾在此庙扮演了重要角色。

对于锦屏飞山庙的修建缘由，人们认为主要是因为锦屏、天柱

① 材料源于锦屏县文物管理所保存的“1992年李长方回忆飞山庙原貌记录”。
② 材料源于锦屏县文物管理所。

等地区曾是采皇木、苗木重要之地，明朝规定，皇木必长六丈，头径四尺五寸，径一尺八寸，方可放行。清初到民国时期，大量木商沿江而上，清水江一带木材运输较为繁忙。为求清水江水运畅通无阻，人们便在锦屏北清水江边烂泥滩旁修建了飞山庙，祭祀杨再思将军等，以祈神明护佑。

又据《锦屏县志》记载，光绪七年（1881）飞山庙复修时所用全部木料均由黎平的乌下江水运到清水江，再由清水江（瑶光河口）运送至王寨（锦屏县城），然后起岸拖到飞山庙。[①] 可以说飞山庙维修的木材都是经过河道水运而来。而该庙宇规模庞大，其建筑群占地面积2756平方米，建筑面积727平方米，飞山阁为四层穿斗式三重檐四角攒尖青瓦顶楼阁式建筑，且通高24.8米，落地柱达20根之多。修建这样一座庙宇，需要大量的木材以及精巧的建筑技术。如果如李某某所称飞山庙由王、刘、吴三姓所建则不一定能实现，除非该三姓为大姓家族或者财力丰厚，而最有可能的就是该庙宇为大量的木商以及本地王、刘、吴三姓合作下的产物。其修建的目的在于求神保佑水路的畅通与安全。在此，人们新建飞山庙，供奉水神杨公的同时，也赋予了飞山公“水神”的神职。

就在离锦屏飞山庙约20公里的大同乡平阳村西200米处的亮江边上，有一座建于清朝的飞山阁，[②] 据当地人回忆，阁楼内曾供奉唐末五代诚州首领杨再思木雕神像，飞山公被当地民众视为管理亮江一带的水神。康熙二十三年（1684）所修《靖州志》载：渠阳庙，在江东祀杨再思旧庙。同样载有杨公庙，一在浮桥头，一在

① 锦屏县志编纂委员会编《锦屏县志》，贵州人民出版社，1995，第889页。

② 该庙曾被毁，2008年得以复修，坐西北朝东南，阁楼平面呈长方形，通面阔7米、进深6米，通高16米，占地面积60平方米，建筑面积72平方米，为三层檐四角攒尖顶砖木结构建筑。

上桥。[①] 到了乾隆二十一年（1756）所编修的《直隶靖州志》称：又一庙在渠河东，亦祀威远侯，以其在渠河故名渠阳庙，此在飞山之麓，故名飞山庙也。[②] 靖州飞山脚下的飞山庙规模较大，而在不到五公里的渠河边不仅建有杨公庙，同时又建有一座祭祀飞山公的渠阳庙。发源于三省坡洪州境内的渠水流经靖州后经会同等地进入托口，靖州地方学者李寿如曾搜集整理了粟多寿、李仁荣口述的《渠江船歌》：

托口进江大板滩，鸡笼阳岫告艰难，
跑马射箭桃花溶，火炼真金在漠滨；
流瀑乱石三尺浪，沙堆门口剪刀滩，
捡到铜钱穿线眼，划不熟的上梁滩，
大井小井像条虫，滑板山窝像条龙，
两个土垒似猛虎，朗江岔里侃英雄，
朗江上头普行洲，枫木塘里慢慢游；
落马洞头打一望，望见青朗与木洲，
木洲上来客寨塘，要吃细鱼虾耙梁；
止奔场上买小菜，饱吃茶饭酿口塘，
上止奔，下止奔，都是一些出门人，
三百篙头问一讯，犁坪壕里要小心，
王家洞，陡崖崖，一篙一篙撑上来，
妹几滩头唱支歌，岩头妹妹笑呵呵，
岩头场上买小菜，高涌洞脚等对来，
高涌洞上猫沙滩，好女出在大莱湾，

① （清）祝钟贤主修（康熙）《靖州志》卷三，康熙二十三年（1684）刻印本，第5、16页。

② （清）吕宣曾主修，张开东总修（乾隆）《靖州志》卷九，乾隆辛巳（1761）刻印本，第18页。

绣花岔里洗个澡，连山妹妹都来闹，
撑架岩脚烧把火，烧得坛子出青烟，
打破坛子是江口，青水不渡白石滩，
波蛳游海张公角，懒龙吃水太阳塘，
金滩银滩滩连滩，蚂蟥过江窑底塘，
鸡公吃水贯堡渡，铁板架桥是板滩，
仙人骑马马鞍洞，神仙打鱼是网塘，
网塘上来绚马墩，鲤鱼盛籽是鱼滩，
弯弯扭扭牛门角，黑漆门路桐油岭，
峰回路转水推磨，花花绿绿观音滩，
水酿塘头望靖州，手把浮桥进东门。

《渠江船歌》集中反映了渠水间河道的险阻，而位于靖州城边的江东，是渠水最重要的木材运输码头，当然也就成为供奉水神、祈求水运安全的重要场所。在此，飞山公也就扮演了水神杨公的角色。时至当下，我们仍能看到靖州一带凡是干旱时节，飞山庙都会抬飞山公到江东渠水边，然后绕回飞山庙，以达到求雨的目的。

而会同、天柱等湘黔桂界邻地区民众于杨公的诞辰，即相传的农历五月初五请道士举行隆重祭祀杨公仪式，因诸多杨公庙的消失，祭祀仪式也逐渐消失于民间。但是从前人拍摄下来的道士及信众在河边举行祭祀杨公的照片发现堆放于地上正焚烧的草鞋（图 5－1）与靖州飞山庙祭祀仪式过程中为飞山公焚烧草鞋的场景相同，而该区域内祭祀其他神明是没有烧草鞋的仪式环节的。此处祭祀的杨公是否就是飞山公，或者说人们已仿照了祭祀飞山公的习俗来祭祀水神杨公，而最有可能此祭祀的杨公就是飞山公。

从以上现象中我们已然看到了飞山公与杨公信仰的混融，而该区域社会部分民众则将水神杨公视为飞山公的后代。如天柱县蓝田镇都莆寨与芷江碧涌乡由卜灵的杨氏人群于清末民初合修的《杨氏族谱》卷二中记载了杨氏家庙祠，其中有一神祖牌位，从右向左分别写有：

> 敕封威胆将军五老爷杨公讳政俭清谥镇江王神位，敕封飞山广惠侯谥英惠侯杨公讳再思字文广神位，大明待赠诰封始祖杨公讳秀荣字华廷行一府君位。紧随其后对杨公政俭进行了介绍，政俭，再思之五子也，世袭安江威胜将军兼辖河海武功大夫，明谥镇江王，公生于仁宗天圣八年庚午五月初一日午时，卒于绍圣甲戌子秋九月，寿六十五岁，葬于黔阳恶龙滩莱头坪。①

该地杨氏自称为杨再思第五子政俭的后代，将杨政俭视为镇江王，且是飞山公杨再思的第五子。虽然这其中多属于牵强附会，但是个非常有趣的现象，杨氏以族谱的形式将飞山公与水神杨公建构成父子关系，且为当地杨氏的祖先。可见飞山公与水神杨公在该区域内或许扮演过非常重要的角色。当下许多飞山庙还存在，我们仍能看到人们祭祀飞山公，而祭祀杨公的杨公庙多已消失，那么水神杨公到底为何方神圣？

2. 杨公：何方神圣

明万历四十三年（1615）所修的《辰州府志》载：

> 黔阳，杨公墓，在县南五十里，杨漱兄弟三人，并称英勇，有寇屡力御之，一方民多赖焉，殁后立祠显应，人不敢犯，自宋末至今。②

---

① 《杨氏族谱》，天柱县蓝田镇都莆寨杨氏家藏。

② 《辰州府志》，明万历四十年（1612）木板刻，页码不详。

图 5-1　烧草鞋祭祀杨公

资料来源：源于前人拍摄，拍摄者不详。

这是地方志书中能见到的有关杨公的最早记录。又据道光七年(1827)《靖州直隶州志》载：

> 杨公庙，祀青木杨公水神，初不传，其为何人也，会邑志，公黔阳托口人，兄弟三人，平苗有功，殁后被封为神，辰、沅、靖皆立祠祀之，又封镇江王，不知所据。靖州庙□有二，一在土桥，一在江东浮桥头，系雍正间新建，金碧巍峩，渠江胜观。按《祝志》所载：庙凡有三，一在土桥，一在滩上，一在文家溪口，今只存土桥一庙。①

又清同治十年（1871）《沅州府志》称：杨公庙，在县西南

① （清）魏德畹等修（道光）《靖州直隶州志》卷二下，道光七年（1827）刻印本，第 64 页。

托口市，有上、下二所，建庙年不可考，祀宋义勇杨潄，事迹详人物传。杨潄兄弟三人，并称英勇，屡御苗寇，民多赖焉，邑人立庙祀之。”清光绪二年（1876）所修《会同县志》所载与道光《靖州直隶州志》相同。[①] 从以上记载可知杨公为黔阳杨潄，与飞山公相似，乃殁后为神，成为人们所依赖的水神。而清光绪十八年（1892）所修《黎平府志》对杨公的记载又有所不同，其称：

> 杨公祠，即镇江王庙，祀杨五将军，在府城南隅神鱼井右。乾隆三十四年建，嘉庆十八年重修，为黎平会馆。又敦寨筲箕滩上有杨五庙，船过此甚险，往来者竭诚祈祀，以保无虑。茅坪亦有杨五庙，挂治有杨公庙，皆以五月初五日神诞祀之。今新化江及清水江一带滩甚险皆藉神力，易危为安。黎平所以立祠祀之，并沿江上下亦立祠祀之也，又称镇江王。[②]

《黎平府志》仍将杨公视为重要的保护水路运输安全的水神，但对其称呼略有不同。又据民国《岑巩县志》载：

> 镇江阁，即杨泗庙，位于思州城西部，龙江河、龙马河、鹭溪沟3条河水之汇合处的龙颈坳街头。始建于明代，民国初因失火毁，十年（1921），一名从湖北来龙田定居尹氏发起募捐，聘晏氏名匠重修。[③]

---

① 《会同县志》卷十三《形胜》，第8页。

② （清）俞渭修，陈瑜纂（光绪）《黎平府志》卷二下，光绪十八年（1892）黎平府志局刻本，第34页。

③ 《岑巩县志·文物名胜篇》，第830～831页。

从以上地方文献中我们已然明了杨公虽然有杨漱、杨五将军、杨泗等不同称呼，但是为同一约成神于宋末时期的水神，所修庙宇为杨公庙、杨公祠或镇江阁等。杨公具体于何时被尊为水神，杨公庙最早建于什么时候已难考证。据地方志书以及碑刻等记载，较早有记载的杨公庙修于明朝。据清光绪二年（1876）《会同县志》载：杨公庙，在□二里洞头，嘉靖元年（1522）杨松柏施田六亩六分。[①] 另外托口以及会同县漠滨洞头塘村的杨公庙也修建于明朝。清康熙二十五年（1686）在清水江下游的天柱县坌处修建的杨公庙也是比较早的。黎平县城、会同县城的杨公庙都建于清乾隆年间。而其他地区的杨公庙大多建于清乾隆以后至光绪的不同时期。

杨公庙主要遍布于湘黔桂界邻区域的清水江下游、渠水及沅水上游一带。康熙《天柱县志》称：青木杨公祠，在县北七十里新镇。[②] 光绪《会同县志》称：杨公庙，城南七十里岔处，沿河俱建不一。[③] 目前尚存杨公庙或遗址尚存的，有湖南境内的洪江市托口、黔城、安江、岩里、太平、沙湾、江市、原神、黄狮洞等15处左右，其中，洪江、黔阳各有上、中、下三座庙，托口有上、下两座庙；会同县境内有郎江、黄坪、马安、高涵、朗江、青朗、止奔、酿口等10处；靖州县境内有8处；贵州天柱县有岔处、翁洞等8处；而锦屏县境内有亮江、王寨、平略、文斗、江口、敦寨、新化、九南等16处，黎平县的茅坪和箐箕湾等地及剑河县境内分别有6处；另外清水江上游台江、黄平、麻江等县也有少量的杨公庙或遗址。[④]

---

① 《会同县志》卷十三《形胜》，第8页。

② （康熙）《天柱县志·坛庙》，第27页。

③ （光绪）《天柱县志·坛庙》，第67页。

④ 参见王宗勋《杨公文化的形成与社会价值》，《原生态民族文化学刊》2013年第4期；李寿如：《杨公庙祭祀何神》，《靖州政协》（内部刊物），2014。

在沅水流域，以今怀化市铜湾镇为界，下游以东视五溪的马援为河神，建有伏波庙，上游以土著神杨五为河神，建有杨公庙。[①] 清水江、渠水是沅水的主要支流，两江在黔阳托口汇合后下游始称沅水，托口因此成为该区域内最重要的水路运输中转站，而水神杨公信仰也是形成于此。民间流传有一种说法：杨公庙上庙在贵州茅坪，总庙在托口，下庙在武汉鹦鹉洲，一直管到南京镇江，故杨公又称“镇江王”。托口的“杨公”总庙曾经建在杨家巷码头，也是托口最大的码头，对面是一座横跨码头的戏楼。每到农历五月初五，杨公庙都要请巫师于庙中举行盛大的祭祀仪式，并搭台唱傩戏，据传端午划龙舟也是为了纪念杨公。

明永乐年间，永乐帝迁都北京，建造皇宫，大量征用苗木。湘黔桂界邻的广大侗、苗居住地区是我国重要的木材产地和全国八大林区之一，素有“杉海”之称，以产杉著名。当地杉木具有广泛分布、蕴藏量大、木质优良、成长迅速等特点。如贵州一带盛产的速生丰产杉木“八年杉”“十八杉”，移栽八年或十八年即可成材使用。其中著名的林区和采伐区有锦屏三江、乌下江，黎平的洪州，榕江的乐里，通道的播阳、榕江等地。每年沿清水江、渠水、浔江等江河而下，运到外地的木材不计其数。所以，朝廷开始对该区域大量征用木材，俗称“皇木”“供木”。与此同时，该区域还盛产桐油、油茶。油茶主要盛产于浔江两岸及黎平与广西三江县交界地区。桐油则盛产于新晃、天柱、三江、通道等县。这些经济产物在区域中大量的流动，水路则是最主要的交通要道。[②] 严如熤《苗防备览》载：

---

① 李怀荪：《沅水上游的土著神杨公探略》，《怀化师专学报》1995 年第 3 期。

② 侗族简史编写组：《侗族简史》，民族出版社，2008，第 4～5 页。

> 贵州之清江者，即沅江，古曰剑河，又曰长河，旧限苗境，不惟舟楫不通，即附近居民亦未能深入探其源……。雍正八年，贵东道方显招抚夷人，募工凿石，设法开通，得以往来无患，至今称便。①

明清时期，沅水流域及其上游支流渠水、清水江等湘黔桂界邻地区通过开通的水路输出的主要物产是木材、桐油、鸦片、白蜡、兽皮、药材等。据洪江县志介绍，清咸丰时期每年经洪江码头运出的桐油就达700万公斤，木材达百万立方米。运输路线由沅水出洞庭，入长江，达武汉，销往南京、上海等地，又从大都市换回食盐、布匹、百货、铁器等生活用品。所以说，明清以来随着边疆的开拓以及清水江等水域的疏通，当地形成了上至贵州锦屏，下到常德、武汉有名的“木商古道”。1958年以前，通道境内的双江、播阳两条主要河流都为通商运道，船商从洪江、靖州等地运来大米、百货，沿双江河而上至平坦，换取从广西三江肩挑而来的食盐，又把食盐运往洪江等地换大米。②

而杨公信仰的缘起之地托口，因得天独厚的地理优势，成为沅水上游清水江与渠水交汇的中转站。康熙五年（1666）《黔阳县志》载：托市上通天柱，为桐木所必由，明时木商皆聚于此，以与苗市。③ 清康熙年间，沅水上游盛产桐油，供给船舶、木房做涂料，当时全国有名的八大油号齐聚托口，日夜碾籽取油，行销东南沿海，乃至海外。沅江上游放排的老人，曾感受过托口一带“商贾骈集，帆樯云聚”的繁华景象。水神“杨公”就是在湘黔桂界邻的几大江河流域带动的木材等经济贸易发展背景下产生的。伴随

① 李怀荪：《沅水上游的土著神杨公探略》，《怀化师专学报》1995年第3期。

② 通道侗族自治县民族宗教事务局编《通道侗族自治县民族志》，民族出版社，2004，第321页。

③ 参见康熙《黔阳县志》，页码不详。

水路成为木材等经济作物的运输方式，行船、放排等都是与江河打交道，然而清水江、渠水等流域却险滩较多，时刻威胁着人们的生命。当地流行一句俗语："挖煤是人埋着没死，放排是人死了没埋着。"光绪年间所修的《会同县志》对险滩与庙宇的关系有较多文字叙述，其载：

> 会同浪足滩，县东南水一里，其滩最陡，水甚急，中有二横石，一曰野猪角，一曰峻比岩，最为险，岸上有古庙威赫，濯舟人至此，胆落心惊，莫不焚香祈祷，相传为神滩焉。浪足庙在水一里浪足滩岸上，其庙神最灵，舟人上下皆焚香祈祷，遇有危急，呼神相救自无倾覆之患。另有一险滩，位于县东南山二里，其滩乱石回环，水流甚急，舟行曲折，最为险阻，岸上有古庙，上下舟人遇有急滩，呼其神救，无不灵应，传以为神滩焉……①

从以上这些记载可以看出凡是在险滩之处人们便建庙祈求神明获取平安。就是在这样的情景之下，杨公成为人们普遍信奉的水神。人们在沿江河的码头、险滩附近广建杨公庙，又将杨公庙视为镇江庙，所祀杨公为镇江神。如《会同县志》所称镇江庙，在太平乡洞头塘前，明置有香炉一座，石狮一对，舟楫往来必升香告虔，方无他虑。② 解放以前，托口逆渠水而上二十几公里的会同县漠滨洞头塘村建有杨公庙，凡是来往于此的船只的排工或水手见空中有乌鸦盘旋，都会向空中抛撒饭团，然后停船、安排，前往河边的杨公庙宰杀雄鸡，求杨公神明保佑。同时，该区域内祭祀杨公时所用的祭酒，并非祭祀其他神明的白酒，而是用糯米酿成的糯米

① 光绪《会同县志》卷十三，形胜，第5~8页。
② 光绪《会同县志》卷十三，形胜，第5~8页。

酒，并在滚烫的糯米酒中滴进使“杨公成神的公鸡血”，人们将祭祀杨公后的酒带回家一般给男孩饮用，不仅在于为孩子壮胆，更是为了饮过管辖江河的杨公神祭酒的孩子成人后成为船工、水手，能闯激流遇险滩而无所畏惧。这些现象无不隐喻着杨公在该区域内为人们共同祭祀的灵验水神。

清乾隆以后，随着木材贸易的发展繁荣，杨公信仰文化进入了前所未有的鼎盛时期，沿江诸杨公庙里香火都很旺，这些江边较大的杨公庙，多是由木商捐资修建（图5-2）。[①] 而伴随着水路运输功能的消失，杨公信仰也逐渐淡出民众的信仰体系，诸多的杨公庙毁于“文革”，而在改革开放后也未能获得重建。作为影响最大的托口杨公庙，于1958年因修建人民会场，被拆掉了戏楼和两边的过街看台，到了1969年，杨公庙整个大殿被拆毁，修建成了敬仰馆。而当代水库的修建，则将淹没涉及湖南省洪江市、会同县、芷江县和贵州省天柱县部分曾经重要的水运港口，其中托口将完全淹没于水底，这也将预示着杨公水神信仰的彻底消失。

我们已然明了飞山公并非水神杨公，然而湘黔桂界邻区域，飞山公与杨公信仰却出现了混融的现象。这主要是基于多重因素，其中主要因素就是：飞山公与水神杨公皆为杨姓，作为民间崇祀的神明，人们将其皆称为杨公，随着时间的流逝，水神杨公与飞山公就被大部分人视为同一神明。飞山公信仰早于水神杨公信仰的形成，且在神明的“标准化”“正统化”下，国家与地域社会之间不断互动使其成为该区域内影响较大的神明。所以将水神杨公误认为飞山公或者赋予飞山公水神的神职也属于正常，因为在民众的心中作为“大神”是能管理各方面的。

① 王宗勋：《杨公文化的形成与社会价值》，《原生态民族文化学刊》2013年第4期。

而水神杨公信仰是水路运输带动下的区域经济发展的产物，民间信仰的功利性、实用性决定了水神杨公在水运扮演重要角色的明清时期成为民众信奉的重要神明，同时伴随水运不再辉煌而信仰消失。两位同姓的重要区域性神明出现混融的现象属于偶然中的必然。

图5－2　清水江畔的锦屏飞山庙

二　“真真假假”：飞山公身份的多重表述

湘黔桂界邻区域因地理环境及其经济发展背景下水运的兴起，民间基于现实需要，创造了水神杨公，并赋予该区域重要的地方代表性神明飞山公水神的神职，从而出现了飞山公与水神杨公信仰的混融。与此同时，民众在信仰飞山公时，对这位重要的跨族群的区域性神明的身份表述并非一致，呈现多样化的特点。

贵州省天柱县地湖乡永兴村一山坳处有一座木房建筑的飞山

宫，从庙外的诸多碑刻可知其复修于1989年，该庙宇内有道教神像与佛教菩萨各12尊。庙内左边为南岳、飞山公、太上老君、玉帝、王母娘娘等，右边则为佛教菩萨。此地的人们将飞山公列为道教神明，放置于道教神像一列，只是对于飞山公的表述是较为模糊的。据庙前《重建飞山宫碑记》载：

> 飞燕舞羊，风调雨顺，山雄殿伟，国泰民安。据传：飞山太祖乃伏羲氏之二子也。承父衣钵，正果灵通，达天澈地，纬武经文，驱邪匡正，阜物康民，始自苏州云庵，旋入衡山飞来寺，光照南楚，灵应天人。大唐贞元四年（788），太祖銮辇靖州飞山灵峰，万民景仰，圣躬久屯。大明正德十三年（1518）腊月中浣，祥云万朵，瑞蔼千条，太祖驾幸桥冲飞山团，延陵世德公五氏孙朝则之王夫人见状，误作山鹰惊退，山回原址，灵驾常留，叹兮：桑田沧海，物换星移，先驻层溪口坡坳，次移芭溪月形坡，迨及鳌山，罹遭厄运，庙毁基荒，诚万民之所惋惜者也。为恢宏名胜古迹，力挽侗苗汉各族文化，倡议一兴，千户响应，四方善士，踊献钱物（粮、油、米折价计算），得于一九八九年仲春，在真武堂旧址，今之文昌堘，重建飞山宫，襄成殿宇，重树金身。庆昔日威加吴楚，幸今朝思被湘黔，山高水长，万民乐业，是为记。①

该碑记称飞山宫祭祀“飞山太祖”，并对“飞山太祖”的身份及其本地信奉该神明的由来进行了概述。将“飞山太祖”视为伏羲氏之二子，伏羲氏为古代传说中的中华民族人文始祖，人们将“飞山太祖”与其建构了联系，初看之下该“飞山太祖”与飞山公

① 《重建飞山宫碑记》，现存于地湖乡永兴村飞山宫前。

难以有什么交集，然而碑记又称“大唐贞元四年（788），太祖銮辇靖州飞山灵峰。……大明正德十三年（1518）腊月中浣……太祖驾幸桥冲飞山团，延陵世德公五氏孙朝则之王夫人见状，误作山鹰惊退，山回原址，灵驾常留”。这又将“飞山太祖”与靖州飞山联系上，并称明正德时期该地开始信奉“飞山太祖”。我们可以从碑刻的叙事中看出这里的人们心中的“飞山太祖”是模糊而神秘的，这些叙事甚至有些荒诞，人们通过神话式的叙事来建构本地信奉神明的历史，可能源于人们对飞山公记忆的模糊。而到了后来，其叙述又发生了改变，据《湘黔地湖飞山宫第三次增修序》载：

> 在我国，修庵立庙，求神拜佛之举，古来有之，提及湘黔边境，人民历为信仰多神，群情敬仰之飞山太子神，五代诚州，今靖州十峒首领杨再思，即其中一位。地湖飞山庙复建于一九八九年，现供多神，七年来，神威显赫，香火兴旺，常招四方香友云集……①

该叙述将本地飞山宫原称祭祀“飞山太祖”改为“飞山太子”，并明确了“飞山太子”的身份，即“群情敬仰之飞山太子神，五代诚州，今靖州十峒首领杨再思”。从当地的叙述中，飞山公完成了从“飞山太祖”到“飞山太子”，从传说人物到靖州十峒首领的转变。既然该地民众已然知道了祖先修建的飞山宫所祭祀神明为飞山公，为何又称其为“飞山太子”，当地人并未能说出其中的缘由。就在该地毗邻的靖州县大堡子镇梅子溪村同样建有飞山太子庙，祭祀飞山公，我们可以从该地的叙述中看出飞山公被称为“飞山太子”的背后可能存在的端倪。

梅子溪虽然地处靖州境内，但是与贵州锦屏县、天柱县地湖等

① 《湘黔地湖飞山宫第三次增修序》，现存于地湖乡永兴村飞山宫前。

交界。梅子村所在的整个大漠乡原属于会同县所辖，1958 年才整体划归于靖州县。因此，据当地人称这里的“飞山太子”庙是当初做法事的时候从会同县城飞山庙中请过来的。该庙宇毁于一场水灾，现只存残垣断壁，但《梅子溪飞山太子庙重建序》碑文仍存于庙旁树丛中。其载：

> 梅子村宝安太子庙乃飞山杨公，太子之恩德，深得民众人之心，奉为神灵，祭祀于同治七年，各界众心齐力捐款创建梅子溪宝安太子庙，隶飞山太子之辖，保地方百姓平安，每年逢六月十九，各方众人信士于斯庙敬奉，供香灯祭祀。民国五年复捐资谷，庙宇左侧设校，于其以教之于斯。神庇佑子孙繁衍、高步青云，公益备之，庙貌易之，以巍峨、文明、发达，公值斯庙历经百过春秋，社制革新，无力为善，庙宇倒塌。故地斯庙名流八方，乃百姓心存，常于故地供香祭祀杨公太子，今昔右庙百世芳名，乃今民众协力心齐，各方相亲、香友众志成城，捐资投劳，于共和四十六年岁次乙亥季春复修而成，其执事主领乃捐资本村户主、外地五元以上者立碑石，名垂于后世，与雷上永固，与溪水长流，为记。[①]

这份由胡某某撰文，并附有唐、李、胡、宋、刘、杨、潘、刘、蒋等众姓捐款共建飞山太子庙芳名的碑文，明确了该庙宇祭祀神明“飞山太子”即飞山公，并表明了祭祀缘由，即“隶飞山太子之辖，保地方百姓平安”。当地村民李某某称庙中最先有飞山太子神像，神像是从下面的坳上镇小开村雕刻运来的，后才有玉皇大帝、观音及圣公、圣婆。圣公、圣婆在当地人心中为人类的始祖，两人的结合才有了今天的人类，因此和前面的神区分开来，单独放

① 《梅子溪飞山太子庙重建序》，现存于靖州县大堡子镇梅子溪村。

置于一间。当时所建庙宇为四间，两间放置神像，剩余两间用于庙会活动接客和搞活动、唱戏。当问及为何庙宇叫飞山太子庙时，其说法较为混乱，有人认为该飞山太子为杨再思的后代杨业、杨六郎、杨文广等北方杨家将，同时还提到了飞山太子为水神杨五将军。在飞山太子庙的祭祀时，负责人会从大堡子的房江村请来道士举行四到五天的仪式，仪式中所用的经书为“玉皇经”“杨家将演义经”，其“杨家将演义经”主要歌颂杨业等人的功绩。可以说虽然碑刻明确写了飞山太子庙所祭祀为飞山公，但是民间神明的信奉是按照历代传承记忆，缺少文字记载或者缺少对神明来源的考证，所以祭祀的神明在民众的话语叙述下就非常混乱，且有了多重的身份。

无独有偶，在广西三江县与湖南通道县相接的三江县林溪乡高友村一带的民众将飞山公视为北方杨家将杨业等人。高友村飞山公信仰文化比较有特点，村口有一座不知道建于何年的小飞山庙，与雷王庙并立。之所以说该庙较小，因其面积不到 2 平方米，为神龛形状，庙名为飞山宫。有石刻对联一副，石刻对联为：威远显应贯九州，侯王职司统万姓。里面无神像，只有一神牌位，神龛上书：敕封六郎二圣侯王之神位，左为焦赞、右为孟良。人们于该小飞山庙中不仅供奉侯王，还有焦赞、孟良。而在村寨中心位置有一座规模较大的建于清嘉庆年间的飞山庙，其建筑面积约有 60 平方米。据村中人称，原来的飞山庙更为壮观，庙中有神像而并非现在的神牌位，神像约有一人大小，两边分别还有一文一武两神像，庙中两根柱子雕刻着龙盘旋而上，这些都于“破四旧”的时候被毁。庙大门处石刻对联为：侯王威远丹心万古贯皇天，神显飞山义胆一腔悬日月。庙中亦无神像，只有神龛、神牌位。神龛上写有：侯王威远传九州，神恩浩大泽十洞。从飞山庙对联所称“侯王威远”等内容我们可知所祀神明与飞山公有关系。现存于飞山庙内的清同治三年（1864）三月所立《飞山庙石碑》载：

> 盖闻渠阳之志靖州飞山之顶有杨公庙焉，屡显圣于其地。杨公者，威远侯也，生为良将，殁为明神，于唐为尚书，由唐宋以来，历朝加封，祀之者无不获福。故庙恒古香烟于世。我始祖立坛庙于斯而供奉之，民安物阜，五谷丰熟。嘉庆年间，乃立庙宇，正殿、回廊四壁皆木料。道光年间，因显神像即口谓之飞山庙者实威远侯主杨公也。未久损坏，统口鸠工，取材砌石、陶砖而重修，咸丰己未年竣工。工程虽非浩大，而事神之始末宜觇且援笔而歌之曰……①

该碑刻的“靖州飞山之顶有杨公庙焉，屡显圣于其地。杨公者，威远侯也”等字眼明确表明了所祀神明为飞山公。然而村中人却将飞山公与北方杨家将混淆。高友村的两个飞山庙以前大家都认为是祭拜杨家将的，虽然碑刻上写着杨公，且与靖州有关，但人们却不知其真名为杨再思，错将碑文上所写的威远侯王、飞山大王转移到家喻户晓的杨业头上，所以原来庙中的神牌位上写着的是杨公杨业。村中负责每次飞山庙祭祀仪式及其他庙宇神明祭祀的师傅吴某所持有的科仪文本，在各种祭祀仪式场合中，其请神经文中所请神明一栏分别有飞山大王、威远侯、杨公等。可以说这些“仪式专家”都将飞山大王、威远侯、杨公错以为不同的神明，更何况是普通的民间信众。

后来，该村一些懂文化的人从庙中碑刻及一些地方志书等文献得知此地飞山庙所祀杨公为靖州飞山公杨再思，并非杨业。2011年因为村中要举行较大规模的“韭菜节”，外面会来许多人参加节日，村中有文化的人怕别人笑话村中将飞山公杨再思视为杨业，所以就连夜由退休老教师潘某某将神牌位上的内容更正过来。对于飞山公杨再思与杨业的混淆，村中人的解释是：

---

① 《飞山庙石碑》，现存于广西三江县林溪乡高友村飞山庙内。

> 飞山公杨再思死后侗寨人民都很佩服他，不同民族都崇拜他，将其当成神圣供奉，因此并不称呼其真实名号。所以飞山庙中的石碑等内容都只是称为杨公、威远侯王等，村中人很少有懂文化或者对历史感兴趣的，所以才出现了这样的状况。①

按照这样的说法，神牌位内容被改为：敕封飞山威远侯王之神位，把簿判官，执印使者。

虽然仍然未明确飞山威远侯王的真实名字，但当下民众已然明了所祀神明的真实身份。到了2010年，吴姓于旧飞山庙前20米的位置新建了一座规模略小的吴姓飞山庙，其《庙堂序》对所祭祀神明进行了纠正，其称：盖闻靖州之境有一飞山庙宇，庙中杨公即威远侯王也，屡显圣于其地。杨公生为良将，殁为明神。杨公者，杨再思也，唐末五代时乃是侗族民间英雄、十峒款首……

不管飞山公被民众称为“飞山太祖”或“飞山太子”，还是被视为北方杨家将的代表杨业等人，民众也许并不知道所祭祀的神明具体为谁，他们也并不关心这个。他们认可的只是飞山庙中的神明能够维护地方社会稳定，能让民众幸福生活。

与靖州梅子溪、三江高友村等地建庙祭祀神明出现的情况不同，溆浦县江口镇张家村一带的飞山公又被人们赋予了“庙祖神”的身份（图5-3）。张家村飞山庙装修豪华，是当下除了靖州、锦屏、铜仁、东山地区飞山庙外规模较大的，庙旁新建的一座观音阁，成为飞山庙整体的一部分。庙内供奉着各路神明，据庙中1995年《复修飞山庙碑记》所载：

---

① 访谈对象：退休老教师潘某某、师傅吴某等人，访谈地点：高友村潘某某、吴某家，访谈时间：2014年4月15~16日。

图5-3　三江高友村寨中心大飞山庙（左）、寨前小飞山宫（右）

> 飞山庙，又名杨公庙，位于溆城西江口沅水畔。据传始建于明朝万历年间，五溪蛮人住此，怀恋祖宗杨再思，飞山公主而立庙祀之。因有求必应，沿袭为乡民普同供养之神。“文革”期间，破四旧被拆，庙毁，信者仍祭祀。辛未年腊月慈善者张祥发、张再成……等二十五首事，筹集资金上万元，予以复修。……门顶书写着“飞山庙”三个大字。门左右贴对联：人杰地灵、心诚神佑。庙两侧为东、西厢房，正中为天井，后面分为左、中、右殿。左殿供奉着雷公、药王、闪子三神，中殿供奉着庙祖王（杨再思）夫妇、飞山公主、南岳、黑神等神。右殿供奉着观音大士、太阳神，右还建有厨房、餐厅。庙内常年：经声透九重，香烟缭绕通三界。每逢各佛、神诞辰之日，各族信教者，千里迢迢、爬山涉水，不辞辛劳，烧香拜佛万余人。①

从碑刻所载内容，我们对飞山庙的建庙时间、建庙缘由以及庙内所供奉神明等有了初步的了解。较为有趣的是，在此出现了一位“飞山公主”，其他地方与飞山公有关的人物中较少出现，地方志书及其建构了各种人物角色的杨氏谱牒文本等也无“飞山公主”

① 《复修飞山庙碑记》，现存于溆浦县江口镇沅水边张家村飞山庙内。

的记载。据庙内老人讲，“飞山公主”乃飞山公之养女，并非飞山公所亲生，这里的飞山庙主要是为“飞山公主”而修，并非为飞山公杨再思。所以，人们才将飞山公称为“庙祖神”。

江口飞山庙地处张家村，该村为张姓人群居住，自称祖籍湖北，具体什么年代迁入此地已无记载，当下飞山庙的建设及其信仰实践主要是由张姓人等完成的。该地飞山庙原来是木房，长宽高约有一丈，也就相当于当下飞山庙的中殿。在此基础之上经过村中人们共同的努力，多次对飞山庙进行修缮，形成了当下的规模。修缮飞山庙的最初原因类似于靖州飞山庙——神明托梦，所不同的是此处托梦修庙的是“飞山公主”而非飞山公，这也进一步印证了人们所说的该庙宇真正的主人是“飞山公主”。据庙中老人讲，“飞山公主”托梦于某老人，要求其维修飞山庙，于是在其努力倡导下，修庙的队伍日益壮大，形成了当下飞山庙的值班队伍。飞山庙中现有值班人员二十几名，人数接近于靖州飞山庙，都是五六十岁以上的老太太。庙中悬挂着一代代为庙宇做出过较大贡献的庙宇负责人的像，最早的一些负责人已经过世。飞山庙中所供奉神像如下：正殿最中间为玉皇大帝，左边为两个黑神都督，右边为庙祖神（飞山公）夫妇及飞山公主；左配殿中间为南岳，两边有两位南岳的小将以及雷公、闪电娘娘神像，其中雷公也是两个神像并存；右配殿中间位置为地母，两边分别为龙王、药王（其中药王也有两个神像）。当下飞山庙中供奉的神明，是经历了近二十年的历史演变才最终形成的，庙中原来最先只有“庙祖神”飞山公夫妇、“飞山公主”，然后增加了黑神都督，再后来才增加了玉皇大帝、南岳等神像。

一张贴于墙壁的红纸写明庙中各神的诞辰及其举办祭祀仪式的时间，与“总庙”靖州地区的飞山公信仰相似的是，在“庙祖神”诞辰时庙内会举行隆重的祭祀仪式，不同的是，张家村的“庙祖神”诞辰日为九月初九。其仪式名为出场醮，庙会仪式非常隆重，一般为七天七夜。其仪式过程与打皇醮[①]基本一样，唯一的区别就是没有扎各种纸神像，人们称是经济比较紧张的原因。老人们又讲了一个简短的有关“飞山公主”的故事：

> “飞山公主”原来的亲生父亲为朝廷作战而牺牲，家中没有儿子，只有“飞山公主”一人，朝廷敕封其为“飞山公主”，但飞山公主并不愿意前往朝廷，于是就在溆浦江口这一带以打猎为生。现在飞山庙所处的张家村位于一处风水非常好的宝地之上，其地形呈“皇龙背印”，属于神明待的地方，这个地方就被“飞山公主”选为了其居住之地。

这则故事并没有讲清楚“飞山公主”具体为何人，当地的文献也未曾有过相似的人物出现。“飞山公主”也许是历史上某位对该地区有影响的女性人物，人们将其建构成与飞山公有关的人物。从碑刻中我们知道，该区域曾经为“五溪蛮”居住，飞山公作为一位对“五溪蛮”地区影响深远的地方英雄，如果将其他人物建构为飞山公的“女儿”，这就和飞山公有了非血缘性的父女关系，这有利于将飞山公变为该地区的保护神，维持该地的社会稳定。

---

① 飞山庙中最隆重的祭祀仪式为打皇醮。主要目的是祈求风调雨顺，人们平安幸福。仪式时间为7天7夜，道士及纸浆师傅三四十人合作，且要求道士道法本领高强，要不然仪式就会失败。仪式过程中道士会请到各路神明前往，诵念大量请神、渡神、送神等科仪文本。而纸浆师傅则需要根据自己的技能和神明在自身心中的形象将其做出来，仪式的成败就看黄布上能否靠道士做法事使用自然风力将黄布底部打上结，打结越成功象征道士的法力越高，其仪式也就越成功。打皇醮仪式主要是道教文化的产物，该区域受到梅山道教的深刻影响，道教文化浓厚，是其他地方诸如靖州、通道等地无法比拟的。此处的飞山庙中有过五次打皇醮，其仪式目的主要如下：第一次打皇醮是为了庆祝香港回归；第二次打皇醮是为了祈祷国泰民安；第三次打皇醮是为了超度曾经为国家解放而牺牲的战士亡灵；第四次打皇醮是为了黎民百姓幸福康泰；第五次打皇醮是为了奉献神明。每次打皇醮仪式的记录碑刻如今都保存于庙内，见证了人们有关打皇醮仪式的自豪而欣慰的心理。

三　“飞山庙变身”：从飞山公祭祀到姑娘节的举办

> 飞山庙始建于北宋开宝元年戊辰岁（公元968年），明洪武元年（公元1368年）扩建后经过几度修葺成规，该建筑系纪念十峒首领杨再思遗迹之一，今为我县唯一保存最完整之古建筑。杨再思，江西省白沙人，生于唐末咸通十年（公元869年），文韬武略，早年得志，朝廷要臣，勤政清廉，颇受重用。后唐长兴三年（公元932年）尊奉圣命，官授刺史，镇守诚州，扎营飞山，令其十子分掌十峒征伐叛逆，护国安邦，功勋卓著，威震苗疆，后周世宗显德四年（公元957年）病故，皇帝追封其为“威远侯”昭彰千古。[①]

这是绥宁县东山乡东山村飞山庙前一块由绥宁县文物管理所于1997年所立有关该飞山庙及其有关飞山公杨再思简介的石碑，而庙大门旁另一块维修东山飞山庙记石碑又称东山飞山庙乃纪念苗族先祖（五代后唐名臣武将十峒首领威远侯）杨再思之古庙，创建于明洪武元年（1368），历为苗乡名胜古迹文物保护单位之一。[②]两块碑记，一块将该飞山庙的修建时间推至北宋开宝元年（968），而另外一块碑记却称创建于明洪武元年（1368）。该飞山庙最早有文本记载的为明朝李贤等人所修《明一统志·靖州》，其称“飞山庙有二，一在绥宁县治西”，该《明一统志》靖州词条称飞山庙有二，一在绥宁县治西，也就是东山乡飞山庙，而另外一飞山庙肯定为靖州飞山庙，说明明朝时绥宁县东山乡飞山庙已建并有一定的影

① 该碑刻现存于绥宁县桥头东山飞山大庙处。

② 该碑刻现存于绥宁县桥头东山飞山大庙处。

响，但并未称所建时间为北宋开宝年间，其他相关文献亦未加记载。鉴于这些因素，其庙宇的修建时间乃晚于靖州飞山庙，较为可能的是另外一块本地杨氏所立碑记称的初创于明洪武元年（1368）。不管该庙宇具体修建于哪个时间，可以肯定的是该庙宇为苗族专用于祭祀飞山公的场所。

该飞山庙于1995年重立飞山公神像，所立神像从纪念祖先思想出发，并要求"神像不低于靖州飞山庙模样，要求庄严雄伟、笑容满面、引人注目、斯文活泼、光滑美观。修建东山飞山庙再思公神像围罩的灵屋（木材结构），灵屋的建成质量标准，总则不低于靖州'飞山总庙'思公灵屋模样"。对重立飞山神像要求不低于靖州飞山庙的庄严雄伟，重立后的飞山公神像确实在湘黔桂界邻地区的众多飞山公神像中算是最庄严雄伟的，在某种程度上来说确实有超靖州神像。从这些细节来看，该庙宇特别重视祭祀飞山公杨再思（图5－4）。

图5－4　绥宁东山飞山庙碑及飞山公神像

同时，基于东山地区的家族村落结构等特征，绥宁地区飞山公又被杨氏以家族象征的祖先神身份祭祀。从庙中的零星存档中可知复修后的第一个飞山公忌日，也就是1996年农历十月二十四日至二十六日三天，杨氏举行了隆重的"纪念湘西南少数民族首领杨再思公逝世1036年庆祝大会”，又于六月初六杨再思生辰邀请民间道士举行了两天祭祀活动。这说明杨氏尽管将飞山公作为祖先神，但是对其祭祀活动未曾中断过。

随着时间推移，庙中逐渐增加了各地最为常见的观音、财神、雷公等神像。而到了2005年左右，庙宇负责人从靖州横江桥请来师傅雕刻了胡公及杨文广、杨金花神像，并供奉于飞山公神像两侧。胡公为何方人物？据飞山庙前石碑所载：

> 胡公，随思公征战，战中势猛，思公不幸刀伤左肩，其势危急，胡公奋战掩护思公脱离危难，憾叹胡公战中阵亡，尽其忠矣，替思公死，曰其义也，精神可嘉，为悼胡公忠义两全，以训后世，二公神像同立庙内。

当地杨氏建构了对飞山公有救命之恩的胡公并共同祭祀，胡公存在的真实与否我们不得而知，或多为虚构角色。而庙中新增的杨金花神像，也就是以杨氏人群为主举行四八姑娘节祭祀的主角。在早期的杨氏人群中就有祭祀四八姑娘节的传统，一块1995年由东山乡毗邻的朝仪乡全体姑娘为此飞山庙新建落成庆典赠送的大匾，上书杨氏外嫁姑娘名，外嫁姑娘就以一个特殊的群体身份存在于东山乡等一带。庙内、庙外许多碑刻中，有一块是姑娘为庙所捐款人名的姑娘乐捐专栏石碑。东山乡横坡村作为该飞山庙附属庙宇的身少斗祠，其中有一副对联“烟波新眷属芙蓉入面柳如梅，颦笑旧风流秋水为神玉为骨”，其落款为本团满门姑娘所捐。从对联的内容也可以看出是在赞扬女性，也许就是人们所偏重祭祀的姑娘杨金花。从这些现象我们可以看出该地杨氏专以姑娘成一特殊单位群体，姑娘在此地是受到优待的。比如在飞山公诞辰、忌日祭祀活动过程中，发放餐票时，遵循姑娘和国家工作人员优先。庙中有一份2002年的通知，其内容为：

> 经研究决定于农历四月初八日举行“四八”姑娘活动，在四月初七日晚上和四月初八日表演文艺节目，宣传杨文广、杨金花兄妹的爱国功绩。买黑饭带菜每碗2元，不带菜每碗1.5元，白饭自带大米者每碗1元，不带者每碗1.5元。[①]

2004年也有一份关于纪念四八姑娘节的公告，其称杨文广、杨金花兄妹是北宋有功之臣，经研究决定，沿例举行“四八”姑娘节，纪念杨文广、杨金花……这些通知说明基本每年都会在飞山庙举行四八姑娘节。而2009年四八姑娘节，绥宁县东山乡举行了隆重的祭祀活动，也获得了一定的经济收入。[②] 这些迹象表明，飞山庙作为专祀飞山公的场所，已逐渐演变为该地杨氏人群举行隆重四八姑娘节祭祀兼具节日的活动场所。管理此庙的老人称：

> 这里现在举行较隆重的四月初八吃乌米饭节又称姑娘节，纪念杨金花，人数比飞山公诞辰、忌日祭祀活动的人都多，一般有一千多人前来。会下请帖去周围的其他乡镇、县等，前来的女性多于男性，庙里要做乌米饭吃并拿去街道上卖，乡镇上的私人也出售乌米饭。[③]

从这些言语中，我们可以看到这里的祭祀活动更偏向于四八姑娘节祭祀杨金花，而飞山公的相关祭祀已有所衰落。而此地举行隆重四八姑娘节所祭祀的杨金花到底是谁呢？为何会逐渐演变为飞山庙祭祀活动的主角？陈庆浩、王秋桂主编的《中国民间

① 该通知现存于庙中档案材料中。

② 卖餐票1866元，卖黑饭1071元，挂符端茶1412元，收礼包、功果等1774元，共计约6123元。

③ 资料由笔者访谈东山飞山庙守庙老人所得。

故事全集》搜集整理了一份由杨晟云讲述的民间“杨八妹柳州救兄”故事：

每年农历四月初八那一天，杨家的姑娘都要上山去采摘杨桐叶，它揉出酱汁，把糯米染得乌黑煮“乌米饭”吃，这风俗相传是纪念一位古时候的女英雄杨八妹的。杨八妹是宋朝人，生得聪明伶俐，又兼文武双全，和她的哥哥杨文广，都是反抗朝廷压迫的英雄好汉。

有一年，杨文广被朝廷用计捉了，关在柳州内罗城里，判了斩刑，秋后就要问斩。杨八妹便化妆前去探监，见哥哥披枷带锁，脚上还钉了两重铁镣，人也瘦得不像样子，便轻声地问他：“哥哥！你昔日的力气还在吗?”文广说：“还在，只是我被枷在这里不能动弹，牢饭总是被别人吃了，在牢里从来没有吃过一餐饱饭，有力使不出来。”八妹说：“我想法要你吃一餐饭，有力气就有办法了。你等着吧!”

八妹回去后，便想出一个计谋，煮了三斗六升米的乌米饭，在四月初八的那一天，给哥哥送去，她用钱买通了狱卒，狱卒就放她进去了。进到牢里，那些没有上刑具的犯人看到有饭吃，个个都来抢，八妹对他们说：“我阿哥杨文广是一个英雄好汉，现在判了斩刑，秋后就要问斩了。这饭是放了毒的，你们吃不得，就让他吃餐饱饭，做一个饱死鬼吧!”众囚犯见米饭黑乌乌的，怕真的有毒，又知道这死囚就是英雄杨文广，便都退回去了。

杨文广吃完了三斗六升乌米饭，力气又恢复了，一使劲便挣脱了身上的枷锁脚镣，杨八妹也趁机抽出了藏在饭篓里的柳叶宝刀，兄妹俩背靠背地相互掩护，冲出监狱，杀出内罗城。八妹在内罗城头射出一支响箭，城外的伏兵也闻令赶来，内外夹攻，大破柳州城，救出了杨文广。从此，杨八妹柳州救兄的

> 故事便流传开了。每年四月初八这一天，杨家的姑娘都要做乌饭吃，以纪念她们这一位英雄的女祖宗。出了嫁的杨家姑娘，也都要回娘家参加纪念。第二天，还要带许多乌饭回婆家分送亲邻。久而久之，侗家把杨八妹当作了民族共同的女英雄，不是杨家的人也做乌饭来了。这个节日，便成了民族团结友爱的象征，男人是绝对禁止参加的，有些地方，姑娘们在这一天还要讲一种男人们听不懂的“姑娘话”。据说，这也是杨八妹传下来的。杨八妹本名叫宜娘，许多地方都留有她的遗迹。如靖县飞山脚下有宜娘城和宜娘墓，贵州黄平有宜娘山和宜娘田，她射出的那支响箭，从柳州起飞，射穿了桂林的一座山，落在绥宁县寨市西河桥下，有一截露在外面。就是侗家的鼓楼，相传也是杨八妹当年为了鸣鼓聚众修建的呢。①

《通道侗族自治县民族志》也对当地的四八姑娘节进行了简单介绍，通道一带的侗族也过四八姑娘节，只是杨文广被称为侗族首领，率领侗族人民起义，其妹妹被称为杨八美。经过历代传承，演变为节日，当日出嫁的姑娘必须回娘家，与妹妹及同村姑娘相聚歌舞娱乐，所以被称为姑娘节。② 邓星煌、郭长生在会同县调查侗族苗族成分时也搜集了会同地区的“乌饭节”故事，故事内容与上面的基本相似，同样强调的是每年农历四月初八纪念古代侗、苗族英雄，缘由是起兵反抗朝廷。③ 而贵阳地区所讲的四八节则是当地苗族为纪念传说中抗击官军在喷水池附近遇难的

① 陈庆浩、王秋桂主编《中国民间故事全集》，《贵州民间故事集》（三），台北：远流出版事业股份有限公司，1989，第 181～183 页。

② 通道侗族自治县民族宗教事务局编《通道侗族自治县民族志》，民族出版社，2004，第 326 页。

③ 邓星煌、郭长生：《会同县侗族苗族成份调查》，载《会同文史资料》第 3 辑，第 15～16 页。

英雄亚努。[①]

靖州的退休老师杨非然对四八姑娘节进行了介绍，写了一篇《同日双节特祭女英雄——姑娘节和乌饭节的来历》的文章。只是在他的文章介绍中，将故事背景及其涉及的人物指定为北方杨家将，主人翁为杨家将中的杨六郎、杨文广、穆桂英之女杨宣娘等，杨建构的其与靖州之地关系则是找“飞山蛮”借兵。

其实清道光《靖州直隶州志》就有文字提及杨文广之妹宜娘，其称：护国神祠，在铜锣潭上，相传祀宋杨文广妹宜娘子。当讨侬智高于邕州经此过粤，故祀之，今废。[②] 而有关四八姑娘节的由来，清乾隆《峒溪纤志》《靖州乡土志》有相应的记载，其称：

> 相传宋代杨家将后人杨文广奉旨南征，兵败被囚，狱中生活甚艰，亲人探监所送食品，被狱卒抢食。见文广一天天饥瘦，气息奄奄，亲人甚急也。其妹更是愁肠百结，日夜操心。思得一计，将能挤出黑汁的树叶采摘回家，捣烂取汁过滤，用糯米浸泡于黑汁中一夜，用甑蒸熟，白米就变为黑饭。狱卒疑黑饭有毒，不再抢食。杨文广遂得以饱餐，身体渐复。兄妹里应外合，于农历四月初八日，越狱逃出，而其妹杨金花却在救援中牺牲。为了纪念女英雄杨金花，每年四月初八这天，杨姓族人便把出嫁的姑娘接回家，举行庄重的祭拜祖先仪式，全族共吃“乌米饭”、代代相传，久而久之，形成四八姑娘节。

从以上记载可见，四八姑娘节的由来融入了历史情景及地方性知识，从而演化为一个传统的民族习俗。东山飞山庙由举办飞山公

① 吴正光：《贵州高原上的少数民族节日》，《中央民族学院学报》1984年第3期。

② （清）魏德畹等修（道光）《靖州直隶州志》卷二下，道光七年（1827）刻印本，第65页。

诞辰忌日庙会祭祀活动向四八姑娘节的演变，与当地整体的大环境有着重要关系。东山乡所在的绥宁县，四八姑娘节主要流行于县以南的寨市、关峡、黄桑坪等乡镇的苗族人群中。因为纪念的历史人物与杨姓有关，所以早期是在杨姓人群中盛行，如绥宁县关峡苗族乡的大园古苗寨为杨姓聚族居住，祖先为杨光裕，自称杨再思之曾孙。村寨风水林中的一块广场，曾作为村民抗击外来侵略而组织团练的场所，后变为举办四八姑娘节的活动场地。随着时代的变迁，跨越家族、族群界限，四八姑娘节成为苗、侗等族群不同人群共同的集祭祀活动、饮食习俗等为一体的节日。

四月初八人们必会做乌米饭，其制作方法为采来梅桐叶，将其碾碎，用清水泡好，滤出汁渣，把糯米倒入其中泡一晚，蒸熟后便成为又香又亮的乌米饭。将出嫁的姑娘接回娘家吃黑米饭，在吃黑米饭之前先要举行庄重的祭拜祖先仪式，并新增加了苗王背姑娘、唱山歌、爬藤等具有地方特色的民俗活动。

民族节日主要为季节性、纪念性和祭祀性三大类，这些节日从不同侧面直接或间接地反映人们的社会生产、社会生活和文化心态。[①] 节日符号作为民族在长期历史实存中形成并在特定时日集中展现的相关文化元素的集合的典型表征，显性地集聚表达了该民族的某些文化特性。该地对杨金花的节日祭祀习俗，实际上体现了该区域人们对于女性祖先的崇拜。

我国的传统节日，作为以农历为依据、在岁时基础上形成的具有特定民俗活动的非常时日，总是与过去的某些事件或某个人物相关，因而是唤醒和传承民族集体记忆的重要时间段落。人们共同营造着节日的气氛，共同享受着节日的乐趣，也共同复述和传承着集体记忆。人类文明的进程中，节日是最为绚丽的时间文化符号，它凝结着每一个民族的集体记忆，成为该民族认同的主要因素。各民

① 吴正光：《贵州的节日文化》，《当代贵州》2005 年第 5 期。

族的传统节日不是单一的民俗活动，其本身带有“展演”的性质，表象之后隐藏的是极为丰富的内涵，它属于旅游资源中的“多吸引力资源”。因此，承载着中华民族传统文化的节日符号，持久的生命力中蕴含着丰厚的旅游价值。[①] 2006 年，绥宁苗族四八姑娘节成为湖南省第一批省级非物质文化遗产，2008 年被确定为国家非物质文化遗产。作为地方社会发展的规划者，地方政府也看到了其中的旅游及经济价值。绥宁县在 2010 年政府经济报告中指出要着重挖掘旅游商品，扩大旅游经济效益，精心组织苗族四八姑娘节。同时，在地方民族经济的发展规划中又指出：要实施特色文化工程，弘扬民族文化作为经济发展的主要举措。近年来，以黄桑为代表的苗族四八姑娘节成为绥宁县一个民族文化品牌，为进一步挖掘、研究以及发展本土文化内涵，其着力把苗族四八姑娘节的品牌做大做强。[②] 2014 年四月初八这一天，绥宁县委、县政府举行的大型苗族四八姑娘节，参与人员在五万人以上，并有湖南省各级政府官员参加。

官方对传统节日的干预，还意味着必须对传统节日进行有意识地重构。传统节庆体系将始终是当代中国节庆体系重构进程中最为重要、基本和不可或缺的文化资源。政府多是利用庙会节期或其他节庆及有关节庆的轮值规律，运作类似物资交流、文教宣传、招揽客商、发展旅游业等方面的工作。[③] 旅游资源开发涉及政治、经济、文化、地区、市场等方面，不仅综合性强，而且政策性强，民族节日的特点决定了在开发中，政府行为不仅是必要的因素，而且是决

① 孙九霞：《节日符号在民族旅游开发中的运用及问题》，《中南民族大学学报》（人文社会科学版）2003 年第 6 期。

② 《绥宁县人民政府 2010 年经济发展工作报告》，载于湖南省 2010 年县域经济发展报告。

③ 刘魁立、萧放、张勃、刘晓峰、周星：《传统节日与当代社会》，《民间文化论坛》2005 年第 3 期。

定性的因素。[①] 也正是官方主导以地方民族节日带动旅游发展的举措，促进了四八姑娘节的兴盛，使其成为不同人群，特别是杨氏人群最为乐于参与的娱神娱人祭祀节日活动。所以我们才能看到作为原本专祀飞山公的庙宇成为共同祭祀传说的历史女英雄杨金花的重要场所。不管是宣扬飞山公杨再思还是杨金花，都是在为杨氏增添"英雄祖先"的绚丽光环，所以飞山庙也就有了当下的"变身"。

小　结

有关飞山公的历史传说可追溯至唐末宋初，其信仰历经了不同时代的演变，民众有关其信仰的实践也在不同时空下被创造性地形塑。在这历史长河之中，因地域生境的演变，其影响到神明的神职、祭祀等诸多方面。其实可以看到明清以后伴随着该区域众多的水路开通及其使用，河运带来的与传统相区别的经济生活对区域社会产生了重大影响。在清水江下游以木材采运为中心的区域社会经济发展的过程中，构成区域社会动态变迁的决定因素，并不仅仅是经济学意义上的市场网络的形成，而是在这个市场体系中的人群和他们的创造性活动。[②] 该区域众多江河沿岸在这一时间段之下广建护佑水运安全的杨公庙、飞山庙以祭祀水神杨公及飞山公，这些新兴的庙宇及其信仰活动其实在某种程度上改变了区域社会信仰体系，是受到此类经济活动影响下的民众的创造性活动。

水神杨公信仰的兴起、消失和作为主要以维护地方社会稳定为神职的飞山公被赋予水神神职，凸显了地方民众生境的地域性、时代性。专祀飞山公的庙宇如今职能发生了演变，这并非人们遗忘了

① 陈昌茂：《试论民族节日文化旅游开发中的政府行为》，《理论与实践》2003 年第 4 期。

② 张应强：《木材之流动：清代清水江下游地区的市场、权力与社会》，三联书店，2006，第 278 页。

飞山公的历史而主动放弃飞山公信仰，而是在强调民族文化发展地域经济的当代生境变迁下，人们选择性地侧重于传统民族节日的建构与展演以获得发展的主动权，是地方政府与区域社会民众经济共谋、互动的结果。而该地域社会中，以族群、历史等为核心的文化要素为民族节日建构提供了便利。

而作为区域性神明，必然存在将飞山公与家族标签的剥离，所以在该区域内的广大村落中，人们在飞山公信仰实践中基于其历史传说的灵应性而广泛信仰。而地域社会中早期文字的缺失或者说某一时段空间的封闭性或历史传说口头传承的虚构性等，导致了其祭祀对象的多样性与错乱——如以三江高友村等为代表的飞山公祭祀对象的错乱，但这并不妨碍其对飞山公的虔诚信奉，说明民众并不需要知道所祭祀的灵验神明飞山公是谁，只要能在其信奉之下获得神明的护佑则足矣。神明的神职可以基于各地方的情况而建构，那么飞山庙中所侍奉的神明也能为民众基于想象或者传说而进行附会。

对于民众所讲述的飞山公的多重身份，虽然已无法追溯故事的最先讲述者，也无法具体呈现人们曾经的生活场景及其故事最初建构的缘由与影响因素，但不可否定的是，任何故事都脱离不了地域背景以及民众的生活实践。因此，其不同身份背后可能会是该区域村落社会发展的缩影，都可能涉及区域内人群的流动、文化的传播与其故事的混融。这可能经历了一个长时间的过程，如水神杨公的形成、传播及其信仰实践，也可能是某一时代主题因素的强势影响而一蹴而就的，如当代地方经济快速崛起的背景下，当地民众出于适应性目的对民族传统节日的建构进而对飞山公信仰的影响等。

第六章　多元身份变奏：杨再思是谁？

唐末宋初以来，飞山公杨再思经历了从历史传说的讲述到飞山庙、神像或雕塑出现于该区域村落社会中的物化及其实践化过程。将历史传说演化为信仰实践的这个过程置于该区域社会的时空脉络之下，不难发现其背后可以类化的三个重要群体，即杨氏人群、普通民众、地方政府。在这三个重要群体面前，其实飞山公杨再思扮演了重要的“人与神”的角色，即“英雄祖先”“灵应神明”“历史名人”。

一　祖先与神明：地方性策略下的杨氏“英雄神祖”建构

飞山公杨再思是湘黔桂界邻地域社会兼具祖先与神明身份的区域性神明。该区域杨氏人群以其后裔自诩并不断壮大宗族势力，不同时空下的杨氏人群多将飞山公杨再思视为“英雄神祖”。清乾隆以来，在宗族认同下不断建构其“英雄神祖”形象。其突出表现在基于地方性策略下的族谱书写及其当代多样化的“英雄神祖”建构。

1. 族谱书写下的“英雄神祖”建构

至宋代时，家谱就逐渐由官修到私修。[①] 一般认为，北宋欧阳修、苏洵为本族编修的族谱，开创了近世新式族谱的基本体例；此后经过南宋至元代，族谱体例和内容有了进一步的发展和扩充，至明清臻于完备。[②] 而到了清末民初，基本形成“姓姓有谱、家家有

① 罗香林：《中国族谱研究》，香港：香港中国学社，1971，第 29 页。

② 饶伟新：《导言：族谱与社会文化史研究》，载饶伟新主编《族谱研究》，社会科学文献出版社，2013，第 11 页。

谱、族族有谱”。[①] 湘黔桂界邻区域社会中也存有大量的族谱类文书，特别是清水江下游，渠水流域的天柱、会同、靖州等县。该区域内的《杨氏族谱》多创修于清乾隆年间，只是这些谱牒在民间已难寻其踪迹，我们也只能从后世续修族谱转载的原族谱旧序等内容对其进行推测。如靖州现存的咸丰三年（1853）续修《杨氏族谱》称该地区较早的族谱修于清乾隆四十七年（1782），其源流序为八世孙庠生[②]映斗所撰。天柱县蓝田镇都甫寨及湖南芷江碧涌乡十甲杨于清末民初合作续修的《杨氏族谱》，其中转载了清乾隆五十四年（1789），十四代孙进士昌上公所撰源流总序。会同杨家渡湾于嘉庆二十五年（1820）续修的《杨氏族谱》源流序中亦称“先人于乾隆创修家谱”，乾隆二十五年（1760）邀请了进士出身，历任广东高州茂名县、琼州感恩县等地知县的粟荣训为该族谱的创修撰写序。[③] 族谱刊载老谱源流序可能存在后世建构之嫌，但多地续修的《杨氏族谱》对老谱的追溯多为乾隆年间，应该还是有一定依据的。

到了清末民初，《杨氏族谱》多有续修，许多尚存于世，如上面提到续修的族谱，会同县沙溪乡沙溪村杨氏也存有清光绪甲辰年（1904）所续修的《杨氏族谱》等。当下在湘黔桂界邻区域尚能看到的较早版本《杨氏族谱》多属于该时期。而到了 20 世纪 80 年代，随着宗族意识的复兴，进入了续修族谱的高峰期。靖州岩寨于 1986 年复修了《杨氏族谱》，会同县沙溪乡沙溪村于 1988 年复修了《杨氏族谱》，绥宁县东山乡号称杨再思子政修、政款、政绾三公的后裔于 1990 年合修了《杨氏宗谱：修款绾三公合谱》等。

湘黔桂界邻广大区域的这些杨氏谱牒多将杨再思建构为一世

① 欧阳宗书：《中国家谱》，新华出版社，1992，第 84 页。

② 庠生，古代学校称庠，故学生称庠生，为明清科举制度中府、州、县学生员的别称，庠生也就是秀才之意。

③ 《杨氏族谱》，会同县杨家渡湾家藏，嘉庆二十五年（1820）版。

祖。会同金子岩及沙溪地区《三公合谱》将杨再思视为第一世，其称：吾族自杼公至再思公六十代，今修、款、缩三公之裔合修族谱本系思公一支发脉，故从思公又称为一世祖也。[①] 城步地区的《杨氏族谱》记载了该地杨姓为杨正修后裔，称杨正修为城步二世祖，系唐末五代时飞山部落首领杨再思的第三子。绥宁地杨氏自称为正缩公后裔，同样将杨再思视为一世祖。乾隆二十五年（1760）编纂的会同强背团《杨氏族谱》，其序称杨再思威远侯为该地始祖。凤城新舟旧团于嘉庆二十四年（1819）续修的《杨氏族谱》以及嘉庆三年（1798）的杨溪《杨氏族谱》都称始祖乃是威远侯讳再思。

这些地区的族谱建构与杨再思关系的逻辑则是“杨再思之子分迁各地”，可能因为分迁祖容易嵌入，而分迁祖以下父子不易嵌入。氏族关系不可考性强，虽然杨氏称其源流派系旧有文字可考，但实际上很难看到可靠的证据，其建构的痕迹较为明显，比如芷江碧涌等地区的杨氏有确凿记载的祖先只是生于元世祖至元十六年（1279）的泰吉公。会同县沙溪地区杨氏所修族谱自称该支系始祖为廷茂公，廷茂公随父盛榜由江西泰和县落籍渠阳，但是如上文所说的仍然在所修族谱中强调杨再思为该地杨氏一世祖，将廷茂公视为杨再思第六代裔孙。靖州咸丰三年（1853）所修的《杨氏族谱》源流序中称：

> 我祖銮公以千户之职于明时由辰州来靖，先世原有旧谱，明时遭忤逆叛乱失于兵焚，幸赖先人抄有草谱一册，内载原派再、正、通、光、昌、盛、俊、秀八代，则知我祖亦再思公之耳孙也。[②]

① 《杨氏宗谱：修款缩三公合谱》，绥宁县东山乡横山村杨氏家藏，1990年版。

② 《杨氏族谱》，靖州县飞山乡飞山村杨氏家藏，咸丰三年（1853）版。

可以明显看出杨氏通过建构字派的相似性来搭建与杨再思之间的关系。因为在该区域中，此字派多被认同为杨再思族属的标志。通道县陇城镇竹塘地区也与此相似，清道光十三年（1833）所修的《杨氏族谱》源流序亦称杨再思为一世祖，乃其六子政绾之后裔，原为“账、临、居、再、政、通、光、昌、进、秀、宝、世、友、处、彦、汝、安”等字派，后改为了“再、政、通、光、昌、进、秀”七字派。[①] 通过更改字派，这就更加靠近了杨再思族属范畴。与此同时，我们还能看到不同地方的杨姓还偏向于建构与杨再思主要英雄形象塑造之地的关系，即迁出之地多为靖州地区。从统理坪杨家渡地区于嘉庆二十五年（1820）续修的家谱序言，我们可以知道，该地杨氏始由靖州移至统理坪杨家渡等处，自称为再思祖之九代裔。

乾隆《镇远府志》的编修者将杨再思以施秉县名宦的身份编入了该地方志中，但是对于杨再思与当地杨氏之关系提出了质疑。其称：

> 杨再思，正堂之父，镇远土通判杨氏之远祖，在宋授进义校尉，封惠远侯，抚黔苗有功，惠爱于民，民为立飞山庙以祀之，今府治之“平冒团”居民尚有祠祀。又镇远府东门有飞山庙，亦民立祀再思者，今废。按施志谓：再思正堂之父，现偏桥两长官之始祖，镇、施有数处庙祀，似当入施秉名宦，而通志又以再思载入黎平府名宦。五代梁再思据诚州称刺史，然惠爱于民，故民视之，入宋追赠英惠侯，据此相距年代太远，恐非正堂之父。而且英惠、惠英又云惠远，互有参差，未详孰是，然镇、施多杨氏子孙陈特□考据颇确，故

① 《杨氏族谱》，通道县陇城镇竹塘地区家藏，清道光十三年（1833）版。

并列施秉名宦。[①]

民间以后裔自居的人群修谱多以地方名族为本位，围绕神祖、始迁祖为中心建构了本宗谱系，多将地方神祖视为共同的姓氏本源祖先。湘黔桂界邻区域的杨氏族谱多是围绕杨再思神祖的谱系建构的，所以我们才看到了当地不同时代所修的众多谱牒都将杨再思视为一世祖。谱系建立于祖先神话的基础上，即某某祖先有多少子的谱系，多是根据氏族融入法则而形成的可嵌入氏族谱系结构。嵌入谱系是以祖先神明信仰为前提，通过氏族谱系的建构即可嵌入其中。嵌入性可以是多子，或者是往不同地方的迁徙。族谱多少“离析卷帙、牵附臆说”，许多无法接续或者有矛盾之处，多是借“兵焚”等因素以实现虚构下的现实。祖辈分迁多是建立在传说基础之上的，分迁传说反映了姓族分迁变化，构成人们有关氏族共祖一脉的想象。[②] 从各地杨氏族谱建构与杨再思之间的谱系关系，我们可以明显体会到，族谱中称杨再思有十二子或十子，分别迁徙于湘黔桂界邻区域不同地方，实际上各地族谱建构下的杨再思之子已远超十二子。

该区域内的诸多自称为“杨再思之子”后裔间的关系有着神祖共同来源和神秘同质，所以姓氏关系也往往就是以神祖为中心的地方氏族关系。[③] 而姓氏是王权用以整合社群的政治符号，但依附在姓氏之下的祖先论述则表达不同社群的个别认同。[④] 湘黔桂界邻

① （清）蔡宗建修，龚传坤纂（乾隆）《镇远府志》卷二十三，乾隆刻本，1965年贵州省图书据南京图书馆复制油印本，第8页。

② 林济：《宋元宗族谱系的构造——以徽州程氏为例》，《安徽史学》2014年第3期。

③ 钱杭：《血缘与地缘之间：中国历史上的联宗与联宗组织》，上海社会科学院出版社，2001，第149~151页。

④ 连瑞枝：《姓氏与祖先——云南洱海地区阶序社会的形成》，《历史人类学学刊》（第4卷）2006年第2期。

地区的杨氏则在以杨再思的“英雄祖先”论述下表达姓氏认同。在这样的同姓、家族认同下，人们通过族谱的编修，书写了“英雄祖先”杨再思。会同县沙溪乡《杨氏族谱》中威远侯再思公传称：

> 威远侯，其先隋文帝之后，诚公之曾孙也。讳再思，弟讳再韬，生丈夫子十有二郎，当唐季值黄巢之乱，奉命出叙州。中和四年，巢灭，入朝称贺，敕授江淮湖广钤辖。昭宗光化二年二月二十四日，兄弟出蜀，遂家叙州，环居盘瓠之间，恩威并举诸蛮，卒服则又其地。未几，朱温篡唐时，再思与马殷联婚，互相依助。适因蒋勋结连山贼作叛，殷遂据湖南，梁授封楚王，遂以东道三十余都归管辖，授玺。贞明四年，进封右侍郎。当辰沅峻险之地，而领长孙通蕴帅辰叙二郡，兵湖广，西融州峒诸寨驻，割贵州白玉就割象、柳、宜、融四郡附之，又赠以宝剑。令公控制溪峒所有龙、陆、吴、谢、姚、蒋、林、曹、李、粟诸姓。意示世掌域兼邵、叙，建设诚州。继令孙通蕴……特封为银青光禄大夫，许入国子，免赴部，差遣其族未入朝者，遥授官衔，弹押本方，听其调度。后周显德九年，公赴朝贺而殁，棺归葵靖之西门外。①

又会同杨家渡湾《杨氏族谱》对一世祖杨再思的书写为：

> 后晋天福中，溆蛮潘全盛等据飞山寇武冈路，马希范表公为长阳刺史，都统兵马，与吕师周讨灭之。上以飞山乃诚州地，诸苗错处，时为民害，遂诏永镇其地，授金牌银印，加左仆射尚书令，食邑一万二千户。自公镇守飞山也，苗人怀德畏

① 《杨氏族谱》，会同县沙溪乡沙溪村杨氏家藏，清光绪甲辰年（1904）版。

威所在，慑服。[①]

绥宁地区《三公合谱》有关杨再思的书写基本与会同地区族谱相同。靖州岩寨地区的杨氏自称政韬后裔，于1986年与政岩、政绾后裔合修了《杨氏族谱》，其对杨再思的记载也与绥宁、会同等地区相似。可以说，在杨氏后裔的心中，杨再思是以“英雄祖先”的形象存在的，这主要体现于杨氏建构杨再思被中央王朝授予的正统身份象征的官员身份，以及为朝廷平乱的“丰功伟绩”。家族的认同往往是通过传说祖先构造本族的“英雄祖先”认同实现的，在历史化中，这些“英雄祖先”被赋予官宦和政治色彩，从而将本氏族纳入了国家政治体系之中，这也是杨再思被杨氏人群赋予各种官衔的重要原因。

一般家谱以英雄式的祖先故事来表达他们对祖先、地域、迁移、人群界限及与中央王朝的君臣隶属关系的想象。[②] 这突出地表现于靖州原《杨氏族谱》将原有班辈十字派改为新二十八派，即“万世延长、朝廷选用、文武兼长……鸿儒继起、名冠三湘”[③]，字派就使用“朝廷选用”等字。而对于杨再思“英雄祖先”的建构则是尝试将其置于历史化的过程中。在很大程度上，历史化就是王朝历史进入谱系关系建构中。而王朝历史具有存在的本质，从而使人与祖的关系从神性本质向历史本质转变。王朝历史中，姓氏和氏族、郡望都源自王朝的政治行为。历史化中，神明祖先成为历史祖先，核心就是将神祖历史化，将神祖的民间传说历史化，以确认该神祖的历史真实性。将神明祖先历史化的目的就是将本族与王朝历史联系，从而在历史化

① 《杨氏族谱》，会同县杨家渡湾杨氏家藏。

② 简美玲：《汉语、苗泾浜、汶类——贵州苗人家谱的混声与界限》，《历史人类学学刊》（第4卷）2006年第2期。

③ 《杨氏族谱》，靖州县飞山乡飞山村杨氏家藏，咸丰三年（1853）版。

的过程中，将家族嵌入王朝的政治进程中。[①] 杨氏在建构杨再思“英雄祖先”形象时，特意与中央王朝边疆开发下的“平蛮”历史结合，并纳入了杨通宝等杨再思后裔纳土归附中央的历史事实。

湘黔桂界邻区域的谱牒建构杨再思“英雄祖先”形象还突出地表现于将杨再思与历史上杨氏名人联系起来及攀附汉人来源等举措。《宋史·西南溪洞诸蛮传》载，乾道七年（1171）靖州有仡伶杨姓，再结合《杨氏族谱》相关记载，表明最晚到宋代，该区域就有杨氏居住，并非全部为外来移民。而都甫地名由来的记载及其他文化遗迹还表明十甲杨的先民是湘黔边界地区侗族先民的一支，[②] 这些杨氏可称得上“土著”。然而天柱县蓝田镇都甫寨及湖南芷江碧涌乡十甲杨于清末民初合作续修的《杨氏族谱》，其中转载了清乾隆五十四年（1789）由十四代孙进士杨昌上所撰源流总序，将杨氏源流追溯到弘农世第、关西家声，并将历史上汉族杨姓名人作为谱系之人。

族谱的功能之一便是将一群人的“起源”联结在中国典范历史之轴线上，这条轴线的起点便是黄帝，如此使得一个家族得以直接或间接地与黄帝发生关系，这主要是利用谱牒中的一个重要部分即“宗族源流”或“姓氏源流”，这也是一种“汉化”过程。“汉化”产生在亲近人群间的文化夸耀、区分与模仿、攀附之中。边区的汉民、汉官以夸耀汉文化来将自身区别于“土著”，以此强调汉与非汉的社会阶序之分。常接触这些“汉人”的土著，为了追求较好的、较安全的社会身份，则常模仿汉人习俗以攀附汉人认同。许多土著权势家族假借历史记忆，编造家族（父系）谱系历史。一些南方的土著巨姓家族，开始在中国历史记忆中寻找适宜的

① 林济：《宋元宗族谱系的构造——以徽州程氏为例》，《安徽史学》2014年第3期。

② 贵州省志民族志编委会编《民族志资料汇编》第3集（内部刊印），1987，第18页。

“英雄祖先”。由于中国文献中“虞舜”的事迹多发生在南方，因此他成为宜于假借的祖源。土司或本地大姓攀附汉人起源，以强调本家族在地方上较优越的社会地位是一关键。[①] 湘黔桂界邻地区在边疆开拓的大历史背景之下曾有较大规模的人口流动，这些杨氏人群并非全为外来汉人也非全为“土著”，但是诸多杨氏谱牒的源流总序多称源于黄帝。如会同县金子岩乡品溪村于民国 2 年（1913）合修的《杨氏族谱》，其合修源流总序中对杨姓的来源追溯为杨姓受姓于姬姓，实衍于黄帝。[②]

在得姓祖的追溯中，则以仕宦显世者为中心。天柱县蓝田镇都甫寨《杨氏族谱》对于得姓祖的追溯称：杨氏，本周宣王之子尚父苗裔也，封于杨，而为杨氏，后改羊舌，至叔向，食采于杨，子孙因以为氏，此杨姓由来也。[③] 会同地区杨氏所修谱牒也将周代杼公视为授姓一世祖，并将杨再思视为弘农华阴杨震之后。杨震作为汉太尉，长通古今，人称关西夫子，后授荆州刺史，因遗金不受，故有“清白四知”之誉，这成为杨氏攀附的最佳对象之一。而家喻户晓的杨业等人也被视为与杨再思有重要关系的杨氏英雄、名人，甚至许多杨氏族人将杨业混淆为杨再思。位于靖州县城的杨氏祠堂中供奉的杨震、杨业、杨再思三尊神像就足以说明杨氏的意图。天柱县蓝田镇都甫寨及湖南芷江碧涌乡的杨氏谱牒则直接将杨再思视为杨业的后代杨文广，其称：惟宋时太祖文广再思公平蛮有功，加封广惠侯王，永镇黔南，子孙世系，相传源远，乃为可据。[④] 将杨文广嫁接于杨再思，将杨文广介绍为杨延昭次子，御赐名

① 王明珂：《英雄祖先与弟兄民族：根基历史的文本与情景》，中华书局，2009，第 175～181 页。

② 《杨氏族谱》，会同县金子岩乡品溪村杨氏家藏，民国 2 年（1913）版。

③ 《杨氏族谱》，天柱县蓝田镇都甫寨杨氏家藏。

④ 贵州省志民族志编委会编《民族志资料汇编》第 3 集（内部刊印），1987，第 19～20 页。

再思，乃是皇帝派其平息南蛮叛乱的英雄。族谱中建构了宋仁宗诏书、与杨再思及其兄弟谈兵法和对付夷蛮的策略，以及仁宗任用再思两次平定蛮夷和“敕杨再思御前侍卫平南元帅飞山广惠侯”等情况。

由俞渭所修，陈瑜纂的清光绪《黎平府志》就对民间杨氏将杨再思与北方杨家将的混淆进行了考辨，其称今考令公为杨业之称，《宋史》杨业本传载：

> 业并州太原人，在边防二十年，契丹惮之，六子皆显官供奉殿，子延昭尤骁勇善战，昭子文广为广西钤辖知邑邕二州，英宗曰：文广名将后，且有功擢诚州团练使，世称杨氏世将。皆诚徽州诸杨也，时称杨氏世将与太原之杨判然两族。后人因其姓同，其时同，其官同，其所官之地又略同，稗官野乘混而一之流俗伪传，又以令公威名甚著，诚州刺史为杨氏世职，因以加之再思耳，非再思必刺诚州号令公也。①

湘黔桂界邻区域的杨氏之所以将北方杨家将与杨再思混同，最有可能的原因是在杨氏心目中杨再思的形象就应该是和北方杨家将一样的“英雄祖先”。又据《黎平府志》载：

> 至于五代时，民遭涂炭，独公奉唐正朔，保障滇黔，民赖以安，此则据家谱可以破宋史杨承磊族人以地附楚之谬。何以言之，梁之稔恶极亦，天下恶之唐祚虽绝，当时列镇尤有用天佑纪年以号召其国者，独马殷父子甘心臣附。曾谓杨氏之强，再思之贤，而肯以其地附不耻臣梁之马氏乎！况杨氏人宋后承平已久，江南诸国相继入版图，始率其族人献土地，则当日据

① 清俞渭修，陈瑜纂（光绪）《黎平府志》卷六下，光绪十八年（1892）黎平府志局刻本，第9～10页。

有二十二州之地，力能固守，不汲汲于依附楚地也，明甚是，则家谱之可信者也。①

从该府志基于时代背景对杨氏家谱中所称杨再思等奉唐正朔相关内容进行的评述，可知杨氏曾力图通过谱牒说明唯有杨再思奉唐正朔，并未抛弃衰败的“旧主”唐王朝，也未归附瓜分天下的楚王马殷，乃是杨氏公认的有功于湘黔桂等界邻区域的忠于“旧主”的“英雄祖先”，在某种程度上也得到了以区域官方文人所纂修的地方志书的肯定（图 6 –1）。

汝溪經堂譜局
萬代榮昌
光緒甲辰年孟冬月 穀旦
本邑梓士 唐盛才 刊刻
楊氏族譜卷之一
目錄
聖諭廣訓十六條

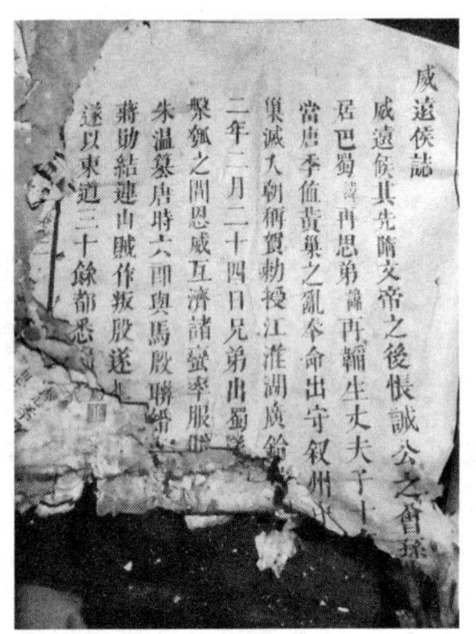
威遠侯誌
威遠侯其先隋文帝之後悵誠公之曾孫
居巴蜀諱再思弟諱再輔生丈夫子十
當唐季値黃巢之亂奉命出守叙州
巢滅入朝稱賀勅授江淮湖廣鎮
二年二月二十四日兄弟出蜀
黎瓠之間恩威互濟諸蠻率服
朱溫篡唐時六郎與馬殷聯
蔣勛結連山賊作叛殷遂
遂以東道三十餘都悉

图 6 –1　清光绪年间杨氏族谱及其中有关杨再思的记载

2. “英雄神祖”的当下多元形塑

公历五代乱世，曾授诚州刺史，不奉梁，亦不附楚，受唐密诏，奉唐正朔，虽偏安于南陲，保境安民，开王化之道，施

① 清俞渭修，陈瑜纂（光绪）《黎平府志》卷六下，光绪十八年（1892）黎平府志局刻本，第 9 ~10 页。

仁政于民，民爱之戴之。历宋、元之世，曾九次受朝廷追封，或侯或王。其裔在黔、湘、川受封军民府、知州知府，安抚使推官、通判、正副长官，共计四十有余，直至清朝中期，世袭六百余年，工著于史册，形成庞大的氏族政治集团，一方安堵，造福于民。

公是万民心中神灵，释道奉为南岳之祖，明代《贵州通志》载曰："飞山神杨再思。"宋朝廷诏始建飞山大庙于诚州（靖州）飞山头宝鼎，清同治七年朝廷下诏黔、湘、川各州府、县建飞山大庙（令公庙、杨公庙）祭之，使公灵有凭依，血食有尝，享万民之祭祀，以绥先灵，千百年来香火如薪，非公之神灵无以致。

公之功德皇皇，故得福荫子孙，或文或武，作忠作孝终成克家令子，改革精英，功于国，利于民，构建和谐社会。非公之德无以兴，非公之灵无以旺。①

该"祭先祖文"以杨再思历史文化研究会、《杨再思氏族通志》编委会的名义联合刊发于《杨再思历史文化》刊物上。杨再思历史文化研究会、《杨再思氏族通志》编委会成立于贵州黔东南凯里，集结了湘黔桂界邻区域各县市杨氏知识分子、官员等杨姓精英人群，是杨再思"英雄祖先神"当下推动的主力军。如果说《杨氏族谱》等民间谱牒多是清乾隆时期至20世纪80年代历经多代杨氏人群在宗族世系建构下的"英雄祖先神"塑造，那么更接近我们生活的当下杨氏人群，仍在延续"英雄祖先神"的建构，但是更侧重于从谱牒文本以外的路径对祖辈们建构的"英雄祖先神"形象进行维护与巩固，或者说更是将其完美化。其刊发的

① 杨再思历史文化研究会编《杨再思历史文化》（内部刊物）2010年第2期，第25页。

“祭先祖文”内容，可以说较完整地表达了杨氏群体心目中飞山公的“英雄祖先”及神明形象，就是在这样的“英雄祖先”及神明形象的“标准化”下，杨姓不断对其进行完美化。

作为靖州杨氏知识分子的代表，同时以杨再思后裔自诩的靖州县二中退休教师杨非然，在2013年11月下旬靖州苗族侗族自治县举办的飞山文化节学术讨论会上提出：杨再思可以和沿海的妈祖媲美，东南沿海的妈祖是水神，杨再思则是西南地区的山神。但是其认为飞山广场的杨再思石雕像以及飞山庙里面的神像都还不够理想，未能达到其心中的“英雄祖先”形象。杨非然提出了自己认为最理想的杨再思像的形与神：

> 土著不“土”，蛮酋不“蛮”。全身立式，稳如泰山。身材魁伟，气宇轩昂。脸带方形，双耳垂长。目明似水，浓眉粗长。青须美髯，面容慈祥。浩然正气，菩萨心肠。头戴酋巾，手按宝刀。内穿铠甲，外罩素袍。既非唐宋官样，不似山寨大王。赋英雄豪杰神韵，现中华民族灵光。总之，应是古代少数民族文武双全的杰出首领形象。①

从上面杨再思形与神的文字描述可以看出，杨所希望的杨再思形与神可谓非常完美，既要有少数民族特点，又不能有“土”“蛮”气息，要有威武之气也要有慈祥面容。杨再思在其心目中的总的形象正如其总结的是“古代少数民族文武双全的杰出首领形象”。杨非然于2006年2月6日就创作了自己心中杨再思这一“理想”的“英雄祖先”的形与神。这主要源于他曾经在给一位杨氏朋友写信中提到杨再思画像目前有好几种，甚至包括《锦绣黔城》里的杨再思像，都不够理想。他想利用《杨再思氏族通志》（第二卷）和《中华

① 该资料由靖州二中杨非然老师提供。

杨氏通谱》正在编纂欲出版的机会，统一杨再思画像，刊入这两部谱志，普及于全国及海外，以免各地乱画乱塑，五花八门，影响这位历史伟人的形象。并想重新精心设计绘画一张理想的“飞山蛮酋”杨再思的全身站式像，以便于各地雕塑巨型石像或木像。

湘黔桂界邻区域，比如广西三江独洞、湖南靖州县城等地都有杨再思石雕像，各地众多的飞山庙有更多的神像以及绥宁东山飞山庙、靖州飞山庙等都有杨再思画像。但是这些塑像、神像或画像的形与神都不尽相似，许多还有很大的差距。这些都是不同地域的不同人群基于自己心目中想象的杨再思相貌等创造出来的，当然也就没有统一的标准（图 6 –2）。而以杨非然为代表的杨姓人群将杨再思的形与神视为“英雄祖先”形象的至关重要影响因素，所以才花费许多心思，查阅杨再思所属年代背景及族谱画像等资料，构想出理想化的杨再思形与神。我们可以看到靖州飞山庙于 2013 年飞山公忌日仪式时挂上去的画像就是贵州凯里一杨姓画家画出来的，杨再思被画成了唐朝威武战将兼具文官的形象（图 6 –3）。

有关杨再思的墓葬地有几种说法，清光绪《靖州直隶州志》称：威远侯杨再思墓，州城西十五里下乡。① 靖州《杨氏总谱》有关《行祠石碑记之三》亦如此记载。而会同、靖州等地《杨氏三公合谱》等杨氏谱牒多称：后周显德元年（954）十月二十六日寅时殁，葬于黎平府长岭岗亥山巳向。会同县王家坪乡山丛界《杨氏族谱》又称杨再思驻扎飞山寨，威镇苗蛮，被敕封为飞山土主威远侯王，葬于飞山寨脚。

贵州黎平县中潮镇佳所村长岭岗存有 4 块有关杨再思的墓碑。②

① （清）吴启凤等修，唐际虞等纂（光绪）《靖州直隶州志》卷三，光绪五年（1879）刻印本，第 7 页。

② 佳所村位于贵州黎平县中潮镇北面，据镇驻地 4 公里，东与杨庄村毗邻，南与廖湾村接壤，西与德凤镇交界，北与坪坝村为邻。全村辖 9 个村民小组 7 个自然寨，共有 412 户 2806 人。是一个苗、侗族聚居的村落，绝大部分为杨姓。

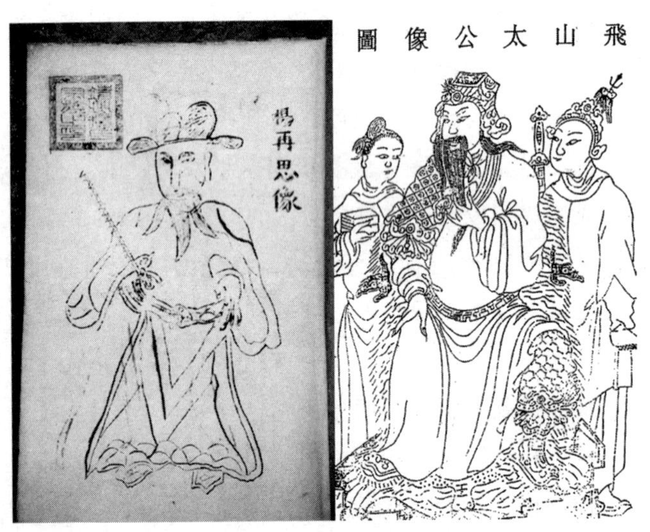

图 6－2　会同、绥宁、通道、靖州杨氏族谱中的杨再思像（从上到下）

一是杨英惠侯墓碑，高 70 厘米，宽 40 厘米，相传为杨再思于宋时获封侯时（968～976）朝廷所立；二是墓表碑，高 128 厘米，宽 88 厘米，建有顶盖、镶石、座石。墓表中共有 1103 字，立于清光绪五年（1879），为五品衔翰林院典簿黎平胡长新撰，举人拣选知县黎平

唐末诚州刺史，宋代封侯杨再思像

图 6－3　凯里杨氏 2009 年所画杨再思像

彭应珠书并篆额，郡人朱占元捐石；三是晋竭碑，高 80 厘米，宽 50 厘米，有座石，石碑上刻有“晋竭始祖英惠侯诗二首并序”，共 378 字，松桃三十三世孙杨恩恒敬题，立于清光绪十一年（1885）六月十五日。四是神道碑，位于墓地右下方公路边 110 米左右，名为“宋追封英惠侯唐末诚州刺史杨公再思神道碑”，原神道碑毁于“文革”期间，现在的石碑为 1993 年佳所村民捐钱重立于原碑址。不管是地方志书还是部分杨氏族谱，多将杨再思墓地与佳所长岭岗联系起来，再加上这四块碑刻作为历史遗留的证据，所以基本将佳所认同为杨再思的墓葬之地。佳所长岭岗周围的几个村寨几乎都为杨姓居住。佳所村口立有“天下杨家”牌坊（图 6－4），牌坊上书：

> 佳所杨氏为杨再思直系子孙，而今杨氏家族凡班辈序列源“再、正、通、光、昌、盛、秀”七字派的，无论何种民族，均为再思后裔，族谱中或注明起源“诚州”，或起源“佳所”。杨氏这一支系，总人口已达500多万，遍布海内外，主要聚居在贵州、湖南、四川、重庆、湖北、广西、云南等省区，佳所杨氏，堪称“天下杨家”……

图6-4　佳所杨再思墓及“天下杨家”牌坊

可见此地杨氏已然自诩为杨再思的“正统后裔”，将佳所视为“天下杨家”的重要发祥地之一。① 正是基于这样的“正统后裔”思维，这里的杨姓时刻在为“杨再思墓”寻找各种证据，同时也不忘通过一些证据以建构其与北方杨业的关系。继英惠侯碑、墓表碑等碑以外，此地最近两年杨氏又对外宣称发现“暗碑”一块。其发现过程为20世纪90年代因墓被盗，建了礼拜台，而2007年清明节前，墓第二次被盗且从坟地露出一块卵石，呈圆形、光滑无瑕，无字，直径约30厘米，厚10厘米。佳所小学退休教师杨昌豪将此“石块”称为“暗碑”。杨昌豪认为：

① 黎平佳所因为曾发生火灾，造成村寨房屋、家谱等被毁，所以在此无法看到其具体建构与杨再思直系后裔的谱系。

> 暗碑为杨再思安葬之日立，其目的是预示着再思公的坟位点及其进深和落井大致位置。立暗碑的原因主要一是让后人知道坟位的细节，二是警防坏人盗墓。暗碑的外露与“祖公落寨歌”的“暗碑秘传”吻合，也和海螺坪的假坟一样，进一步证明了此墓才是真正的杨再思墓。

可以说“暗碑”的出现是杨氏为了进一步证明佳所墓的“真实性”，其实如“暗碑”的形状特点，亦无文字说明，在他者看来多会认为是一块普通的石头而已，但是在杨氏心中，却为特殊的物事。而发现“暗碑”后，杨昌豪以佳所杨氏第36代子孙即杨再思墓暗碑秘密口传继承人自称，在“暗碑”出现之前，他并未对外称自己为“暗碑秘密传承人”。

其实围绕佳所杨再思墓的真实性建构，佳所杨姓可谓付出不少。杨昌豪、杨昌瑞等杨氏代表人物特别强调佳所是杨再思晚年居住之地并葬于此处，墓地都是杨再思自己生前所选择。佳所有能证明杨再思晚年居住并葬于此的各种依据，比如有杨再思的屯粮田、练兵场——大沙坪和小沙坪、军事城堡——营盘、传信工具——旗杆、钱粮俸禄所——粮禄口、养牛坡——党月告、养马场和铸钱厂，练功石器制作场等。这些场所或以地名的形式存在，或以老辈的口头传承为据。[①] 所以说，这些或遗存或建构的实物更坚定了当地杨姓有关杨再思墓葬于此的信念。曾有黎平政协、杨再思历史文化研究会黎平分会的一些杨姓领导提出对杨再思的墓进行修缮，建成陵园，以方便各地杨姓前来祭拜。

在寻找各种遗迹证明佳所杨再思墓的真实性之余，杨氏则进一步建构杨业与杨再思之间的联系。杨昌豪搜集了佳所杨世环、杨明

---

① 访谈对象：佳所小学退休老师杨昌豪、村主任杨昌瑞等人，访谈地点：杨昌豪、杨昌瑞家及墓地。访谈时间：2013年9月16~17日。

陶等人口述的黎平佳所《寻祖落寨歌》，原歌为侗族古歌，他将其翻译成汉语，其中侗语讲道：

> 告胜归珠岜赶果，能垒孖贺到庆门，惊听莽伦兑麻共介杜，刹宝信报树李陵（林），弘农世第到月歹，系衍关西到补尽，百世流芳到此反……

杨昌豪将其翻译成汉语意思为：走过贵州南端高耸的石头山群，我们涉水过河又前行，忽然听见后面马蹄不停响，老太君派人送信来说李陵碑的前后因，弘农世第我们是一族，系衍关西同样是我们这族人，百世流芳忠心报国不造反。[①] 杨昌豪又将这些侗语提供给了杨再思历史文化研究会黎平分会，三位侗族知识分子翻译出了另外一个版本：贵州地方石山多，沿水下榕江河到对面，忽然听到后面马蹄声响不停，“萨保”（人名）送信来鼓劲，弘农世第我们是望族，系衍关西是我们的真祖先，百世流芳我们不要宣扬讲大话。[②] 前者的翻译更是偏向于建构与弘农世系的北方杨家将之间的关系。至于所谓“寻祖古歌”创制于何年，出于何因提及与弘农世系的关系，则有待于进一步探究。

佳所杨氏认为杨家将和杨再思是有一定关系的，即杨家将中的一支曾从北方前来投奔于黎平佳所杨再思的队伍，上面介绍的《寻祖落寨歌》即可证明。该地每年的农历十一月初三过杨家年，比过春节还要隆重。节日的来源传说是：杨姓祖先是宋朝的一位将军，因远征恐难回家过年，于是族人决定在他出征前提前过年，从此成为一种习俗。该传说较为明显的是和北方杨家将有

① 参见杨昌豪搜集、翻译《寻祖落寨歌》。

② 参见杨昌豪搜集，杨再宏、银永明、吴家贤翻译整理《寻祖歌——寻找杨再思》（侗族古歌），载朱卫平主编《五溪之神：杨再思历史文化研究》，海南出版社，2011，第 94 页。

着关系。离杨再思墓不远的一座小桥为上马桥，另外一个地方有一座下马桥。黎平政协文史委主任吴定国作为黎平研究杨再思文化的地方学者，认为佳所杨姓将北方杨家将和自己产生关系，属于牵强附会，是为了给杨再思增加光环，同时也是在宣扬自我。[①] 佳所杨姓对此说法展开了反驳，认为其不尊重少数民族传统风俗习惯，并以摘抄的宋绍兴三十年（1160）的“封禁碑”作为反驳的最佳证据。

自称“好事者”的一位杨氏称：佳所、坪坝两村交界的几文坡上，原矗立着一座高大宽厚的千年古碑——“封禁碑”。有碑帽、碑座、碑柱和碑表石，碑表记载着佳所地方的千年历史和传奇故事提要，但是毁于“文革”期间。该“封禁碑”于宋绍兴三十年（1160）十月立于几文坡边，有五百六十余字，几文有两个坡塆，一高一低上下连接，中间以山凹小坳为隔，上节大几文坡过去是专葬地，下节是小几文坡，又称小沙坪，就是古代演武练兵的场所，北边缘外有一棵千年大樟树，枝叶盖过大半边山塆。大几文坡北面坡脚有一条马路，马路上坎坡边原来竖有一块高四尺五寸，宽二尺八寸的青石碑，有“山”字顶尖形碑帽，如同屋门口走廊的碑座，两边还有碗口一样粗的碑柱，高四尺二寸，柱面平整光滑。刻有楹联：玉柱擎天南陲丞，芳梁德泽绮庭贤。中间石板上刻有碑文，文字为楷书，竖着写成“封禁碑”三字阴刻，为颜体。这位“好事者”自称于1966年“无意间”抄录了这座“封禁碑”碑文。其碑文内容如下：

贡员杨赵谱，托焦将军转呈君主之佳所谱牒，坠旨曰：“奉王承遣诏达，诚州偏不毛隅，有德凌起斗转星移者也，有

① 参见吴定国《从杨姓侗年说开去》，载朱卫平主编《五溪之神：杨再思历史文化研究》，海南出版社，2011，第139～145页。

弘农世第，关西世第，清白家风，系衍关西，皆为互系。然则思之功绩显赫，业不相远而近乎，籍关西，乃思玄辈。赐英惠侯，居所佳索，天波礼数，筑上下马桥，祚往返骑乘者，必循之礼仪。寒月三日，奇谳杨氏，螽斯衍庆，世载视为显德，忠勇流芳，玉柱擎天南陲丞，芳梁德泽绮庭贤，余者许地方列办。”得此回复，亦系圣旨拟订：每年十一月初三为杨家小年节，同建跌起坎两层，葫芦形，高岗公鸡垴，为后嗣净土，固东西南北中营打造练功石器，稳大沙坪，饰小沙坪，制币、屯粮等。然宜绩北上且止亭，水凉沁脾，四季幽清，下圣熏亭，百许百灵，睡目怡睁匀，九（起）九十八墩坎子发生孙引岭，延长富贵，延伸南下建庵，风口顶螺蛳形，花桥封口第二庵，兴隆发达，粲，蕭瓮斡，边陲锁轮，堵人流，截风险，素封宝地家圜，佳索改佳所。鼓楼有五，从北至南老寨塝移曰：舖团鼓楼有一，三寨屯为山寨屯塘坳坪坝鼓楼有一，喜寨鼓楼有一，水冲寨鼓楼有一，田寨鼓楼有一，登得寨鼓楼有一，冒银寨鼓楼有一，每寨应飞山祠、土地庙各一。十二鼓楼为十二部属，田地均山塘匀人，各部心不分，逢年过节做寨客，大九小事，互为尊，处世为人，忠厚老实，以诚信为本，交心为质，为护国家尊严，宁可舍命，世间好事忠和孝，天下良图读舆耕茂枝培根，敬孝诚仁，唯国之一统，君之德高，民之泽远，而国兴焉，民富者也，前有古人，后有来者，不亦乐乎哉。吾豊碑，尔慎瞠，裔则崇之，此乃祖之述，尔愿世代附矣，不夫哉，亦圣舆何几绩（续）之。

大宋绍兴三十庚辰十月立①

① “封禁碑”碑文由佳所退休教师杨昌豪提供。

这位“好事者”就是前面提到的佳所小学退休教师，自称杨再思墓暗碑秘密口传继承人的杨昌豪。杨对“封禁碑”的介绍较为详细，其“无意”抄的“封禁碑”文内容开头就提道“有弘农世第，关西世第，清白家风，系衍关西，皆为互系。然则思之功绩显赫，业不相远而近乎，籍关西，乃思玄辈”。这些文字明确指出北方杨家将杨业与杨再思之间的关系，乃杨再思玄孙辈。而后对上下马桥、治币、屯粮等进行了介绍，并称杨家过小年习俗[①]乃圣旨规定。杨抄写碑文为将此公之于众，以溯本源，让人钻出水面，洒去雾水，解人心结。可见其摘抄碑文的真正目的，乃是以大宋绍兴年间所立的石碑来反驳外界认为的佳所杨氏对北方杨家将的附会。[②]

对于此“封禁碑”，只有杨昌豪所见，而对于碑文的内容也只是杨一人所“摘抄”。所以“封禁碑”是否真实存在，碑文内容真实性等值得商榷。该碑文对佳所历史及飞山庙等进行了较为详细的阐述。佳所杨氏一直以来都认为此地才是杨再思的真墓，尽管有“英惠侯”等石碑的证明，但是杨氏还是在尝试建构杨再思“英雄

① 杨姓于每年农历十一月初三，以房族为单位过侗年，各户家长汇聚于飞山庙团年。历史上各寨的飞山庙由各户凑出庙田，或以绝户的田产作为庙田，由各家轮流耕种，收入按预定筹办新年酒肉等。过年当天在庙前吃过油茶，然后开始杀猪宰羊。煮熟后拿着钱纸于庙中祭祀神明。祭祀后的饭菜需要办四碗八碟，也有依照传统习俗吃“串串肉”的，剩下的酒肉，当场分给各户带回家中。已嫁的姑娘都回娘家共聚，当天的白天、晚上都会唱戏，唱戏内容包括《杨家将》《杨门女将》《穆桂英挂帅》《血溅李陵碑》等，多和杨家将有关。

② 有关杨再思与杨业关系问题，杨非然曾查阅杨氏族谱，基本都讲杨氏先祖在北方，古有定论：杨氏源于三晋，望出弘农。特别是查杨再思和杨业的根，杨再思系东汉杨震的 24 代孙，杨业系其 26 代孙。虽然杨业比杨再思小两辈，但不是杨再思嫡孙，他俩的最近共祖是北魏名将杨钧，杨再思属杨钧第三子杨俭后裔，杨业属杨钧第四子杨款的后裔，因此，实在没法将原籍位于今陕西北部神木地的杨业和迁居位于今湖南靖州的五代时杨再思连接为五服之内的“祖孙三代”。苦于这样，其曾写信致历史学者林河，看是否能提供资料说明杨再思与杨业为祖孙三代。

祖先”形象，而通过建构与民间家喻户晓的历史名人北方杨家将的关系则成为其为祖先增添光环的最佳途径。为了更具说服性而不只是传说，文本的《寻祖落寨歌》被搜集整理起来。但这并不是最具说服力的，因为《寻祖落寨歌》创作年代不详，最主要还在于歌谣多包含传奇色彩，再加口头传承未免有许多错处。而以碑文的形式阐述杨再思与杨业的关系，给人以历史的真实感，也就更具说服力。不管是《寻祖落寨歌》还是“封禁碑文”，可能是作为佳所知识分子在“历史再造”下建构“英雄祖先”并借其光环以增加家族地方威望的“自赋责任”。所以对外界的质疑，通过具有历史厚重感的碑文方式，不遗余力地进行反驳。杨昌豪于春节在自家大门上书写有一副对联：“好事者详记胜学古代文明而正本溯源，封禁碑典述佳所千年历史和传奇概况”，足见其作为杨再思后裔建构“英雄祖先”的志愿与无私付出。与此同时，以杨昌瑞、杨昌豪为首的一批杨姓后裔，包括退休职工，佳所村村民及 10 余位寨老，正在筹划恢复“封禁碑”，现已成立了组织机构，并写好了复修计划书拟呈报政府部门批准。

如果说杨氏通过杨再思形与神的理想化以及通过各种途径与北方杨家将建立联系，是其建构杨再思“英雄神祖”形象的主动行为或者说是积极探索，那么对于其他有关杨再思形象文本的取舍或者说与不符合杨氏“英雄神祖”形象的文本进行批判，则成为杨氏维护杨再思“英雄神祖”形象的集体举措。对《封侯演义》小说引发的批判则呈现杨氏对杨再思“英雄神祖”形象的维护。

湖南洪江邓学奎根据湘黔桂界邻区域历史及杨再思传说故事等写出一部 70 万字的《封侯演义》章回体历史小说，这也是有关杨再思的第一部小说。杨氏得知此小说的存在，开始非常高兴，并表示将通过杨氏集体捐资以资助其出版。因为该小说的写就恰好与杨氏一直想写一部有关杨再思长篇小说并拍成电影的愿望相契合。但是当杨氏细读完其中内容后，却开始对该小说及其作者展开了措辞严厉的批判。这主要是因该小说对主人公杨再思的描述偏离了杨氏心目中“英雄祖先神”的形象。

杨氏于2009年10月26～27日在黔东南州的凯里召开了“杨再思历史文化研究会”会员大会，会上专门讨论了邓学奎所著的《封侯演义》一书。大家认为该书歪曲历史、伪造事实，侮辱了唐末五代杨再思的光辉形象。其依据是书中描写了“低级庸俗、淫秽的语言及动作”，并认为此做法直接损害了祖国西南腹地五百多万杨再思裔孙的形象。并决定对该小说作者邓学奎提出“严正声明、强烈抗议”，要求其停止售书，收回已售书籍当众焚毁，并向杨姓家族做出书面检讨、公开道歉。其于2009年10月末的《杨再思历史文化》创刊号上专门设立了名为“拨乱反正”的栏目，刊发了此次会员大会的决议，并附上杨姓代表签名，盖有“杨再思历史文化研究会”印章的“两次严正申明，强烈抗议”的决议。同时又刊发了一篇《卫国卫家·清除糟粕》[①] 的文章。该文直指邓的书中将杨再思写成“如放牛娃一般不知羞耻”，五位夫人也“庸俗、粗鲁”，属于侮辱、诽谤杨再思，其目的在于“恶毒攻击杨氏后裔颂扬杨再思”，最后要求邓必须在国家刊物上公开道歉，为杨再思恢复名誉。

而在2010年的《杨再思历史文化》第一期中，又明确以“批判《封侯演义》”为专栏，再次刊出杨姓代表签名的“严正声明、强烈抗议”复印件。并在其后刊发了两篇文章，一篇为《杨再思氏族通志》总负责人的《对邓学奎撰“封侯演义”初稿的建议》[②]，该文指出邓的小说应该按照《杨家将演义》来写，这才有利于杨再思形象的塑造，并认为杨再思及十子孙的世系应该以杨姓编著的《通志》为准，邓的写作搞乱了世系，诬蔑了杨再思的形

① 杨进龙：《卫国卫家·清除糟粕》，载《杨再思历史文化》创刊号（内部刊物），2009年10月，第43～45页。

② 杨昌润：《对邓学奎撰“封侯演义”初稿的建议》，载《杨再思历史文化》第一期（内部刊物），2010年6月，第36～38页。

象，书中不应该有任何“私情”。紧随其后的则是以“杨再思历史文化研究会”的名义写的《邓学奎著“封侯演义”侮辱杨再思一家》[①] 一文。具体根据邓小说中有关“杨再思一家河中洗澡”情节，指出邓是在侮辱杨再思一家两代人，要求邓必须找到相关证据。杨氏对邓的意见主要在于要求邓按照杨的要求改，而邓却未进行修改。杨氏为了批驳邓可谓是花费了不少精力，将邓小说中的826个错别字都标注出来，并再次提出了要邓烧毁小说、在国家报刊上公开刊登向杨再思裔孙族群赔礼道歉等要求。

而对《封侯演义》的批判到此并未停止，2010年的《杨再思历史文化》第二期仍然持续批判。刊载了一篇《“封侯演义”歪曲苗族历史》[②]，节选了邓小说中的部分内容，对邓的批判上升到民族历史问题，认为小说沿袭“胜者王败者寇”的唯心史观，将蚩尤（也即苗）视为寇，并将苗族几千年的历史错误地改成了杨再思以来的千年历史，破坏了民族团结。

从以上的批判过程中，我们可以看出以杨氏学者代表的集体行为。作为小说，再加上历史文献对杨再思的相关记载非常有限，可以说绝大部分的情节都为人们基于历史情境的想象，并不能和真实的历史契合，从这个角度来说邓的小说无可厚非。《封侯演义》的主人公杨再思，为湘黔桂界邻区域杨氏共同建构的“英雄祖先神”，然而邓小说中涉及杨再思的情欲等私生活方面，这就偏离了杨氏对“英雄祖先神”形象的设定。既然邓小说中的情节为虚构，就会有许多值得商榷之处，但是杨氏唯独对《封侯演义》中虚构的杨再思与五位夫人的情欲情节不满，此举乃杨氏群体基于维护“英雄神祖”下的选择性批判。从此次批判中我们亦可看出杨氏心

① 杨再思历史文化研究会：《邓学奎著“封侯演义”侮辱杨再思一家》，载《杨再思历史文化》第一期（内部刊物），2010年6月，第38~40页。

② 杨玉安、杨光全：《“封侯演义”歪曲苗族历史》，载《杨再思历史文化》第二期（内部刊物），2010年11月，第33~37页。

目中的“英雄祖先”形象应该为完美的英雄形象。也基本是在同一年，靖州文化局副局长陆大君查阅了大量文献资料，并基于自己长期对杨再思的研究积累，写出了另外一部以杨再思为主人公的小说《飞山蛮演义》，鉴于《封侯演义》被杨氏批判的前例，在出版之前，陆将小说送给一些杨氏代表通读了一遍，杨氏也提出了某部分不符合杨再思形象，不宜刊出的意见。陆则尊重杨氏意见，将该部分删除后出版，所以杨氏并未对该书提出相应质疑。

其实不仅如此，杨氏有关飞山公杨再思“英雄神祖”的当代建构还表现在对其是“英雄”还是“叛徒”的辩争。飞山脚下，距离飞山庙不足一公里的飞山广场，竖立着一座武将形象的杨再思石像，这座石像雕刻已近十个春秋，但简介部分仍处于空白状态。该无字石像的背后涉及杨氏在与他姓有关杨再思是“英雄”还是“叛徒”之争下的“英雄神祖”辩论。飞山公园、飞山广场的修建是在地方政府试图开发飞山景区的背景下完成的，政府还在广场中间竖起一座雄伟的杨再思石像，但就是这座石像却引发了较大的争议。

靖州苗族侗族自治县主要为苗、侗族群，这些族群在历史上并没有严格区分，解放后民族成分的划分将苗、侗族群界限严格地区分出来。当靖州将要成立少数民族自治县时，曾因到底是将苗族还是侗族排在前产生过一番大的争论与力量较量，最终因苗族比侗族人多，从而确定了苗族排于侗族前，称为靖州苗族侗族自治县。杨再思石像竖立起来后，其简介中到底将杨再思写成侗族还是苗族历史人物，这成为人们最初的争论焦点，后面为了妥协这一争论，只得将杨再思定义为历史上少数民族地方首领。但是，争论并没有因此结束，反而更加激烈。主要在于对杨再思历史贡献的争论上，其一，杨再思附于楚是否属于叛徒；其二，杨再思是不是前来镇压“蛮夷”的。这主要表现于以杨姓及吴姓为代表的地方学者之间的争论。

2006 年，化名为“郎江汉子”的某吴姓在网上发帖《历史就是历史》，首次表达了对杨再思的质疑，认为杨再思被归为宋时期人物是属于历史，对其研究的前提应该是追求真实性，而当下一些人将该区域大部分事情都附会于杨再思，与杨再思建立关系，特别是将飞山文化归为“杨姓文化”，这些都是存在偏差的。随后“郎江汉子”第二次发帖《靖州查访：探访杨再思》，其依据2005年8月多次实地考察飞山庙和飞山新城，并查阅了有关杨再思以及飞山庙历史资料，同时拜访了一些熟知靖州民族历史情况的老同志、老领导获取资料，提出了杨再思是替朝廷征蛮之人，朝廷为其建庙是以宗教加强对这些地方的统治，其附于楚王马殷，乃是“降奴”，应该被唾骂，而不是杨氏所称的“民族英雄”。

与此同时，作为维护杨再思“英雄祖先”的突出代表人物杨某化名“渠水山人”发帖《五代乱世诚州为何不乱》《杨再思史料辨析》，对以上观点进行强势反驳。其认为正是因为杨再思的原因，原诚州一带在五代乱世的时候却非常太平，保护了一方百姓，并认为杨再思对该地的统治推动了稻作等各方面的全面发展，实属“民族英雄”。其依据为《资治通鉴》《宋史·诚徽州传》等诸多书籍和地方文献，经过多次修改而成，并在福建《华夏情》，贵州《苗侗文坛》，湖南《文史拾遗》《五溪》等各种期刊、网站上刊发。正如其给《杨再思历史文化》编辑部写的建议函中提到的：

> 我在这些刊物上发表以上文章，并非捞取稿费，旨在广泛宣传久已被人遗忘的“飞山蛮”十峒首领、诚州刺史杨再思的历史功绩。并借以抛砖引玉，广泛征求修整意见，目的在于通过争鸣和辩论，对目前杨再思的说法不一致、形象不统一的现象加以纠正。使之树立一个既统一又正确的少数民族历史名酋的伟大形象。

可知杨氏在维护杨再思“英雄祖先”形象上花了很大心思。而“郎江汉子”随后又发表《对杨再思评价之我见》进行辩驳。

措辞更为犀利，认为任何人都开脱不了杨再思背叛飞山蛮、背叛李唐、分裂国家、降附乱臣贼子马殷的历史事实。对此，又多发《渠水山人声明》《对渠水山人声明的回应》《无理的纠缠》等帖。这些帖子将有关杨再思是“民族英雄”还是叛徒、降奴的论争推向了更为激烈的状态，甚至有走向相互攻击谩骂的态势。

“郎江汉子”将《靖州查访：探访杨再思》《对杨再思评价之我见》等发帖内容递交到政府相关部门，并五次以书面形式建议毁掉新建的飞山广场杨再思石像。

对杨再思历史功绩等方面的肯定还是否定必然牵涉诸多问题，这导致既不能将石像拆除，也不能在石像上写简介，这也就造成了当下的杨再思无字石像（图6－5）。[①]

通过以上无字石像背后的是“英雄”还是“叛徒”之争，其实我们能看到杨氏心中的杨再思是维护地方稳定、发展地方经济的象征，对地方社会相关贡献是该区域其他历史人物无法比拟的，是完美的“英雄祖先”形象，因而容不得他人对该形象的颠覆。所以论争一直不曾停止，直到“郎江汉子”过世。争论带来的结果就是以杨再思后裔自诩的杨氏通过不同途径寻找证据或者说从新的角度解说“英雄神祖”。杨氏代表曾建议联合有关社团组织，如“杨再思历史文化研究会”、飞山庙及杨氏祠堂管理机构等，对在网上恶毒诽谤、侮辱杨再思的，进行一次有理有据的批驳。

正如该杨氏代表所倡导的通过研究机构、研究会研究杨再思历史而进行有理有据的批驳，旨在通过相关研究来进一步确认杨再思“英雄神祖”的形象。所以成立“杨再思研究会”成为部分杨姓代表的重要愿望并坚持不懈地为之努力。杨非然老人作为靖州杨氏知识分子中的一员，是杨氏建构飞山神杨再思“英雄神祖”的典型

① 2017年靖州民族自治县成立30周年庆典活动前，该问题得到妥善解决。该无字石像也刻上了有关杨再思的生平及功绩简介内容。

图 6－5　飞山广场上的杨再思无字石像

说明：笔者于 2017 年参加靖州 30 周年县庆时发现该石像已雕刻杨再思简介。

代表，长期从事杨再思研究，搜集、整理了大量唐末宋初以来该区域社会相关资料，积极策划成立了“杨再思研究会”。早在 2004 年，以他为首邀约了几位以杨氏为主的代表向相关部门上书《关于请求批准成立“五代诚州杨再思研究会”的报告》，而相关部门以不能用个人姓名成立研究会为由予以了拒绝。

鉴于此，当年 7 月，这批成立杨再思研究机构的倡导者便提交了更改后的《关于请求批准成立“‘飞山蛮’民族文化研究会”的报告》继续申报，并草拟了章程，制订了具体的研究计划，准备搞“六个一工程”，即办一个刊物《飞山庙文史》，写一部《杨再思传》，编一部《杨再思演义》，撰一部《飞山太令公杨再思》剧本，拍一部《飞山令公杨再思》电视连续剧，同时设一个“飞山蛮十峒首领杨再思陈列馆”。但是当地政府又一次予以了否决，否决的具体原因如下：

关于不予同意筹备“‘飞山蛮’民族文化研究会”的答复

杨某、李某、唐某等同志：

你们报来要求成立“‘飞山蛮’民族文化研究会”的申请报告及“‘飞山蛮’民族文化研究会章程”收悉，经审核，该研究会虽然名义上研究“飞山蛮民族”的历史，实际上是以杨姓为主要会员的宗族性社会团体，根据国务院《社会团体登记管理条例》……的规定，我局决定不予同意你们筹备“‘飞山蛮’民族文化研究会”。

希望你们接到本决定后，停止筹备活动，并做好其他发起人的工作，为靖州县的稳定与发展做出贡献。

靖州苗族侗族自治县某某局

二〇〇四年八月十日①

从此批复可知，相关部门认为“‘飞山蛮’民族文化研究会”是以杨姓为主要会员的宗族性社会团体，所以给予了否决。事实上这也是实情，因为申请人落款名单中少部分人为他姓，绝大部分为杨姓，其宗族性非常明显。这也与当时政府部门并未将研究杨再思

① 《关于不予同意筹备“‘飞山蛮’民族文化研究会”的答复》，由靖州县二中退休教师杨非然提供。

提上日程有着必然的关系，再加上此次倡导成立杨再思研究机构人群的民间性、宗族性等特点而最终申请失败。也就是在2005年，以靖州为代表的地方政府最早提出了研究飞山文化、发展飞山旅游，所以召开了飞山文化学术研讨会，在飞山文化主题方面地方政府与学者达成了共识。此次会议后有部分地方学者、政府官员倡导成立研究杨再思的机构，但是只有呼声却未见实际行动。

而贵州黔东南等地却率先采取了一系列实际行动。比如：由湖南、重庆、广西、云南、贵州等五个省份100余名代表组成的“杨再思历史文化研究会”于2009年率先在黔东南的凯里成立，由官方代表人物担任研究会会长。该研究会筹划了配合黔东南及周边旅游资源开发的杨再思历史文化研究系列方案。2009年黎平县也成立了“杨再思历史文化研究会黎平分会”，在研究会成立后还定期出版《杨再思历史文化》期刊。紧随其后，重庆、四川部分地区的“杨再思历史文化研究会分会”也相继成立。

贵州黔东南之所以行动迅速，和地区间经济发展战略有着重要关系，同时也是杨氏人群努力争取的结果。同时，在该地域社会杨再思研究机构相继成立的刺激下，靖州杨氏代表于2010年再一次申请成立“靖州飞山太公文化研究会”。其申请报告如下：

请求批准成立“靖州飞山太公文化研究会”的报告

我县省级重点文物保护单位——飞山庙供奉祭祀上千年的杨再思，是我县苗族侗族等少数民族最杰出的历史名酋，在历代各族各姓人民中享誉最高，尊为“飞山太公”，奉为神灵，其原因不仅在于他是我国“五代十国”时期诚州的最高行政长官——刺史，更重要的是因他善于团结广大少数民族，积极推行地方自治，抵御外侮，挽救了民族危亡，并励精图治，吸收汉族的先进文化，发展农林牧生产及商贸，大力开化“飞山蛮”地区，使诚州人民避免战祸，安居乐业，奠定了苗、侗等少数民族顺利发展的基础，深得当地各峒人民的拥戴，拥为“十峒首领”，成为我国西南各少数民族的一代传奇式历史名酋，在长达半个多世纪封建割据混战的乱世中，建立了不朽的历史功勋，故尔深得民心。逝世后，各峒人民为了感恩怀德，纷纷建庙祭祀，千年香火不断。这是一位值得永远纪念的少数民族英雄人物。现在为了发扬杨再思精神，激励加强各民族之间的团结，促进我县具有民族特色的旅游事业的发展，特申请成立“靖州飞山太公文化研究会”。为了便于研究工作的开展，研究会挂靠县政协，由政协领导兼任研究会的正副会长，在政协的具体领导下，有效的开展研究工作，随文附上《拟任理事会成员名单》及《章程》，请审查。

当否，恳请批示！

发起人杨非然、杨进良、杨学才、杨良银、杨昌达、杨秀葵、杨鹤龄、明泽桂等人。

2010 年 7 月 22 日[①]

此次发起人共有 16 人，杨姓 8 人，还是以杨姓为主。申请报告主打杨再思的丰功伟绩，并将成立研究会的目的确定为发展具有民族特色的旅游事业。并吸取了前面申请成立研究会的相关经验，将研究会管理组织由民间向官方进行转化，其《章程》中提到参考当前外省的杨再思研究机构都由当地政协领导兼任正、副会长的经验，但结果是仍然未能获得批准。

人们将这其中主要的原因归结于倡导以杨再思为重点开发飞山旅游的领导话语权不够，所以未能获得重视。两年后靖州县委将飞

① 《请求批准成立“靖州飞山太公文化研究会”的报告》，由靖州政协文史委提供。

山开发的定位已上升到文化战略高度，成立杨再思文化研究机构，挖掘相关文化以旅游开发成为实际的行动，于 2013 年靖州飞山文化节时成立了“飞山文化研究会”，研究会宗旨为：挖掘和放大飞山文化，继承和弘扬中华民族优秀传统文化，繁荣和发展靖州文化事业，促进全县经济社会建设、精神文明建设以及各民族的团结与发展。

也就是在靖州 2013 年成立“飞山文化研究会”后的飞山文化节学术讨论会上，以杨氏后裔自居的杨非然激动地发表了感言，说“飞山文化研究会”的成立，圆了自己近二十年的梦。杨曾提到自己认为的靖州成立杨再思文化研究机构目的是：不是为研究古人而研究古人，研究杨再思的目的，是打响杨再思品牌，恢复杨再思领导“飞山蛮”各民族创造的英雄业绩所形成的名胜古迹，以吸引今天的各族人民怀念先祖业绩而进行朝圣旅游，发展具有独特民族特色的旅游事业。但是其初衷及其锲而不舍的目的乃是对“英雄神祖”的坚守。

二　区域灵神：民众仪式实践与灵应传说叙事

飞山公杨再思被该区域社会结构下的杨氏人群以祖先与神明的身份建构为具有高度认同的“英雄神祖”。然而作为跨越苗、侗、汉等族群的区域性神明，杨再思已然超越了杨氏族群“英雄祖先”的界限，成为该区域广大民众心中“有求必应”的“灵神”。飞山庙宇广布于该区域村落社会之下，这些庙宇是民众作为飞山公信仰实践的主体者的信仰物质载体，该区域不同时空脉络下的民众基于此载体实践着多元的祭祀仪式并不断讲述、传承着飞山公不同的灵应神迹。

广西三江县独洞乡巴团村《复修飞山宫碑序》称：巴团尊迓飞山大王供奉及飞山宫的始建大约于清中叶，飞山神主威远侯王高登坛位，四时致祭，护国佑民，福星高照，祥光缭绕，老少安康，百业兴旺。湖南通道平坦乡高步村光绪三十二年（1906）《飞山庙石碑》亦称：建立神庙于各分祭祀，我村寨等每年二月初二日祭祀。即使在“文革”众多飞山庙被毁的特殊时期，会同县沙溪乡陆家村等地的民众也在家里祭祀飞山公，于自家大门口用肉、香、蜡、纸等私下祭拜。不同空间场域下的民众对于飞山公的祭祀，与作为靖州“总庙”的飞山庙祭祀并不尽相同，且各具地方特色。

通道县独坡八寨地区，大年三十这一天下午，男人就开始敬神，首先去萨岁坛敬奉清茶，然后用“刀头肉”依次去飞山庙、门楼土地庙、桥梁、田坝、猪牛圈等处插上香，飞山公成为传统重要节日必祭祀的神明。又《岑巩县志》称：境内侗族聚居村寨皆建有飞山神庙，供奉飞山神杨再思。岑巩侗族传说农历二月初二、十月二十日为飞山公的诞辰与忌日，每逢这两天，家家集资备办香纸烛炮、刀头酒肉、粑粑豆腐举办庙会，到飞山庙前顶礼膜拜，侗家称为“敬庙公”。祭毕，即烧火架锅，烹调供品，全寨会餐，尽醉而归。这里虽然飞山公的诞辰与忌日时间和大部分地方不尽相同，但民众都在诞辰、忌日这两个重要的日子里举行庙会对其进行祭祀。

《通道侗族县民族志》也记载了当地人祭祀飞山公的场景。过去，各苗乡侗寨，尤其是侗族居住区，都建有飞山庙，塑有飞山神像，平时庙门紧闭，只有到飞山神祭祀日才开门。于六月初六举行庙会并祭祀神明，清晨户首早早打开飞山庙门，点燃香案等，把备好的大猪赶往庙中宰杀。全寨老少拿着香纸蜡烛、米酒、白饭到庙里聚会。祭祀时，人们分班辈排队肃立，前为户首，后依次是寨老、士绅、长者、壮年、青年。户首将各家带来的香纸、蜡烛点燃后，击鼓鸣锣，放鞭炮，人们开始向神明跪拜。小孩们手拿三角旗呐喊，向一个方向跑去，然后把彩旗投掷出去，效仿古战场的两军对垒、互相搏斗的场面，接下来便是分肉食之。此地有关飞山公祭祀仪式中“让小孩们手拿三角旗呐喊，向一个方向跑去，然后把彩旗投掷出去，效仿古战场的两军对垒、互相搏斗的场面”则与靖州飞山庙祭祀飞山公时烧草鞋、马粮等相似，都是对飞山公带兵打仗、保护地方民众的历史想象。

湘黔桂界邻区域，最为常见的祭祀飞山公的方式则是在庙中举行庙会活动并邀请师傅负责祭祀。如绥宁县东山乡翁溪村及横坡等地的民众于上元、中元、下元轮流举行庙会活动。而会同沙溪乡的双门、陆家等村则在农历六月初六飞山公的诞辰或十月二十六日飞山公的忌日举办庙会。庙会一般按照经济条件及当年是否风调雨顺等因素举办一到五天不等。同时各个庙宇间有各自的庙宇交往网络，如靖州飞山庙举行飞山公诞辰或忌日庙会则下请帖邀请周围村寨一些经常来往的庙宇，并彼此捐献祭祀神明的香火钱。正式的祭祀仪式操作多由民间师傅负责，多数为佛道糅合型的祭祀仪式。比如，在高友村的道士师傅做仪式的原经书被烧毁，后面就与一位自称佛教师傅一起在庙中负责庙会仪式，我们也可以看到庙中祭祀仪式中的经书文字是佛、道文化的融合。而民众的祭祀则是在庙中唱佛歌、打腰鼓。绥宁县朝仪乡铁坡村飞山祠及会同县沙溪乡陆家村飞山庙等庙宇举行祭祀仪式所使用的“佛歌”，即民众从《杨氏族谱》等文献上摘抄歌颂飞山公杨再思的文字或民众依据自身理解的飞山公灵验形象编纂出的仿佛歌唱本。同时为了娱神，以前的庙宇多举行唱戏表演，而当下的祭祀飞山公则主要举行唱佛歌比赛，有的地方还举行唱山歌，或苗、侗等不同的民族歌曲比赛。

飞山公的祭祀多流行游神环节，比如靖州飞山庙的游神仪式及会同沙溪乡沙溪村的“抬太公”祭祀，另外广西三江等村寨也存在抬飞山公沿村寨绕行以求得村寨平安的仪式，仪式过程有相似之处。而靖州县大堡子镇梅子村飞山太子庙举行的祭祀飞山公巡村仪式与这些游神仪式有较大区别。巡村仪式主要于上元、中元、下元祭祀飞山公时举行，村中家家户户都会在庙会举行时前往参加仪式，由两人抬着师傅为祭祀所做的船，船上放置各家用红布包着的红包、香、蜡等祭品。在两位负责仪式的师傅带领下，从飞山庙出发，吹奏喇叭，敲打着锣鼓，巡游整个村寨，于每家大门处由师傅打卦占卜是否吉利。巡村结束后便来到村子河流的上游处，将抬行的船放于水中，任其漂流而下，等船只漂流到飞山庙的位置则将其捞起，待仪式结束时一并焚烧。巡村仪式主要是为村中各家清除污秽、瘟疫，祈求家庭吉祥，人丁兴旺。

飞山公作为该区域民众心目中有求必应的神明，具有非同一般的神圣性，这又体现于接神与送神仪式中。通道县平坦乡平坦村吴姓所建飞山宫于2005年雕塑了新的飞山公神像。吴姓人买了最好的木材，请了阳烂村远近闻名的神像雕塑师傅完成了神像的雕塑。在人们心目中，将神明请回庙中是件非常重要而神圣的事，于是请了专业的负责仪式的师傅，然后带着村中大批人前往阳烂抬回神像。飞山公加上其文官、武将共有四尊神像，所以准备了四把椅子，上面铺满了红布。由四人负责抬一尊神像，抬神像的必须是吴姓年轻人，18～28岁，并要求为干净家庭，即没有病痛、家中没有孕妇、没有人过世。所有前去接飞山公的民众必须穿上用侗布做成的民族服装，老人的穿着更是讲究，需要穿八卦服。

抬神像途经的村寨，人们会放鞭炮迎接，以示欢迎神明经过本寨，并希望飞山公能给本寨留下好运。同时，如经过的村寨或路边有其他庙宇，则需要祭拜。神像抬到村中需要游行，其游行路线也是有严格要求的。萨岁被该地区的人们视为祖母神、发源神，所以是村中最重要的神明，必须首先抬着神像前往萨岁坛祭拜，然后抬去石姓始祖坛，这主要是因为石姓最先落脚于该村寨，后面再去南岳庙、杨姓的飞山庙、城隍庙、孔庙、土地庙，村中的各个庙宇需要祭拜到位，然后才算游行完毕，将神像抬到飞山宫中进行开光上位。神像进庙前必须保持干净，所以要在飞山庙前的池塘上搭上木板，称为天桥，将神像从天桥上抬进飞山庙。其顺序是神像抬在最前面，然后村中有威望、年龄较大的老人紧随其后以示对老人的尊重，后面再跟着一位老年妇女带着自己的孙子，表示人丁兴旺。老人必须是全家齐全才可以，即老人家中媳妇、儿孙都有。过天桥的每个人都会收到一个红包，一般是一元左右，代表飞山公神明的赐福。仪式结束后就杀鸡鸭等做饭吃，但是必须要做糯米饭，在这里吃了饭还需要带一团糯米回家，以保平安。

从接神像人员的数量、对抬神像人员家庭洁净的要求、人们穿侗族衣服和八卦服的服装要求以及在神明进入飞山宫前搭建天桥等，可以看出当地民众的洁净观。玛丽·道格拉斯从日常词汇中抽离出肮脏与纯洁概念，并从仪式的角度通过洁净与危险的研究探讨社会秩序，人们祭祀飞山公仪式时对服装、家庭洁净等要求也主要是基于对飞山公神明的灵验程度的认同。人们认为如果仪式中稍有不慎之处则会有损神明的神圣性，这将关系到飞山公以后对本地本姓氏的护佑程度。同时，从以上仪式过程中我们也能看出人们对社会秩序的尊重及对神明体系的认知，如仪式过程中，神像接回到本村寨后，祭拜其他庙、坛、神明祖先的先后顺序。

村中人认为：飞山公保佑村寨兴旺、五谷丰登、人们身体健康、生活条件变好、外出发财等；飞山公是被皇帝册封的，却没能进入封神榜中接受封神，而南岳神却被封神，所以在这一带南岳神要大于飞山公，村中人也多祭拜南岳，祭拜南岳都是为了求平安等；萨岁在当地侗族人的心中是作为至高无上的祖母神存在的，所以是非常重要的神明，祭祀萨岁时村中各个姓氏的人都参加，祭祀仪式也最为隆重；拜城隍是为了求子；而土地神最小。所以村中的诸多庙宇神明中，如按信仰的群众人数排序依次为：萨岁、南岳、飞山公、城隍，孔庙祭拜的人较少，村中人认为其不是神，现在读书的人才祭祀孔庙。当村中某户人家有什么喜事的时候都要先祭拜神明，祭拜的先后顺序与上述相同。同时，通过村中祭拜神明的先后顺序完全可以看出地域社会移民背景下，民众对地域社会秩序的遵守。石姓作为本村寨的开基者，为后来的他姓移民落脚奠定了基础，出让了一定的“居住权”，所以通过首先祭拜的方式，以示对其尊重、感激。

同时，当新的神像雕刻好后，对于原有神像的处理也是必须举行相应仪式。比如会同沙溪乡陆家村中有一户人家，在 2003 年左右的年末，因老婆离家出走，丈夫便前去飞山庙求飞山公保佑老婆能回来，但因烧纸过多，不小心将神台上的神像烧毁了一部分。显然村中人不能接受神像损坏的事实，这影响到神明的灵验性，便筹划捐款于第二年初重新雕刻一座神像。被烧坏的神像不能轻易地弃之一旁，人们就从较远的地方花费较多精力，请来了当年雕刻这座神像的师傅，购买了雨伞、衣服，用公鸡、刀头肉、豆腐等作为祭品，去到河边祭拜后再烧掉神像，以示送走神像，然后才将新的神像放置于供台上。

对于飞山公的祭祀，不同时代和不同村寨有着诸多区别，源于地方社会民众的生活传统及其对飞山公的不同理解，但对于飞山公的祭祀一直从早期持续到当代且祭祀仪式较为隆重，这主要源于该区域社会中民众对于飞山公灵应的深信不疑，有关飞山公杨再思的灵应神迹民众口承传说丰富多彩，以靖州为核心，遍布湘黔桂界邻各侗乡苗寨。凡是建有飞山庙祭祀飞山公的村寨，人们都能讲出飞山公灵应的各种细节。而这些灵应故事主要涉及飞山公保护地方民众平安、奖善惩恶、医治疾病、维持地方社会秩序等，囊括了民众生活的各个方面，堪称该区域社会中的“多能神”。

靖州飞山庙中日常值守的老人有四十余人，年龄在 60～90 岁，他们既是虔诚信徒又是祭祀飞山公的主要组织者。庙中每年的飞山公诞辰与忌日仪式都会准备马粮与草鞋，其中马粮用稻草斩碎再加上大豆等，而草鞋则用稻草编制，比普通草鞋长了一倍。该祭祀行为主要基于民众历史记忆下的历代口承传说，飞山公杨再思因于宋时期用千军万马保护了该地百姓的生命安全，成神后仍然护佑民众，因此需要为其将士及战马焚烧祭品。焚烧草鞋、马粮也成为靖州飞山地区重要的仪式行为，这与宋初该区域飞山蛮的族群传说有着紧密关系。而有关飞山公灵应传说的进一步讲述则涉及护佑民众逃离太平天国运动战祸，抗击土匪、军阀、日本侵略等。长期值守靖州飞山庙的石昌梅老人称：

> 当我还小的时候，母亲告诉我，很久以前，广西土匪曾准备占据靖州城，这些土匪头戴红色帽子，非常凶残，见一个杀一个。这时候爷爷显灵了，爷爷一只脚站在靖州城的吊桥，另外一只脚站在江公桥，挡住了凶悍的广西土匪，这些土匪不战自败，退回了广西，（飞山爷爷）保护了靖州城中百姓。[①]

在该地域社会中，民众所讲述灵验故事涉及最多的是飞山公显灵保护地方民众平安，包括保护民众避开战乱、匪患等。靖州县大堡子镇梅子溪一位叫吴远财的老人曾称某一年土匪袭村，来到村中一李姓人家，将其家中的猪杀了并准备扛走，但就在准备离开村的时候，听到村子的另外一边喊杀声一片，犹如许多人前来赶杀土匪，土匪吓得两腿发软，只好弃猪而逃。村里人都认为这是飞山太子即飞山公显灵以其阴兵吓走了土匪，所以人们都认为飞山太子是非常灵的。就在此地，更为详细的飞山公保护该地更多民众免于匪患的故事被人讲述。据吴远财老人回忆：

> 还记得老人们曾经讲，村中某一年遭受到土匪的侵袭，两个土匪被村中人打死，四个土匪头子吴远能、吴运达、天开、麻鸡分别带着手下准备为两个被打死的土匪报仇。村里人得知他们将在过年的时候袭击村子，于是村里部分年轻人埋伏于村

---

① 访谈对象：靖州飞山庙值守老人石昌梅，访谈地点：靖州飞山庙中，访谈时间2014年8月9日。

> 口四周，准备将土匪放进来再围住打。为了保险，还准备请帮忙的人，曾联系好了大堡子保安队及周围村子的人帮忙，分别以在村子山前和山后各放三枪作为土匪来袭的信号。村中有人去了飞山太子庙烧草鞋请飞山太子神帮忙退土匪，一切准备妥当，人们才开始过年。但发现土匪并未前来袭击村子，派人一打听，原来是飞山太子显灵，众多的土匪在隔壁的一个村寨做好了三锅饭，准备酒足饭饱后袭击梅子村，飞山太子让三锅饭全没熟，土匪没力气，并且相信是有神明在保佑村子，所以放弃了袭村报仇。①

人们在讲述飞山公显灵击退土匪、保护民众生命财产安全的同时，还将飞山公与战乱联系在了一起。在会同陆家村，村民认为日本兵当年侵略中国的时候，曾经要打到村中，这一带完全没有兵力抵抗，人们的生命面临严重威胁。飞山公施展法术，立在进村的山口，日本兵就没能打进来。② 而会同县沙溪地区双门村据村中于述进等老人讲，当年蒋介石的残余部队来到村中抢夺粮食，他爷爷家有两坛菜油被一位兵人抱着就跑，他爷爷没法追赶，无奈之下就喊飞山公，飞山公突然显灵，抢菜油的兵人跑的道路本来是弯曲的，飞山公使得其将路看成直的，兵人直接向前跑，于是摔在了路边的田里，兵人摔伤了腿，居然还剩一坛油没有摔坏，但再也搬不动，所以只好空手离开。③

飞山公的灵验从抵御土匪到太平天国起义，再到日本人的侵

① 访谈对象：吴远财，访谈地点：靖州县大堡子镇梅子溪村飞山庙旁吴远财家，访谈时间：2014 年 8 月 16 日。

② 访谈对象：陆家村飞山庙负责人之一林芝，访谈地点：陆家村林芝家，访谈时间：2013 年 9 月 4 日。

③ 访谈对象：双门村退休老师于述进，双门村唱土地带头人于生爱，访谈地点：双门村飞山庙内，访谈时间：2013 年 9 月 4 日。

略、国民党残兵的抢夺等威胁到人们生命财产安全的外力，已然成为民众心中地方安全保护神，这是该区域历史灾难事件下的神明显灵故事。而当下的飞山公灵验故事涉及各方面，如在贵州省黎平县洪州镇草坪乡与湖南通道侗族自治县交界地带的一个寨子流传着飞山公显灵帮人寻子的故事：

> 1991 年春节前夕，有一位姓吴的民办教师的独生儿子上山放牛至天黑，牛回来了，但是放牛的孩子却没有回来，父母到处寻找，也没能找到儿子的下落。过了三天三夜，还是不见儿子的踪影，于是有人给这位民办教师出主意去祈祷飞山神杨太公帮忙。这位吴老师寻子心切，便来到附近的飞山宫上香求神。果然，求神的当天晚上儿子就回到了家。父亲问儿子去了哪里，儿子也不知道，就是找不到回家的路。父亲又问儿子是怎样回来的，儿子告诉父亲，是一位白胡子老公公把自己送回来的，他把自己送到村口然后就不见了。在座的亲戚朋友听了以后，都大为吃惊，他们认为，那位白胡子老公公就是飞山神，这位吴老师便买来了一块红布，并在红布上亲笔书写“感谢飞山大王救吾儿于水火”，然后挂在飞山宫里。①

民众到寺庙、道观及各种供养鬼神的地方祭祀、还愿，如按人数多寡排序，基本为以下目的：一是治病求医，常常是有了难以治愈的疾病，或无钱买药治病；二是求生子孙，多数是女性，尤其是多次生育女孩者；三是求发财，多数为男性，因为他们承担了更多的经济压力。② 湘黔桂界邻地区飞山公的灵验又重点体现在医治疾

① 邓敏文：《从杨再思的族属看湘黔桂边界的民族关系》，《怀化师专学报》1994 年第 1 期。

② 葛兆光：《认识中国民间信仰的真实图景》，《寻根》1996 年第 5 期。

病等方面。

绥宁东山乡翁溪村人相信，如果村中有人久病不好，去飞山宫中求神就会好。传说会同地区王家坪乡小红村有位村民生了严重的病，曾到怀化医院医治，却没有效果，医院已经下了病危通知。其亲戚听说飞山公很灵验，于是前往沙溪乡双门村祭拜飞山公并取灵水回去喝，没过多久身体就好得差不多了，又活了12年才过世。[①] 会同地区的双门村、冷溪村等众多的飞山庙中飞山公神像旁都放有一个装着水的坛子，当地人相信每月初一、十五，人们取来井水放于坛中祭祀飞山公后就变成了灵水，可以医治人的各种疾病，甚至可以医治猪、牛、羊等家畜疾病。而沙溪陆家村飞山庙内供奉着两个飞山公神像以及飞山太婆，一个飞山公是武将神，专门保护地方平安稳定，另外一个是专管医药、治疗疾病的飞山公，可见飞山公在民众心中医治疾病时扮演了非常重要的角色。

除了保护地方平安、医治疾病等，在该区域民众心中，飞山公还具有其他“多能”神力。人们经常前往飞山庙祭祀飞山公以求子、求财、求平安，孩子升学、参加重要的考试也来庙中。特别是去飞山庙寄名的家庭很多，哪家生了小孩，为了孩子能健康成长，易养成人，就会寄名于飞山公。村中年轻人要外出打工，就必须在外出之前去祭拜。会同县沙溪乡冷溪村有位叫林成别的人，准备去北方淘金，外出之前去拜飞山公以征求意见，据说打卦显示飞山公反对他外出，他不听，最后在北方淘金的时候被水冲走了。在外面打工的人，当身体不好、遇事不顺的时候也会让家里人替自己前去庙中拜飞山公，求医、求保佑。平时也有赌博的人前去求好运，却得不到保佑。飞山公就像父母一样，什

---

① 访谈对象：双门村退休老师于述进，双门村唱土地带头人于生爱，访谈地点：双门村飞山庙内，访谈时间：2013年9月4日。

么都会管，村中的事也会管，所以村中这些年来很少有违法乱纪的人出现。① 可以说，在人们心中，正是因为飞山公的灵验，地方秩序才如此好。

广西三江县巴团地区，飞山公灵签在当地是远近闻名的。人们称：本来灵签的内容是从一些外来和尚发的不同经书上抄过来经过整理而成的，但是因为飞山公的神力，所以此签就变得非常灵验。在这里飞山公“多能神”的身份体现得更加明显，每年的正月初一、初二周围村寨的人都来飞山庙中求签，这两天解说签的人连吃饭的时间都没有。飞山公的“多能”体现在：其管着功名、家宅、婚姻、失物、疾病、行人、风水、求财、六甲、交易、移居、求子等，有求必应。村中人强调：飞山庙中的灵签能准确地指出孩子读书成绩好坏、婚姻能否成功以及身怀六甲是男孩还是女孩等。② 村中如果有家畜不正常叫唤或者有火灾等都会请法师以其阴司前去邀请飞山大王前来处理，人们认为有时村中存在这些不正常、不安全情况是因为神明外出了，所以小鬼作怪，只要快快将大王请回来就恢复正常了。所以师傅以阴司邀请飞山公快速回来，会念叨：有马骑马，有车坐车，无车无马，腾云驾雾前来，人行千里，神行万里。笔者到访时发现飞山庙前的石阶梯上有残留的鞭炮屑，源于一个家庭连续生了三个女孩，只想再要个男孩，后来就来飞山庙中求飞山大王，飞山大王答应可以生个男孩，果然就实现了。所以前不久特地买了很多鞭炮前来感谢。因此，在巴团地区，飞山公已被当地人建构为“多能神”，人们生老病死，飞山公都能管到，且非常灵验，有求必应。正如飞山庙内的对联所说：山环启佳城灵佑护国万代兴，飞

① 资料来源于笔者在会同等县不同村寨飞山庙的访谈。

② 访谈对象：管理巴团飞山庙吴姓老人，访谈地点：巴团飞山庙旁风雨桥上，访谈时间：2014 年 3 月 25 日。因访谈对象为侗族老人，多用侗族语言，由三江县民族宗教事务局原局长翻译。

来逢吉地有求必应千秋古。

飞山公的灵验还体现于飞山庙的神圣性。绥宁东山翁溪村的人们认为，飞山庙中所有东西不能随便乱拿，否则就会身体不舒服。“文革”时候，飞山庙被拆除，原来建飞山庙的大石板被村中一些人抬回家建房用，后来村中一些人身体不好，经过师傅之口得知是飞山公要求他们将石板还回庙里，归还之后身体就没问题了。①

在沙溪双门村，据老人讲，曾经有一位师傅，自认为道法很高，所以在飞山庙中做法事时总是毫无忌讳，称自己道法高，怎样做法事都没问题。但是没多久，该道士的双手不停发抖而无法继续做法事，人们认为是飞山公显灵惩罚没有规矩的人。同样在此地，另外一则飞山公显灵的故事被人们更详细地讲述：

> 民国初期的时候，村里某户有两兄弟，成家立业后，哥哥的媳妇怀疑弟媳偷了她的衣服，弟媳感觉很冤，于是跑到飞山庙中，将飞山庙中的土地神像用背篓背去家里放在了门槛上，当家里人打开门时，土地神像就倒在了屋里。因为土地神像是飞山庙中的，飞山公就生气了。某一天，一位师傅在飞山庙中做法事，突然被飞山公附体，在场的人大惊，其以飞山公的身份告诉大家，飞山公生气自己庙里土地神像被背回家并倒在了屋里，要弟媳道歉、忏悔，同时要在大路上给自己的战马放马粮。也就是那两天，天气昏沉，人们仿佛听到山中有许多马叫的声音。于是村中人赶紧在大路上撒放了两袋谷子，第二天人们惊异地发现路边的谷子都被吃了。兄弟两人知道飞山公是真生气了，于是拿了一大块田作为庙

① 访谈对象：绥宁县东山乡翁溪村守庙老人。

> 田供奉飞山公以示歉意，此事才平息。于是，双门村开始有了祭祀飞山公的第一块公田，后来村中人又筹钱买了一些田作为公田，村中较穷的人可以耕种，从此以后，这一家人就开始了和睦相处。[①]

官方也通过地方志为我们讲述了与民间相似的飞山公显灵保护地方民众的故事，然而官方讲述的并非匪患，而多是“苗乱”。比如光绪年间《会同县志》称“□四里地湖，塑宋朝封威远侯杨将军像，其神灵显异，当同治丁卯，黔苗扰境，四乡皆被蹂躏，而地湖完全，土人逃匿山谷者，咸见有骑骏马大人往来护卫，贼退，是夜，近祠居民闻庙前后若有数百众汹汹者，土人于报赛时撰联以志神功云：威远封侯王想当年天柱高擎慑群蛮而蚁伏，飞山称土主至今日地湖独保贻众姓以鸠安”。[②]

当然，我们可以理解地方民众与官方基于不同的角度或不同的历史时段讲述了各自认可的飞山公显灵故事，但民众所讲述的更为丰富且有具体的细节，将具体的人物、地点等因素纳入其中，以提高可信度。神明的神话传说在不同地区的内涵是丰富而多样的，隐喻了所在地区曾经发生的事件，以及人们对这些事件的记忆和阐释。正如列维－施特劳斯在研究神话时所称：神话是许多人自相矛盾地认为的一种集体梦境，也不是某种审美游戏的产物，事实上，神话在形式上综述那种很久以前发生的事情，而其本质则在于它的特定模式被描述为不受时间限制的模式，它隐喻着过去、现在以及将来。神话故事会随着时间或空间的变化从一种变体到另外一种变体，从一个架构到另外一种架构，但是这种变化往往会遵循一种神

① 访谈对象：双门村退休老师于述进，双门村唱土地带头人于生爱，访谈地点：双门村飞山庙内，访谈时间：2013 年 9 月 4 日。

② （光绪）《会同县志》卷十三，形胜，第 9 页。

话素材保存的原则，通过这种原则，神话的寓意亦即类似于音乐家们称之为主旋律的东西并没有被改变。[①] 我们可以看到大部分祭祀飞山公的地方民众或多或少都会讲述飞山公显灵以保护人们免于匪患和战乱的故事，这正是隐喻了该地域社会中历史上人们所经历过的事件。

咸丰十年（1860）十月，太平天国翼王石达开部将彭大顺、朱衣点率数万人由广西融县经沙宜入湖南通道青龙界，攻克绥宁，击毙知县吴熊、曲吏马景恒及吴熊之子吴镳。次年三月，太平军进入靖州，后又折回通道，经双江越黄土隘入广西，这些地区也因此经历了太平天国的战乱。又湘黔桂界邻地区山峦重叠，草密林深，民国时期和解放初期，土匪活动更为猖獗，给当地人们生活带来无穷的灾难。1924 年 2 月，靖县匪首陈树勋与广西三江匪首张龙标，率土匪上百人抢夺通道独坡乡木瓜村，将该村洗劫一空并烧毁所有房屋，致使人们无家可归。另外解放初期，国民党残余势力不甘失败，收罗湘西土匪势力，组成“湘黔桂界邻边区反共救国游击军”等组织，继续对人们的生命、财产安全构成严重威胁。1949 年 12 月，湘西军区集中兵力剿灭“中心区”土匪，属于边缘区的通道的土匪乘机反扑。直至 1951 年 1 月，解放军展开了对该区域土匪的大量清剿。[②]

民众所讲述的飞山公显灵故事隐喻了湘黔桂界邻区域的过去。随着时间或空间的变化，飞山公显灵故事从除匪患、平战乱到了当下的医治疾病和保佑外出务工人员等，这是人们通过显灵故事希冀将来生活得一帆风顺。而苗族学者石启贵在《湘西苗族实地调查报告》中记载了其在湘西地区搜集到当地飞山神的一则故事，其称：

---

① Levi-Strauss Claude, *The Structure of Myth*, Florida State University Press, 1989, pp. 12 – 37.

② 通道侗族自治县民族宗教事务局编《通道侗族自治县民族志》，民族出版社，2004，第 15、84 页。

> 飞山神，为凶恶犷悍之大神，凡患怪病医药罔效者，传为此神祸之。如孕妇难产，如长病忽变剧危者，传说祭此，可保平安。当请巫师用牛祭之，设神座于宽坪中场范围内，插五色旗及洞标，摆肉酒碗，互相杂陈，如法祭之。并扎稻草茅人一个，俗谓之茅人大哥，植神场内。帮忙人等各持刀枪，分作两路，列队超杀。巫师前导，绕座三周，武夫纠纠，凶势跃跃，喊杀连天，刀枪齐发，即将茅人砍成数节，众始休息送神也。①

此神话虽然在讲述飞山神医治疾病，却是将其视为疾病制造者的“恶神”，与其他地方民众心目中的飞山公形象出入较大，这也许与湘西巫蛊文化有着重要关系，但其背后的真正隐喻有待进一步研究。

三　历史名人：政府主导下民族文化资源挖掘

在号称湘黔桂界邻区域最大姓氏之一的杨氏人群眼中，飞山公杨再思是以“英雄神祖”形象存在的，同时飞山公又以区域性神明的身份存在于广大民众生活世界中，与民众生活息息相关，为有求必应的“多能神”，这主要是基于飞山公杨再思亦神亦祖的特点。而在地域社会中扮演重要角色的地方政府，也与飞山公杨再思

① 参见石启贵《湘西苗族实地调查报告》，湖南民族出版社，1986，第 483 页。而凌纯声、芮逸夫所著《湘西苗族调查报告》也对飞山神有所记载，其称：此神甚是凶暴，能作祟使人生病，来势很凶猛，祭之病愈亦速。用酒五杯，纸钱四叠，放在庙前地下。庙内香炉中插香三支，蜡烛一对，巫师背后地上亦插香一支，又用细竹一根，倒挂银钱四串，横搁于庙内。巫师穿便衣，手执师刀与筶子，先念咒卜筶，再斟酒说原因，并请神收领祭品，休息。此时用一小簸箕，内放牛肉或猪肉四堆，盐辣汤一碗，放在酒杯前。巫师念咒请神来飨。念毕，巫师及旁人稍食酒肉。再上饭四碗，每碗插筷一双，再念咒卜筶，阖寨人家，每家卜一次。卜毕，乃烧纸送神，共食酒肉。

有着千丝万缕的关系。历史上官方多倡修飞山庙并进行推广，飞山公被视为维护地方社会稳定的重要神明。而在当下社会中，飞山公杨再思同样在地方政府眼中扮演着重要的角色，由于杨再思背后的侗、苗族群身份及其区域社会"历史名人"效应，当地政府将其作为重要的社会资本而推动该区域社会旅游经济发展。

早在1982年，地方政府就已经意识到开发旅游事业是加快地方经济发展的重要途径。而在考虑如何开发靖州旅游时，首先就想到了位于城边的飞山，并有了初步的行动，即派县委常委、县委办主任带领县林业局、县建委、飞山乡政府等相关部门负责人前往庐山等景区学习旅游开发经验。在考察之后便决定修建一条公路抵达飞山寨顶。可以说此时的旅游开发目的较为明确，即仿照庐山开发山景的特点，将其打造成旅游景点，但尚未关注到飞山的人文背景等因素。

三年后，政府部门开始提出"复修飞山寨名胜古迹，开发旅游事业"，却被财政局以"靖县开发旅游事业，修复飞山寨名胜古迹还需部队意见，资金需要民族县成立后才考虑"的理由给予了拒绝，致使开发飞山旅游再次沦为泡影。[①] 而到了1993年，在全国旅游发展盛行的大背景之下，靖州政府部门再次将飞山开发提上日程，将飞山公园的开发作为县城配套工程来抓，成立了"旅游资源开发领导小组"，并以县政协牵头。在对该县整体的可能成为旅游景点地的实地考察的基础上写了一份《关于开发靖州旅游事业的设想和意见》报告，同时，批准修复飞山大殿并在三宝鼎上修建供有久负盛名的"威远侯"——杨再思塑像的庵堂，新建邓子龙碑竭亭，修复白云洞、莲花洞、半山亭等。至此，飞山文化旅游开发的序幕算是真正拉开，但是其成效不是很明显，1993～2003

① 刘真贵：《缩影：重点提案对靖州经济社会发展的影响》，载靖州县政协学习文史委编《文论集》（内部刊物），2013，第29～30页。

年基本也只完成了上山道路修建及初建于宋代的方广寺等寺庙复修与扩建，多属于基础设施的建设阶段。虽然意识到杨再思作为飞山旅游开发发展中的“历史名人”作用，计划修复三宝鼎上的杨再思庵堂，但是并未能真正落实，只是依靠民间为主的力量对城边的飞山庙进行了复修。

随着政府主导下飞山旅游开发的进一步深入，其思考也日趋成熟，认识到了飞山作为旅游景点在奇特性等方面缺少优势。正如侗族学者邓敏文曾经在一次飞山文化论坛中所说的：飞山就其自然景观而言，虽有其独特之处，但与黄山、张家界等名山相比，就是小巫见大巫了。[①] 所以，地方政府也意识到光是一座山并不能带动当地旅游事业的发展，必须从其地处苗、侗的人文环境等方面出发，挖掘其历史文化，赋予飞山以深厚的文化特色、历史特色，方能扬长避短，获得实效。

资本分为三种基本类型：经济资本，这种资本可以立即转换为金钱；文化资本，这种资本在某些条件下能够转换成经济资本；社会资本，由一定的社会义务（联系）所构成，在一定条件下也可以转换成经济资本。文化资本属于比较特殊的资本，它是财富的有形或无形的具体表现出来的文化价值的积累。这种积累紧接着可能会引起物品和服务的不断流动，与此同时，形成了本身具有文化价值和经济价值的商品。旅游文化资本由其他类型的资本转换而来，分为旅游文化能力、旅游文化产品和旅游文化制度。旅游文化能力主要指具体化的、市场的现实资本，是个人素质内化的过程与结果；旅游产品是客体化的文化资本，是独特旅游文化能力和经济资本的统一体；旅游文化制度是一种隐秘的体制，以传媒为工具，以

---

① 邓敏文：《开发飞山圣景，打造靖州福地：兼谈飞山开发的主题定位与经营模式》，载《靖州县飞山开发学术研讨资料汇编》（内部刊物），2005 年 8 月，第 1～4 页。

相互标榜为手段，建立起来的最隐秘和最深层的旅游文化规范和信仰。[①] 如果从该理论的视角来看，杨再思及其背后的历史等文化因子已然逐渐成为地方政府旅游开发中的文化资本。在“文化搭台，经济唱戏”的新时代大背景下，加强旅游文化资本运作，可以使得该地独特的飞山公信仰文化得到合理的利用，不仅可以发展旅游带动地方经济发展，更可以促进对该文化的传承，实现文化、经济的双持续发展。凡是不能通过与物质文化、制度文化的互相渗透而参与现实社会生活实践的观念文化，必然只能抽象存留于历史典籍之中，成为与现实生活无涉的死文化。[②] 显然，地方政府已然认识到旅游经济发展中文化资本的作用，并在后期的规划与实践中有了具体的行动。

2003 年后，杨再思逐渐成为靖州飞山旅游开发中的“历史名人”，其标志就是上文提及的飞山广场杨再思石像的出现。在当地政府的眼中，可以代表靖州且其影响力又跨越湘黔桂广大区域的飞山历史名人则只有杨再思，所以当飞山广场要竖立地域社会标志性石像时，杨再思成为最佳的人选。

2005 年 8 月，靖州县政府召开了第一次飞山文化学术讨论会，参会人员包括外来专家学者，比如中国社会科学院民族文学研究所、中央民族大学、贵州省民族研究所等高校及科研单位的研究人员，大部分则为靖州本地学者、官员。会议讨论的核心就是飞山开发主题的定位，外来专家学者中邓敏文重点讨论了“十峒首领”杨再思的历史功绩，认为飞山开发不能局限于自然风光，更应该基

① 参见〔法〕布尔迪厄《文化资本与社会资本》，包亚明译，复旦大学出版社，2000，第 189～196 页；〔法〕布尔迪厄《资本的形式》，武锡申译，社会科学文献出版社，2005，第 8～27 页；〔澳〕戴维·思罗斯比《什么是文化资本》，潘飞编译，《马克思主义与现实》2004 年第 1 期。

② 何显明：《传统文化创造性转化的社会实践基础》，《哲学研究》1999 年第 3 期。

于杨再思而把飞山打造成一座神山或者圣山。[①] 而林河则认为飞山文化的核心部分就是飞山杨姓文化，即以杨再思为代表的“飞山蛮”杨姓文化，同样要将飞山视为神山开发。[②] 此次会议有十八人以会议论文的形式讨论飞山文化与旅游的开发，其中每篇论文基本都涉及讨论杨再思、将飞山当作神山开发等内容。不管是外来学者、地方学者还是本地官员基本达成了一种共识：飞山旅游的开发，离不开杨再思。此次会议的讨论，确定了靖州旅游开发背景下的杨再思“飞山名人”“历史名人”的身份。

2005 年的这次会议首次提出了“飞山文化”这一概念，从此以后这一概念被频繁使用。一份“打造精神家园、促进区域发展”的县委常委会汇报材料对飞山文化概念进行了解释，虽然表述上有所差异，但核心内容和主要元素基本相同，对其高度概括则是：

> 飞山文化属于中华文化的一支民族地域文化，专指以飞山为地理标志，以唐末五代宋初“十峒首领”等人物为代表，靖州及周边区域苗侗各民族民众长期的社会活动过程。它具有两大特征：一是显著的民族和地域特色，二是崇尚与民族之间的和睦相处，与自然之间和谐共生，与社会之间的和平追求。[③]

在地方政府的眼中，飞山不仅是靖州的地理标志，更是唐末五代以来具有较大影响力的“飞山蛮”文化形成之地，其影响涉及

① 邓敏文：《开发飞山圣景，打造靖州福地：兼谈飞山开发的主题定位与经营模式》，载《靖州县飞山开发学术研讨资料汇编》（内部刊物），第 1 ~ 4 页。

② 林河：《飞山文化与飞山开发》，载《靖州县飞山开发学术研讨资料汇编》（内部刊物），第 5 ~ 13 页。

③ 该材料源于靖州飞山文化研究会办公室。

湘黔桂等广大区域诸市、县。飞山庙遍布湖南、贵州、广西、湖北、重庆等省份，从宋以来所建庙宇不下千座，飞山公成为跨域苗、侗、汉等不同族群的区域性神明，而作为地方政府，在“经济搭台、文化唱戏”，追逐地方经济发展的时候，当然也就注意到了飞山公杨再思作为历史人物及区域性神明的双重重要作用，从而将其视为可以带动经济发展的“飞山名人”，2007 年靖州政协以发函的形式展开了“百县飞山庙调查”。

2013 年，靖州县举行了规模较大的一次飞山文化节，飞山文化节学术座谈结束后，结合诸位外来学者、官员等观点，形成了一种新飞山文化定义：

> 以湖南靖州飞山为地理标志，以唐末五代西南少数民族著名首领杨再思和南宋著名思想家、教育家、文学家魏了翁等历史人物为人文背景，以飞山庙现象、飞山神崇拜为载体，以湘、黔、桂、鄂、渝接边民族地区为主要影响范围的一种独特的民族宗教历史文化。飞山文化特点有：形神并蓄、诸家汇同、政教兼容、官民共敬、中外相传，集民族性、历史性、政治性、宗教性、广泛性于一体，不可复制的独特地域文化。①

这可以算是对 2005 年飞山文化学术研讨会的飞山文化概念的进一步提炼、扩展，将魏了翁等人也纳入了其中，但还是主打飞山公杨再思。其实，从地方政府的材料中我们还可以看到，飞山开发领导小组曾设想以杨再思为主线，结合后来的杨政岩、杨通宝等杨氏历代地方名人将飞山首张“名片”开发为“南方杨家将故里”，做热旅游。但是没想到的是这张“名片”却被邻县的城步抢先一

① 资料源于 2013 年 11 月下旬靖州飞山文化节飞山文化学术讨论会观点整理。

步拿到了手，称城步乃“南方杨家将故里”并建有城步杨氏官厅，并对外进行大量宣传。最近几年，如洪江市和会同县都在做杨再思的文章，争取成为杨再思的故里，特别是贵州黔东南，对飞山文化当中的重要元素——五代期间飞山蛮历史人物以杨再思为主的研究持续多年，成果初显。比如黔东南州的凯里以杨氏为主，编修了《杨再思氏族通志》《杨再思历史文化》，同时，凯里也将重建飞山庙。而黎平则在2010年初由县政府批准了杨再思文化研究课题，部分杨氏计划联合地方政府修建“杨再思陵园”，基于杨再思墓打造“杨再思故里”。

黎平县政协牵头的由政府人员组成的课题组曾到湖南通道、靖州等地进行杨再思文化调查。其中一位参与者曾称：“当时我们一行几人去调查，我们的某兄弟单位接待了我们，非常热情，让我们吃好、玩好，感觉就是无意带我们去有飞山庙的地方，最后我们决定先离开，然后私下才又开车回去找飞山庙。”① 可见地方政府都将飞山公杨再思当成了本地文化资本，并有了较为强烈的保护意识。

杨再思成为该区域内重要的可以借用来发展旅游的“历史名人”。靖州主打杨再思的旅游发展思路日益明确，并伴随着周围地区有关杨再思研究工作的展开，促成了靖州政府官员达成“周边一旦拓宽研究面，飞山的文化资源将被掏空，只在靖州留下一个空壳飞山”的共识。召开飞山文化节，加大飞山文化宣传，则由计划变为了实践。

2013年及2014年下旬，靖州县政府连续举行了两届规模较大的飞山文化节。邀请了外地学者，周围省、市、县相关部门领导，湖南及其他外地的媒体。其目的在于扩大飞山文化的影响，以此带动靖州旅游的发展。在这两次飞山文化节中，都突出地表现了飞山

① 访谈对象：杨某，访谈地点：黎平县政协文史委办公室，访谈时间：2013年9月15日。

公杨再思的重要作用。其一是文化节中的学术讨论环节中，杨再思仍然是讨论的重点；其二是2013年飞山文化节后，政府便提出了摄制“寻访华夏飞山庙”系列纪录片的计划，并于2014年召开第二届飞山文化节前完成了“寻访华夏飞山庙”纪录片的拍摄；其三是飞山文化节举办日期选择在了杨再思的忌日，这是当地政府特意安排的。政府在飞山文化节的日程安排中，将参加飞山节的人员送到了飞山寨上参观，然后直接将这些人又送到了飞山庙参观杨再思祭祀庙会。特别是2014年的第二届飞山文化节，政府出资，让飞山庙举办了隆重的复古式飞山公祭祀仪式。与此同时，在文化节娱乐会演中特意排演了飞山祭，邀请了飞山庙中的全体值班老人参与祭祀表演（图6-6）。

图6-6　飞山文化节“飞山祭”表演

对于杨再思的祭祀文化，地方政府则是意欲将其打造成非物质文化遗产，正如飞山庙的主管杨长清告诉笔者的：2007年的某一天，县里面文化局有位专门负责非物质文化遗产的副局长来到飞山庙，并告诉自己他们想把飞山庙会仪式申报为非物质文化遗产。自己就说要申遗，是需要几百年、上千年的文化遗存的，现在飞山庙的祭祀活动更多是当下这些老婆婆自己在做，时间不久的，还得复原以前的才行。[①] 所以在2014年的飞山文化节时政府才特意要求飞山庙举办一次隆重的古式祭祀仪式。在地方政府的积极倡导及其民众的配合下，靖州飞山庙会成功申报为非物质文化遗产。

伴随着靖州县委政府提出在文化层面强调靖州“苗侗祖地、商贸重地、生态绿地、特色产地、文化胜地”特点的文化发展战略方向，靖州县将总体目标设为打造精神家园，构筑文化高地，提升竞争实力，促进区域发展，并准备于今后总投资3.5亿元打造飞山旅游项目，所以作为该旅游项目中重要部分的飞山公杨再思文化，将仍然被政府视为重要的文化资本。

小　结

杨氏人群、普通民众、地方政府三个群体基于自身的现实性需求，通过多重实践，为我们具体呈现了飞山公杨再思的多重身份，即杨氏人群的“英雄神祖”、民众的“灵神”、地方政府的“历史名人”。在有关飞山公杨再思“英雄神祖”的论述中促进了跨族群、跨地域的杨氏人群的宗族认同，而历代中央王权向边疆族群社会的推广在对地方宗族势力采借的过程中也进一步促进了宗族意识的觉醒，所以我们可以看到该区域杨、龙、吴等大姓的出现并形成错综复杂的关系。湖南会同沙溪等地诸多《杨氏族谱·威远侯再思公传》皆称：令公控制溪峒所有龙、陆、吴、谢、姚、蒋、林、

① 访谈对象：杨长清，飞山庙现主管，访谈地点：飞山庙，访谈时间：2014年1月16日。

曹、李、粟诸姓。宗族作为地域社会结构重要的组成部分，宗族的强大是获取地域社会权威与话语的重要资本，所以杨氏在早期族谱文本书写中强调对其他大姓的控制。专祀飞山神杨再思的飞山庙遍布湘黔界邻各侗乡苗寨，这成为早期或当下杨氏唤醒、强化宗族意识的载体，将杨再思神明与祖先的多重身份置于历史、族群、边疆管理、经济发展等地域社会多重情景之下，是“英雄神祖”建构的最佳对象，早期建构策略主要通过将杨再思传说历史化、官方化等，但是面临宗支嫁接和攀附名门望族等问题，如《镇远府志》就认为五代梁再思据诚州称刺史，然惠爱于民，故民视之，入宋追赠英惠侯，据此相距年代太远，恐非正堂之父。[①] 对于杨再思与当地杨氏之关系提出了质疑。

可以说早期建构策略多基于族谱文书等方式的杨氏一家之言，而当下策略则侧重于杨氏精英人群倡导下的杨再思历史研究，通过研究会、期刊、网络等公众平台将“英雄神祖”建构推向公众，我们当下也可以看到更多政府及诸多的外来学者等共同参与杨再思研究，通过挖掘历史、争辩等方式，以“史实”说话，进一步将飞山神杨再思“英雄神祖”形象学术化、官方化、历史化，这是地方社会宗族意识与集体行动的成果，更是当代地方社会发展的新趋势。

而对于生活实践中的广大普通民众来说，飞山公作为灵验的“多能神”而被隆重祭祀。祖传以及重新建构的飞山公灵验故事是不同历史时期人们基于该地域社会所经历的“历史事实”的隐喻，也就是民众在生活实践中将现实遭遇的对生产生活有重要影响的事件付诸飞山公灵应传说。基于如此的思考我们不难解说飞山公神明灵应的跨时代性与多能性，同时将这诸多的神职赋予一神而非其他

① （清）蔡宗建修，龚传坤纂（乾隆）《镇远府志》卷二十三，乾隆刻本，1965年贵州省图书据南京图书复制油印本，第8页。

该区域的诸多神明，也能解读出飞山公已烙印于该区域社会民众的信仰世界中。普通民众信奉神明的目的是追求“有求必应”的实用性，所以飞山公神明的灵验涉及民众生活的方方面面。

而受现代化的影响，经济发展的路径出现了改变。文化资源被作为带动地域经济发展的重要途径，决定了政府对区域社会历史及民族文化挖掘的现实实践。我们也可以看到 20 世纪 90 年代，地方政府主导下的飞山庙复修的最初目的是保护历史文物，而在 2001 年讨论飞山庙管理模式时，曾倡导开辟杨再思生平展馆和民族民俗文物展馆，条件成熟时成立杨再思研究会，大力宣传杨再思，结合县城五代时期的马王城、马王界、马园坡、马王桥、马王坪等与杨再思紧密相关的真实故事，展开文化旅游活动，推动县城经济的发展。[①] 杨再思所代表的历史族群文化遗迹尚存，对其挖掘利用存在可能性。特别是历经不同朝代国家与地方社会合谋下的“正统化”行为将其塑造成的维护地方社会稳定、维护国家统一的形象更是成为被深入挖掘并被借用来成为带动经济发展的资源，从而出现地域社会杨再思历史文化研究热潮。

① 《靖州飞山庙管理设想》，靖州县文物管理所 2001 年档案材料。

结　语

本书以区域研究为视角，通过对湘黔桂界邻区域飞山公信仰于不同空间场域中、不同人群历史记忆下多样性实践的历史人类学考察，透过在国家与地域社会互动中飞山公信仰的“标准化”“正统化”过程及其特征的展现，揭示了湘黔桂界邻地域社会民众的生活实践与区域社会结构、地域支配关系的关联与过程演变。

从时间与空间的双重维度来讲，飞山公杨再思自唐末宋初以来，历经不同朝代，逐渐从杨氏祖先演变为地方神，并超越其他地方神成为区域性神明，该区域不同空间场域下的民众以不同的方式践行着“多样性”的飞山公信仰。飞山公杨再思由人到区域性神明的这一演变轨迹，即飞山公信仰的形成与传播过程，是不同朝代下的国家与民间社会长期互动的结果，其中不仅能看到国家、地方精英的身影，更能看到民众以及以飞山公杨再思后裔自诩的杨氏人群的身影，他们基于各自的角色，在不同的目的之下，共同促成了飞山公由人向区域性神明的演变。对于该演变轨迹的研究，可以达到认识湘黔界邻区域社会建构和文化变迁的目的。而这一演变轨迹贯穿于唐宋至清的历史轴线，是我们认识湘黔桂界邻区域较好的一个切入点。[①]

湘黔桂界邻地区原属“化外之地”，为中央王朝志在开拓的边疆地区，但王权对这块“蛮地”的控制并非朝夕能至，唐末宋初

① 张应强：《湘黔界邻地区飞山公信仰信仰的形成与流播》，《思想战线》2010 年第 6 期。

重点对该区域社会采取羁縻政策，以扶植地方豪强大族进行间接控制。杨姓在该区域是无可争议的豪强大族，《宋史·诚徽州传》对杨氏作为地方酋首及其与中央王朝间的频繁互动进行了较为详细的记载，为我们展现了国家与边疆社会家族之间的某种密切关系。

谭其骧主要依据《明史·土司传》、光绪《靖州直隶州志》、《湖南通志》、同治《永绥厅志·剿抚考》等地方志书文献对该区域内杨氏家族的情况进行了归纳：

> 辰、沅蛮族不一，而仡伶最著，杨氏实其渠帅也。明以后目杨氏为苗，洪武三十年，有卢溪县苗长杨二赴京师奏准轻赋，至今湘西苗中犹有杨氏，所以杨氏族类至繁，杨氏尤为贵州苗巨姓……。杨氏历仕宦者不绝于途，靖州四属，杨氏并为甲族，族望之盛，湘西南无出其右者。①

虽然这些文字所指称的杨氏并非完全为湘黔桂界邻地区杨氏，但我们仍能从中看出杨氏在该地区的望族身份。不仅如此，杨氏所涉及的族群也并非只包括曾被称为“仡伶”的侗人，还有众多的苗人。侗、苗人则是该区域自唐宋以来最主要的族群，也是中央王朝对该边疆开拓下意欲进行管控的对象族群。“血缘性”、“族群性”及“地缘性”等因素的结合决定了杨再思被中央王朝及地方官员选中，并将其建构为该地域社会代言的神明。②

基于边疆少数民族社会历史演进过程中所呈现的族群多样性、文化多元性、人口流动性等特征，宋至清末历代中央王朝在治理该

① 谭其骧：《近代湖南人中之蛮族血统》，《史学年报》第 2 卷第 5 期，1939 年，第 12 页。

② 韩森在《变迁之神》中指出：宋王朝对神明的大量赐封并不是国家单方面的措施，同时也体现了地方势力集团巩固自身地位的目的，对神明的赐封更体现了中央集权统治向地方社会的延伸。

区域社会时，逐渐调整控制与管理的方式，在不断建构宗教文化的同时强化宗教文化的凝聚力，以调动地方社会力量参与治理，在增强国家认同及促进族群团结的同时实现边疆区域多族群社会的和谐稳定。

在国家与地方社会的互动中，地方官员与士绅精英群体借助战乱等灾难性事件创生飞山公“灵应”神迹，主要包括飞山公显灵助朝廷平定被管控对象的侗、苗等族群的“叛乱”，以此来配合中央王朝的敕封，并大量捐资修建庙宇。自宋以来，在地方官员与士绅等精英群体的配合下，中央王朝完成了对飞山公的多次敕封：最早为宋绍兴三十年（1160），封飞山公为威远侯，后逐渐由侯升公，再升王，且字数增加，神格日益提高，到了清康熙年间，每年农历六月初六及十月二十六日飞山公的诞辰、忌日，有司具太牢祀之。而杨氏人群与民众则在中央王朝边疆开拓的移民过程中，扮演了将“祖先”或“神明”区域化、多样化的重要角色。

杨再思从杨氏祖先到区域性神明的演变轨迹，其实是经历了神明的“标准化”“正统化”历程。如果没有国家边疆开发背景下对其的干预、该区域社会多族群创造出的多元宗教信仰，使得不同族群统一接受被贴上某家族姓氏标签的“土著”性神明可能不是一件容易的事。中央王朝通过敕封地方神明并加以推广来达到对地方社会的控制，通过民间信仰实现国家力量对地方社会的统一，即实现多元文化的大一统。[①] 以官员为代表的地方精英在鼓励和推行飞山公信仰时能给他们统治的地方社会带来诸如开化、秩序和对国家忠诚之类的好处。湘黔桂界邻地区“土著”兼外来的多族群，在面对中央王朝边疆开发时，冲突更是频繁，社会秩序总是处于一种

① James L. Watson, “Standardizing the Gods: The promotion of T'ien-hou (‘Empress of Heaven’) along the south, China Coast, 960 – 1960,” in David Johnson, Andrew J. Nathan, Evelyn S. Rawski, eds., *Popular Culture in Late Imperal China*, University of California Press, 1985, pp. 292 – 324.

被破坏又重建的动荡之中，这进一步促使官员努力创生飞山公灵验故事。该区域的族群、历史等因素决定了飞山公与其他地方神明的诸多不同，更多地被贴上“忠于朝廷”“助朝平乱”等标签。不难发现，所谓帝国进入地方社会的过程，是与对地方神明信仰进行“标准化”的努力相一致的。中央王朝与地方官员在对飞山公进行描述时多指其显灵平定叛乱，而这被平定的对象就是飞山公最广大信众者的苗、侗等族群，人们何以会接受这样一位神明？

以清早期的苗人为例，雍正初年，清政府开始加强对苗人地区的统治，逐步推行“蛮悉改流，苗亦归化”的政策，其中“蛮”指由土司统治的“熟苗”地区，“苗”指既无土司统治，也未设流官，即无君长，不相统属的“生苗”之地。由于战乱不断，人们生活受到严重影响，从云贵总督张广泗于乾隆元年（1736）向朝廷呈送的《朱折》中可以知道战乱对苗人生活的严重影响，战乱中被毁苗寨1224座，被杀苗人17600余人，被俘苗人25000余人，其中11000余人被杀。被俘者家人被“充赏为奴”者计13600余人，另外部分因清军围寨，被迫投崖自尽及饿死山林者，实不下万人，另有久匿山林，冻饿患病死亡者亦不下万人，战乱后苗人人口较之从前，不过十存五六或者十存二三而已。①

湘黔桂界邻地区当下的飞山公信仰实践中，多在强调飞山公“地方社会保护神”的神职，也许可以推测的是：飞山公之所以被人们接受，并非完全是因为国家推行的神明“标准化”“正统化”行为，而是因为如上文所呈现的战乱对于苗、侗等族群生命财产的严重影响，信奉飞山公是人们追求平安稳定的现实生活需要下的信仰选择。民众在传播飞山公信仰的过程中可能经历了由被动到主动，这也是被称为“蛮”的族群在与中央王朝对抗中战乱不断及

① 中国第一历史档案馆、中国人民大学清史研究所、贵州省档案馆合编《清代前期苗民起义档案史料汇编》，光明日报出版社，1987，第2~5页。

其大量人口移动的结果。对同一神明的崇拜能起到加强族性的作用，[①] 而飞山公杨再思作为不同族群杨氏“祖先”的身份，对其信奉更是有利于跨越“族性”而强化杨氏宗族性，以壮大自身势力抗拒外力。

民间信仰作为一种表达方式，信仰和仪式常常相当稳定地保存着在其演变过程中所积淀的社会文化内容，更深刻地反映了乡村社会的内在秩序。正因为如此，我们才能够把在某一“共时态”中见到的乡村庙宇及其仪式行为，视为一个复杂的、互动的、长期的历史过程的“结晶”和“缩影”，通过民间信仰所反映的“社会空间”，实际上“全息”地反映了多重迭合的动态的社会演变的“时间历程”。[②] 从当下“共时态”中所见到的湘黔桂界邻地区不同空间场域下的飞山公信仰的“多样性”实践，折射出该地域社会民众基本生活状况中的地域社会结构及其支配关系等。

其实从湘黔桂界邻地区的碑刻及民间文献对飞山公的记载亦知飞山公与当地民众生活息息相关，飞山公信仰已融入了民众的基本生活中。这也是为什么飞山公信仰虽然受到民国及解放以来的政策性影响，但仍然能在改革开放后政策允许的条件下快速复兴。以靖州地飞山公信仰为典型代表，庙宇得以复修，信仰仪式得以延续并创新。基于普通民众的基本生活，飞山公是一位“有求必应”的神明，但是飞山公“地方社会保护神”的身份又于祭祀仪式中的烧草鞋、马粮等环节中被强调，不断地在仪式行为中强化飞山公的这一神职，可以用杜赞奇提出的“刻划标志”来形容。这一切主要是因为湘黔桂界邻区域历经不同朝代战乱的历史背景，在朝廷推行边疆管埋举措中将飞山公“刻划”成忠君爱国、维护地方社会

---

① G. William Skinner: *Chinese Society in Thailand*, Ithaca: Cornell Universty Press, 1957, p. 84.

② 郑振满、陈春声主编《民间信仰与社会空间》，福建人民出版社，2003，第2页。

稳定的形象；而民众作为其中的参与者，对和谐稳定的生活追求经历代的沉积，飞山公带兵打仗、维护地方社会稳定的形象已被“刻划”进记忆，并将其武将身份的历史想象付诸信仰的实践化、地方化。

在此不得不提及的是随着清水江、渠水等主要河流的疏通，水运下的木材、桐油等各种商品的流动，带动了整个区域经济的发展，随之而来的是保护水运神明的产生，诸如水神杨公。民众将飞山公与水神杨公混融一起，亦赋予了飞山公水神的神职，所以该区域内部分飞山庙才有了由山地向溪河边的变迁。随着水运的没落，水神消失于江边，而飞山公又恢复了“原来的神职”。水神杨公信仰是水路运输带动下的区域经济发展产物，民众基于地方生境需求的功利性、现实性决定了水神杨公在水运扮演重要角色的明至清末时期成为民众信奉的重要神明，同时伴随水运经济生活退出区域社会舞台而消失。这也从某种程度上映衬了区域社会生境的地域性与时代性。我们可以看到民众应对社会变迁的策略性：他们可以创造出某个神明，也可以赋予某一神明新的神职。

随着历史的前行，该地域社会与中央王朝的对抗性减少，战乱也随之消失于民众的生活中，但是匪患等新的灾难继续困扰着该区域民众，所以当下民众所传承下来的较为晚近的诸多飞山公灵应故事皆与其有关。人们对于匪患之难记忆犹新：

> 顽匪吴君庭、申亚藩等，心怀叵测，乘我军奉命撤出靖城之际，里应外合，把贵州黎平匪首杨标请来靖县，盘踞靖城。他们大吹大擂，自称有几千人。他们胡作非为，把靖城变成一个大赌场，什么落地红、扒摊、花会公司等。赌博场所搞得乌烟瘴气，市面萧条，人民处于水深火热之中。他们阻击攻打偷袭我人民解放军连山驻地，大吃败仗，伤亡惨重，还要在四门张贴所谓攻打连山的胜利捷报。他们强行派款，要老百姓出钱

> 慰劳伤员。在濂溪宫（今电影院背后），我看到那顽固不化的土匪，个个狼狈不堪。他们强杀无辜，令人发指。一天上午，我看到一个百姓服饰的青年，五花大绑，被几个土匪押着游街示众，说是解放军的探子，经新桥街，下熙街过西门至打马鞭处枪决，他们横行霸道，毫无人性。一次在前河街，一个土匪伙夫肩挑一担水，撞着我的臀部，没等我说话，他反而怒气冲冲地叫我站住，恶狠狠地指着我的鼻梁和他的三角臂章，指手画脚地说：你怕我是挑水的。意思是他是九路军，比八路军还要高一级，小看了他。我好笑又好气，强忍着这窝囊气离开那个是非之地。土匪终归是土匪，不会有好的下场。①

以上此类回忆中的匪患灾难的历史离当下还并不遥远，从其清晰的回忆中可以看到民众生活中真实经历的事件。在时空演变下民众将这些亲身经历的事件转化为神明灵验的话语主体，从中可以推测民间神明灵验故事的建构逻辑，也就是将记忆生活世界中对自我生产生活产生重大影响的事件灵应化。因此我们不难看出诸如飞山公显灵平乱等叙事之下相关事件皆是曾经民众生活世界的某种真实，对灵应故事的解读也就是对区域社会曾经的历史进行重构。

家族是传统中国社会的基层结构，边疆开拓与治理下的战乱及其移民构成了该区域社会最大的特点。而在移民的背景之下，家族在该区域社会结构中的位置又显得尤为特别。湖南、贵州曾经的“蛮地”有着诸多的“土著”大姓，如向氏、苏氏、彭氏、符氏、杨氏等。湘黔桂界邻地区有杨、粟、吴、龙、石等诸多“土著”或外来姓氏。每一个姓氏代表着不同的家族势力，移民的历史往往又刺激了家族界限的划分与强化，所以能够看到该区域内不同家族

① 吴裕柏：《话说新旧靖州城》，载政协湖南省靖州苗族侗族自治县委员会学习文史委员会编《靖州文史》第8辑（内部刊物），1997，第36~37页。

多借助族谱的编修等方式来建构家族的势力。而随着大量移民的进入，旧有的社会秩序受到较大的冲击，移民群体为融入新的地域而对原有“土著”大姓的依附在某一时段实难避免。

而从当下不同家族对待飞山公的态度中，往往能探知该地域社会的家族结构及其地域支配关系等问题。既然家族在移民的背景下不断强化各自的界限，那么神明在该区域社会中往往就成为家族的符号和地方社会秩序的象征。三省坡六爽侗寨基于“开基祖先神”建构下的飞山大王、二王、三王、四王庙的命名及其祭祀飞山大王中各姓氏的共同参与，是不同家族在移民背景下“居住权”获得的先后顺序的反映，同时也是弱小家族对于社会秩序的一种尊重。而会同沙溪一带飞山公信仰被各个姓氏信奉，但是其他诸如林、王、蔡等姓氏又不断地通过“学法祖先神”的方式建构了象征本家族的神明。从对飞山公的信奉能看出这些家族曾经初到该地及一段时间内对杨氏大族的依附，但随着林氏等家族势力的扩大，争取更多的本姓祖先神“林太公”或“林太婆”的信仰空间并逐渐放弃飞山公信仰则成为林氏人群共同努力的目标，所以我们才能看到曾发生的“抬太婆”仪式中的械斗事件。而作为家族势力弱于杨氏而又强于其他家族的龙氏来说，不管是族谱书写还是实际行动，都是在拒绝飞山公而建构本姓氏“英雄祖先神”。在湘黔桂界邻区域村落社会之中，飞山公信仰具有较明显的家族区别性，这些区别的存在在很大程度上与时空脉络下的家族兴衰有着密切关系。

吴、龙二氏又为靖州苗巨族，吴氏尤盛。据光绪《靖州志》苗寨寨长三十七人，吴居十四，龙居其三。且自宋以来，即著闻于辰州等一带。《宋史溪峒传》宋淳熙十一年，沅州生界仡伶副峒官吴自由率峒官杨友禄等谋为乱。吴、龙、石、麻、廖，明以前无闻。大抵明初以吴姓为盛，弘、正后以龙姓为盛，清康、乾间著闻者多为吴、石二姓，道、咸以来，吴、

> 石、龙并盛，麻、廖视三姓稍逊焉。明及清初，苗疆土官大率为田氏，至咸丰而吴、龙、麻亦为土官。
>
> 而吴氏实为通道清代科第首族，龙氏明清二代，并盛于绥宁、会同，靖州、城步及其近邻武冈，亦皆有此二姓。通道在明代以杨氏为首族，吴氏仅贡生一人，至清代吴氏激增，计有举人一人，拔贡四人，贡生二十三人，遂超越于杨氏之上。
>
> 靖州、绥宁、通道三地，杨氏在明时期皆为第一族，在清皆为第二族，靖次于储氏，绥次于黄氏，通次于吴氏。会同，明次于梁、唐而为第三族，清代次于梁、唐、林而为第四族。①

以上文字为谭其骧对该区域姓氏及其姓氏登科情况的考证从而梳理该区域土著大姓的汉化关系，对其解读我们可以看出该区域不同姓氏所代表的家族在不同时代的情况。其中吴氏与杨氏曾都为该区域大族，所以元、明、清都有吴姓人群率领民众与中央王朝发生冲突的案例。而在不同时代，我们可以看到不同姓氏存在兴衰之变。以飞山公杨再思后裔自诩的杨氏作为该区域的大姓家族是没有任何争议的，在明时尚为靖州、绥宁、通道一带第一族，只是在清后出现了一定的衰落，成为储、黄、吴后的第二族。因此，飞山公信仰的兴盛与否与家族势力的变化有着必然的联系。

杨氏一直在孜孜不倦地通过族谱及其他不同举措建构飞山公杨再思的“英雄神祖”形象。族谱不仅是乡村社会历史文化的重要载体，更是乡村社会生活的重要组成部分，它一方面是一个具体的动态的社会或社区历史过程的产物和结果，同时人们对它的使用和流传，又使它往往作为一种文化权力因素参与这一历史过程，对社

① 谭其骧：《近代湖南人中之蛮族血统》，《史学年报》第 2 卷第 5 期，1939 年，第 12～20 页。

区关系、仪式传统和文化习俗产生作用和影响，族谱文本于是具有了社会功能和内在意义。[①] 所以我们可以看到当下杨氏精英们在早期不同版本的杨氏谱牒编修基础上，围绕“英雄神祖”编修出了多卷《杨再思氏族通志》，借以为当下杨氏通过联宗等方式强化家族认同而服务，并创办了研究杨再思文化的期刊，这些举措在某种程度上是在表达历史上杨氏曾经的辉煌，并昭示其当代强势的崛起。

伴随着社会的变迁，地方经济发展的路径也随之发生了转变，历史文化作为可以带动地域经济发展的文化资源，被政府日益重视，杨再思因其背后的“飞山蛮”历史文化及其拥有大量的不同族群、不同家族的信众而被视为“历史名人”进行利用。不管是当下不同场域民众多样化的飞山公信仰实践，还是杨氏人群及其地方政府当下的各种话语或挖掘历史族群文化实践，都可以视为以这位区域性神明来表达当下人们对湘黔桂界邻区域社会历史的认识。

在战乱、移民、文化资源发掘等历史情境下所形成的社会结构中，呈现飞山公介于人与神之间的多重形象，以及在生活实践中基于人群结构差异而无法以某种形象标准统一界定其存在的事实。自宋至清历代中央王朝都曾致力推行的神明“标准化”“正统化”，只是该区域社会中信仰演变的一种可能趋向，而不同历史时期特定区域社会空间中，人们基于客观条件与主观需要展开的飞山公信仰实践，则再现了这一信仰文化多样性与区域社会结构演变之间的紧密关联与张力所在。

① 饶伟新：《导言：族谱与社会文化史研究》，载饶伟新主编《族谱研究》，第1~3页。

附　录

一　湘黔桂界邻区域飞山庙部分统计表

所在地			名称	建立时间	祭祀时间	出处,现存与否
湖南省	靖州苗族侗族自治县	飞山乡飞山村	飞山庙	明正统十年重建	六月初六十月二十六	经多次修葺,现存
		城东门外江东正街	渠阳庙	不详	不详	清康熙《靖州志》卷三,已毁
		城西门外	威远侯祠	不详	不详	清光绪《靖州直隶志》卷三,已毁
		甘棠镇唐家坳	飞山庙	不详	不详	“文革”时期毁坏
		甘棠镇陈家团	威远侯祠	不详	不详	已改为黄太公庙
		大堡子镇梅子村	飞山太子庙	同治七年	六月十九或上、中、下元	1995年重建,2006年毁于大水,现存遗迹
		文溪乡金马村	飞山宫	不详	时间不固定	1993年重建,现存
		三锹苗族乡菜地村	飞山庙	不详	不详	靖州民宗局档案,已毁
		县城北门外偏东	飞山庙	不详	春秋二祭	明《靖州洪武志》,已毁
		县城西门外	飞山庙	不详	同上	清康熙《靖州志》卷三,已毁

续表

<table>
<tr><th colspan="3">所在地</th><th>名称</th><th>建立时间</th><th>祭祀时间</th><th>出处,现存与否</th></tr>
<tr><td rowspan="16">湖南省</td><td rowspan="11">绥宁县</td><td>东山乡东山村</td><td>飞山庙</td><td>明洪武元年</td><td>六月初六</td><td>现存</td></tr>
<tr><td>东山乡翁溪村</td><td>飞山庙</td><td>20世纪90年代初重建</td><td>上中下元</td><td>同上</td></tr>
<tr><td>东山乡横坡村</td><td>威远侯祠</td><td>清乾隆时期</td><td>同上</td><td>同上</td></tr>
<tr><td>东山乡横坡村</td><td>身少斗祠</td><td>清乾隆时期</td><td>同上</td><td>同上</td></tr>
<tr><td>朝仪侗族乡铁坡村</td><td>飞山祠</td><td>清康熙年间</td><td>同上</td><td>同上</td></tr>
<tr><td>唐家坊乡梅溪</td><td>飞山庵</td><td>不详</td><td>同上</td><td>同上</td></tr>
<tr><td>寨市苗族侗族自治乡</td><td>飞山庙</td><td>不详</td><td>不详</td><td>绥宁县民宗局档案,已毁</td></tr>
<tr><td>竹舟江苗族乡半边月</td><td>飞山庙</td><td>不详</td><td>六月初六</td><td>现存</td></tr>
<tr><td>关峡乡大荣</td><td>飞山庙</td><td>不详</td><td>不详</td><td>绥宁县民宗局档案,已毁</td></tr>
<tr><td>鹅公乡上白村</td><td>飞山庙</td><td>不详</td><td>初一、十五</td><td>现存</td></tr>
<tr><td>东山乡阳溪村</td><td>飞山庙</td><td>不详</td><td>不详</td><td>绥宁县民宗局档案,已毁</td></tr>
<tr><td rowspan="5">通道侗族自治县</td><td>城东</td><td>飞山庙</td><td>不详</td><td>不详</td><td>清康熙《靖州志》卷三,已毁</td></tr>
<tr><td>城东</td><td>威远侯祠</td><td>不详</td><td>不详</td><td>清嘉庆《通道县志》卷二,已毁</td></tr>
<tr><td>平坦乡平坦村</td><td>飞山宫</td><td>始建于清光绪年间,后重修</td><td>吴姓祖宗节祭祀</td><td>现存,吴姓所建</td></tr>
<tr><td>平坦乡平坦村</td><td>飞山宫</td><td>不详</td><td>杨姓祖宗节祭祀</td><td>现存,杨姓所建</td></tr>
<tr><td>平坦乡平日村</td><td>飞山宫</td><td>清光绪年间</td><td>祭祀时间不固定</td><td>现存</td></tr>
</table>

续表

所在地			名称	建立时间	祭祀时间	出处，现存与否
湖南省	通道侗族自治县	平坦乡高步村	飞山庙	清光绪三十二年	二月初二	现存碑刻所载，已毁
		平坦乡阳烂村	飞山庙	不详	不详	同上
		陇城镇路唐村	飞山宫	不详	三月初三	1952年被破坏，现已改为老年活动中心
		陇城镇中步村	飞山庙	不详	不详	现存遗迹
		远冲村	飞山宫	不详	祭祀时间不固定	现存
		独坡八寨	飞山庙	不详	大年三十	同上
		播阳镇贯团	飞山庙	明万历年间	三月初三、六月初六	《中国侗族村寨文化》，已毁
		播阳镇屹团贾寨	飞山庙	同上	同上	同上
		播阳镇古团	飞山庙	同上	同上	同上
		播阳镇寨头	飞山庙	同上	同上	同上
		播阳镇新寨	飞山庙	同上	同上	同上
		播阳镇陈团	飞山庙	同上	同上	同上
		溪口乡上罗成	飞山祠	不详	祭祀时间不固定	现存
		下乡乡流源村	飞山庙	不详	大年三十	现存三座
	会同县	金子岩侗族苗族乡	飞山庙	不详	不详	只存遗址
		漠滨乡金子村	杨公庙	不详	正月初一	现存
		长寨乡大市村	杨公庙	不详	同上	同上
		炮团乡杨湾团	杨公庙	不详	同上	同上
		沙溪乡沙溪村	飞山庙	不详	六月初六、十月二十六	同上
		沙溪乡双门村	飞山庙	清朝	十月二十三	同上
		沙溪乡陆家村	飞山庙	不详	六月初六	同上
		沙溪乡冷溪村	飞山庙	清咸丰年间	初一、十五	同上
		连山乡	飞山庙又名会山庙	不详	祭祀时间不固定	同上

续表

所在地			名称	建立时间	祭祀时间	出处，现存与否
湖南省	辰溪县	安坪镇	飞山庙	不详	初一、十五	现存
		龙泉岩乡水田垅	飞山庙	不详	不详	同上
	吉首市	乾州古城周家坪	飞山庙	不详	不详	已毁
	凤凰县	凤凰勾良苗寨	飞山公主庙	不详	初一、十五	现存
	芷江侗族自治县	河西后街	飞山宫	靖州客民于清雍正八年建	不详	《芷江宗教志》，民国初年毁
	城步苗族自治县	杉坊	飞山庙	不详	不详	现存
		蒋坊镇蒋坊村老屋场寨	飞山庙	不详	不详	同上
		蒋坊村岩底园	飞山庙	不详	不详	同上
	新晃侗族自治县	民族中学靠街半山坡	飞山庙	不详	不详	1953 年扩建校舍时被拆毁
		贡溪乡天井寨	飞山庙	不详	春节	毁于“文革”
		中寨镇紫云寨脚	飞山庙	不详	不详	已毁
		扶罗镇皂溪	飞山庙	不详	不详	同上
	花垣县	高岩	飞山庙	明洪武十九年	不详	毁于“文革”
	麻阳苗族自治县	县城北	飞山庙	不详	不详	嘉庆《大清一统志》卷 369，已毁
	溆浦县	江口镇张家团	飞山庙	明万历年间	九月初九	现存
	洪江市	洪市鳌龙坪	飞山宫	嘉庆十七年，靖属会馆	不详	光绪《会同县志》，已毁

续表

所在地			名称	建立时间	祭祀时间	出处,现存与否
贵州省	锦屏县	锦屏县城王寨	飞山庙	清乾隆三十四年建	不详	现存
		县城东令冲	飞山庙	清嘉庆初年	不详	《乡土锦屏》,已毁
		平阳村下高寨	飞山宫	不详	不详	《乡土锦屏》,毁于“文革”
		平略镇地芽苗寨	飞山庙	民国13年建	不详	1959年被拆,1992年重修
		启蒙镇地稠村	飞山庙	清代,具体时间不详	不详	《乡土锦屏》,民国时期腐坏
		平秋镇桥问	飞山庙	清代后期	不详	1966年毁,1990年复修
		彦洞乡黄门	飞山庙	不详	时间不固定	现存
		九寨魁胆桥问村	飞山庙	不详	同上	同上
	黎平县	黎平	飞山庙	洪武十年建	不详	明嘉靖《贵州通志》卷七,已毁
		黎平	英惠侯祠即飞山祠	始建年代不详,光绪七年重修	不详	清光绪《黎平府志》卷二下,已毁
		黎平	飞山庙	洪武十九年迁建于此	不详	同上
		县城玉皇阁、草鞋铺各一座	飞山庙	不详	不详	光绪《黎平府志》卷二下,分别毁于战乱和“文革”
		县城	二王庙	不详	不详	同上
		中潮镇佳所	令公祠	不详	六月初六、大年三十	已毁
		坝寨乡路团	飞山庙	不详	初一、十五	现存
		肇兴	飞山庙	不详	不详	已毁
		洪州镇六爽侗寨	飞山大王庙	清末	正月初八	现存

续表

所在地			名称	建立时间	祭祀时间	出处，现存与否
贵州省	黎平县	洪州镇平架村	飞山庙	不详	各个姓氏祭祀时间不一致	已毁
		水口镇水口村新寨	飞山庙	不详	正月初八	现存
		水口镇已流村	飞山庙	不详	初一、十五	毁于“文革”，2002年复修
		水口安民茨洞	飞山庙	不详	正月初一	毁于“文革”
		雷洞乡雷洞村	飞山宫	不详	初一、十五	现存
		雷洞乡牙双村	飞山庙	不详	正月初八	同上
		雷洞乡培福水族村	飞山庙	不详	大年三十、正月初一、六月初六	1964年迁至当下位置
		高屯镇潭溪村	飞山土主庙	不详	十月十二日	20世纪50年代毁
		高屯镇盎寨村	飞山土祖庙	不详	正月初一	毁于“文革”，2009年复修
		罗里乡下平头侗寨	飞山庙	不详	六月初六、十月二十六	现存
		罗里乡上平头侗寨	飞山庙	不详	六月逢巳日	同上
		罗里乡沟溪村	飞山庙	不详	正月初三	同上
		尚重镇育洞村	飞山庙	不详	六月初六	同上
	天柱县	县治西门外	飞山庙	建于明初，顺治十八年重建	不详	清康熙《天柱县志》，已毁
		县东	飞山庙	不详	不详	清康熙《靖州志》卷三，已毁
		由义里五甲界	飞山庙	不详	不详	《镇远府志》，已毁
		团里上半里裸寨	飞山庙	不详	不详	同上
		兴文里一甲地湖	飞山庙	不详	六月初六	现存
		兴文里二甲	飞山庙	不详	不详	《镇远府志》，已毁

续表

所在地			名称	建立时间	祭祀时间	出处，现存与否
贵州省	天柱县	兴文里七甲	飞山庙	不详	不详	《镇远府志》已毁
		新兴里七甲	飞山庙	不详	不详	已毁
		二团里四甲	飞山庙	不详	不详	同上
		新增里一甲	飞山庙	不详	不详	同上
		新增里八甲	飞山庙	不详	不详	同上
		坊厢里七甲	飞山会、飞山庙	不详	不详	同上
		新兴里七甲	飞山庙	不详	不详	同上
	镇远县	镇远东门	飞山庙	清嘉庆年间	不详	正重建
		镇远平冒团	飞山庙	不详	不详	明嘉靖《贵州通志》卷七，已毁
		尚寨土家族乡	飞山庙	不详	六月初六	尚存
	铜仁市	碧江区东山东部山脚	飞山庙	明正德年间	不详	国家重点文物，现存
		杉木溪	飞山庙	不详	不详	现存遗址
	印江土家族苗族自治县	木黄镇老寨村	飞山庙	不详	六月初六	现存
		北门城外	飞山庙	不详	不详	已毁
	三穗县	良上乡云上与上寨之间	飞山庙	清光绪年间	不详	毁于“大跃进”时期
		木界村	飞山庙	不详	不详	现存
	施秉县	县东门外	飞山庙	不详	不详	《镇远府志》卷十九，已毁
		右司严头寨	飞山庙	不详	不详	同上
	榕江县	古州镇高武村	飞山庙	不详	祭祀时间不固定	现存
		榕江县城郊杨家湾	飞山庙	不详	同上	同上
	玉屏侗族自治县	县北门外	飞山庙	明时建	不详	《贵州通志》卷十，已毁

续表

所在地			名称	建立时间	祭祀时间	出处，现存与否
贵州省	岑巩县	城南点灯山下之飞山麓	飞山庙	清乾隆五十一年重建	不详	1952 年神像被毁，现存遗址
贵州省	岑巩县	县城	飞山庙	不详	二月初二、十月二十	县文保
贵州省	岑巩县	县南舞阳河岸万家坪	飞山庙	清雍正四年建	同上	2011 年复修
贵州省	惠水县	麻乡公朋村	飞山庙	不详	不详	1935 年改为学校 1984 年复修
贵州省	松桃苗族自治县	城南对岸	飞山庙	不详	不详	道光《松桃厅志》卷九
贵州省	贵阳市	贵阳市飞山街	飞山庙	清乾隆六年	不详	毁于“文革”
广西壮族自治区	三江侗族自治县	八江岩寨屯	飞山宫	清同治三年	祭祀时间不固定	现存
广西壮族自治区	三江侗族自治县	周坪乡平转村	飞山宫	清雍正元年	不详	“文革”时被破坏，只剩框架
广西壮族自治区	三江侗族自治县	林溪乡平寨屯	飞山宫	近代，具体时间不详	初一、十五	现存
广西壮族自治区	三江侗族自治县	林溪乡林溪街	飞山宫	不详	不详	已毁
广西壮族自治区	三江侗族自治县	林溪乡高友村	飞山宫	清嘉庆年间	时间不固定	现存
广西壮族自治区	三江侗族自治县	同乐苗族乡	大飞山庙	明永历年间	不详	1958 年被毁
广西壮族自治区	三江侗族自治县	同乐苗族乡	飞山宫	民国初期	不详	1968 年被毁
广西壮族自治区	三江侗族自治县	程阳东室	飞山庙	不详	不详	已毁
广西壮族自治区	三江侗族自治县	程阳平室	飞山庙	不详	不详	同上
广西壮族自治区	三江侗族自治县	程阳平埔	飞山庙	不详	不详	同上
广西壮族自治区	三江侗族自治县	程阳东寨	飞山庙	不详	十月二十六	毁于 1964 年，20 世纪 90 年代末复修
广西壮族自治区	三江侗族自治县	三省坡干冲	飞山宫	不详	六月初六	现存
广西壮族自治区	三江侗族自治县	八江乡马胖	飞山庙	建于清	正月初九	同上

续表

所在地			名称	建立时间	祭祀时间	出处，现存与否
广西壮族自治区	三江侗族自治县	独洞乡独洞村	飞山庙	不详	正月初一至初三	现存
		独洞乡巴团村	飞山庙	清中叶	正月初一	同上
		独洞乡高定村	飞山庙	不详	时间不固定	石头搭建小庙，现存
	龙胜各族自治县	平等村	飞山庙	不详	正月初一、十五	1958 年庙改为粮库
		龙坪寨	飞山庙	不详	不详	现存

注：该《湘黔桂界邻区域飞山庙部分统计表》由笔者基于田野调查及结合前人研究与地方文献等综合整理而成，重庆及湖北亦存在一定数量的飞山庙，没有放于此统计表中。限于空间与时间等因素，此表只是部分飞山庙统计，实际该区域飞山庙远不止这些庙宇。

二　村落中的《祭祀飞山大王经文》[①]

二月初二日祭飞山庙，先祭达摩，后来进庙用诀。统开庙门锁，弟子进来，右边巡，大寄、二寄坐两边。弟子进来，座天国海一香未到，庙堂门下烧起二、三炷，焚香、焚香到香焚，香生在何州，生在何县，生在西眉山上下，只见混沌年二十七日七夜，眉风细雨，打落深塘海岸，五龙相打，波浪登天，凡人不敢近前。先通州县，后奏朝廷，鲁班先人左手提刀，右手提剑，金刀斩下赳斧，必开执在香炉头上，押在香炉头下，上烧无风自起，下烧无火自焚，上烧一炷，黄云盖天，中烧二炷，紫云盖地，下烧三炷，通铺十方，焚香炮炮，奏上天朝，焚香分：奏上天门，焚香敬请当年当月当日当时五方三界四面功传文使，前去靖州飞山寨上下马王江口曲河大殿，不请何神，敬请飞山土主威

① 该经文由笔者于田野调查搜集整理而成。

远侯王、五溪郡主昭灵、德胜二王、大王十万雄兵，二王八万草将，黑座云雨，两位朝廷大王，潘、郑、韩、孟四位夫人，大王潘夫君，二王郑夫人，大王巡山土地，二王巡香土地，左判门官，右判户典黑神合龙总官，左手提书，右把案前，前殿金花小娘，后殿银花小妹，前殿谷雨太公，后殿谷雨太婆，把口法，二师虚空过往，一切圣众请在庙堂里内受领真香，一心奉请。敬请龙家主、吴家主、杨家主、黄家主、人老地主、土老地将，请在庙堂里内受领真香，一心奉请。弟子拜授三炫两教五炫七教，前传后教，众位宗师，太上老君、太上道君、紫薇龙虎二位真君、三元法主、三元教主、三元座主、万法宗师、家堂土地，九夷人马，请在庙堂里内再焚真香，一心奉请。人有一吽，神有三请，飞山土主威远侯王，大王十万雄兵，二王八万草将，两尾巡查两衙土地，金花小娘、银花小妹、左判门官、右判户典，请在庙堂里内受领真香，一心奉请。人有一吽，神有二请，诸位神祇立身安位，弟子各请一声，万圣降灵，各请二声，千神来到，东方不来，焚香请来，西方不到，焚香请到，诸未到，班车下马銮车下降，未到已久，未到以毕。弟子未通人民，先通州县，今提：广西柳州府怀远县上大营甲团居住奉。

神今有合团众姓人等，一头二头两家户主虔诚备办：香炉头香，净酒二封，熟饭二罗，洪猪一口，银钱一宗，明灯、蜡烛、光灯、宝照献上，众位圣神，人人有分，圣神有筵，阴间领受，阳间抬头保佑。保佑一头二头两家户主，家门清吉，人口平安，财钱广进，人畜兴旺，五谷丰收，疾病消除。保佑合团众姓人等家家清吉，户户平安，人人坐在青龙头，个个坐在□□之中，人人长福消灾，个个增筵福寿，老者身中康泰，少者寿命延长。保佑合团众等出入交易货财升值，商贾生涯顺手利乐，一本万利。保佑士人入学读书，临场考试青云得雾，独占鳌头，一举首登龙虎榜，十年顺到凤凰职。保佑众等田中禾稻、五谷禾苗、春而耕作，实种实收，夏而高云，实发实秀，秋而收户，实坚实好。我渴即盈，我于为义。保佑弟子上江来寻，下江来求，广行香火，祖师向前，本师在后，在家清吉，出路平安。保佑合团众等六畜兴旺，牛有濈濈之耳，羊有湿湿之角，犬有转邦之庐，猪有肥泽之豕，鸡有觸，鸭之大斯，鵞之多。保佑合团众等般般遂意，万事亨通，横祸、火灾、疾病、口舌运送它方，横财磊磊进团门，件件保得周全。今有香炉头香，酒酹二封，熟饭二罗，洪猪一口，银钱一宗，弟子相生以过上熟以来，今有钱财用凭火化。

敬熟口语：

伏以，神通好好，圣德昭彰，凡有祈祷，必蒙感应，谨焚真香，一心奉请。弟子上生以过，上熟以来，今有香炉头香，净酒二封，熟饭二罗，洪猪一口，银钱一宗，献上众位神祇、众神将、众位师真、众位曹师，人人有分，圣神有筵，阴间领受，阳间保佑，保佑合团众姓老幼男女，男是清吉，女是平安，人人长福消灾，个个增延福寿，老者身中康泰，少者寿命延长，年上无灾，月下无难，一年之内四季之中，般般遂意，万事亨通，保佑众等出入交易，五方五路求财空手出门，提财入户。保佑士人读书日日上进，临场考试步步高升，一举成名天下知，十年顺到凤凰职。保佑弟子玄门显旺，香火通行，千家有请，万户来迎，神圣有感，望师降灵。保佑合团众等，田中禾稻、五谷禾苗，风来长根，雨来长叶，根根相对，现现相连，八九月以来，千石入门，万石入库，朝吃一升，夜还一斗，朝口岩山不动，夜口海水长流。保佑上等，朝知自去，夜知自回，放在山中靠山为主，若在路中靠路为主，高坡莫去，远处臭行，保佑众等猪材楼上养，猪娄下养羊，槽头吃食，槽尾长膘，朝长千斤，夜长万两。保佑下等鸡鹅鸭一母向前，百子在后，天上黄鸡不打，地下野邬不偷，天上雾云遮盖，地下百草藏身。保佑以过耿戒，以来耿戒，天地年月瘟日、瘟时……

又送神语：

飞山大王威远侯王，五溪郡主招灵、德胜二王，大王十万阴兵，二王八万草将，黑座、云雨两位朝廷大王，大王潘夫君，二王郑夫人，大王巡山土地，二王巡香土地，潘、郑、韩、孟四位夫人，左判门官，右判户典，黑神合龙总官，左提书，右把案，前殿金花小娘，后殿银花小妹，前殿谷雨太公，后殿谷雨太婆，把坛杨法二师，庙堂土地，虚空过往，一切圣众收领香炉头香，净酒二封，熟饭二罗，洪猪一口，银钱一宗，众位神祇来时有请，去时用送，先时不来，焚香请来。今者奉送，焚香钱财奉送，奉送飞山大王威远侯王，五溪郡主，昭灵、德胜二王，一心一意送去靖州飞山寨上下马王江口曲河大殿，有坛归坛，有殿归殿，三口住在庙堂里内，保佑合团众等善男善女，家家清吉，龙、吴家主，杨、黄家主，八老地主，土老地将，三坛两教，两坛三教，前传后教，众位亲师、太上老君、太上道君、紫薇帝君、龙虎二位真君、三元法主、三元教主、三元座主、万法宗师、祖师、本师、祖本二师，家堂土地、九夷人马、众位师真、众曹师父、受领香炉头香、净酒二封、熟饭二罗、洪猪一口、银钱俵四纂，来时有请，去时有送，先请不来，焚香请来，今时奉送，焚香钱财奉送，有坛归坛，有坟归坟，有墓归墓，送神千里，各归原位，今有同驾钱财用丙火化。

三　飞山神祠碑记[①]

——明参将金章重刻宋靖州录事谢繇

飞山之神，自有靖州以来，已着灵迹。元丰六年赐庙显灵，三十年，封威远侯。按志，宋淳祐间，已加为英惠公；此祀作于前，故只称侯。特为表之，血食此土，福庇一方，于今八十余年。岁时

① 原载于道光《靖州志》等。

水旱，祈求验如影响。正庙在飞山绝顶，一州之民凡有祷祀，皆登陟于高峰之上。旧有行祠建于刀弩营前。绍兴二十五年，崔守移置于方广寺门之左；乾道六年，詹守复移置于寺侧之西，然皆一时草剏。淳熙三年，来威中洞姚民敖作过，朝廷调发江陵驻扎统制率逢源提兵收捕，密祷于神，既与贼战，觉空中飞沙飘石，奔风急雨，贼皆股栗，望风而退，由此获捷。率乃答神之贻，增修行祠，易以竹瓦，添置泊水，覆以茆茨。日月逾迈，风雨飘飖，上漏下湿，神像几暴露矣。九年正月，淦阳孙公国传来守是邦，下车之初，百废具举，始修学宫，备器械，整官舍，至于仓库场务犴狱之属，修葺一百余间，悉覆以瓦，其勤可谓至矣。公尝语于众曰："备员于兹，雨阳时若，年谷屡丰，赖神之力居多。兹及瓜不远，而神祠弊漏如此，倘不能有以报之，是谁之责？"乃出己俸，鸠工市材，取新去故，易小以大，重建堂殿泊水，增置厨房一间，易茆以瓦，□之以墙，涂以丹雘，匪雕匪斫，不侈不陋，尺椽片瓦，不扰于民，庙貌尊严，栋宇轮奂，缔始于次年□□之朔，告成于季冬既望，乃举酹而祀之曰：

飞山之神，功德兼隆。福庇一州，庙食侯封。
八十余年，远迩钦崇。自惟不才，符分虎铜。
二年于兹，自春徂冬。所祈必应，有感必通。
雨阳应候，时和岁丰。民安盗息，皆神之功。
何以论报，茀竭恪恭。修神之祠，兴国无穹！

祀事既毕，迟日弄晴，乌鹊噪野，瑞气郁蒸，若神之降格焉。噫！以公之莅官，行巳正直，不欺此心，默有合于神者，故依人而行也。太守公家世磁州，名显祖，字昭卿，妙龄以武举魁天下。命为修武郎，阁门秪侯，知延安府，极有政治。淳熙甲辰上元日，迪功郎靖州录事、参军兼司法福唐谢繇记。

奉敕守靖州等处地方右参将清平金章重刻，

时嘉靖丁酉夏五月谷旦

四 1992年重修碑记[①]

飞山庙，乃祭祀靖州古代少数民族首领杨再思之处所也。

杨再思生于唐咸通十年（869），五代初为“飞山蛮”酋长，结营飞山，号十峒首领，众奉为诚州刺史，称曰飞山太公。唐末，马殷初据湖南，口称楚王，派兵平服各民族峒寨，人民受戮诸多，难以抵挡。杨再思顺应时势，保护人民免遭杀戮，遂率“飞山蛮”兄弟民族，以其地归附于楚，被封为诚州刺史。其后，又以其十二子分镇湘、桂、滇、黔边境各地。五代之乱，天下多遭涂炭，唯诚州兵民囤聚，商贾出入，社会平静，人民安居。此皆杨再思之大功也。

因再思能团结各兄弟民族归顺朝廷，治国安邦，功名卓著。宋开宝中被追封为英惠侯；绍兴三十年（1160）封威远侯；淳熙十五年（1188）改封英济侯；嘉定十一年（1218）封广惠侯；淳祐九年（1249）封创远英惠侯。历代以来，湘、桂、滇、黔四省边境各族人民思其恩德，奉为神灵，普建飞山庙、飞山宫，成立太公会，设太公田。自宋初祭祀活动即已开始，清同治七年（1868）封旨列入祭奠，向列有司，具大牢祀之。于每年六月六日公之生辰，十月二十六日公之忌日，行典礼祭祀。

靖州之飞山庙，宋元丰年间始建于飞山绝顶之上。绍兴二十五年（1155）置于绝顶下，方广寺之左侧。后迁建于城西一里许原作新书院（现飞山中学）左侧至今。数百年来，因历史和自然之原因，庙宇已十分破败。门庭被拆，廊屋无存，墙桓坍塌，梁柱残损。为保护这一地方民族文物古迹，由文化局、民族事务委员会、飞山乡政府、飞山中学、飞山村等单位联合发起维修飞山庙之倡

① 该碑记现存于靖州飞山庙中。

议，成立维修领导小组，向社会各界广泛进行募捐；由维修领导小组、集资员、值班、工作员具体负责，运筹帷幄，内外联系，鸠工市料，掌握工程。维修工程于一九九二年九月动工，按照整旧如旧之原则，尊其旧制，重建山门、长廊、修复墙桓、过厅和大殿，对屋架之残损部分，全面检修更新，历一年零四个月而竣工。维修以后之飞山庙，庄严肃穆，古朴大方，庙堂面貌，焕然一新，使神灵有归，人民祭祀有所也。特立碑为记。

靖州飞山庙维修领导小组

撰稿：明泽桂　书写：龙书沛　石刻：李儒均、龙书沛

公元一九九四年岁次甲戌　季春　谷旦立

五　重修后殿碑记[①]

飞山庙是纪念五代时期少数民族英雄杨再思的祠庙，由山门、过厅、正殿、后殿四部分组成。由于历史和自然原因，庙宇损坏，破烂不堪，年久失修，岌岌可危。改革开放后，历届县委、县政府对飞山文化挖掘，整理、研究、传承、与飞山庙珍贵古籍的保护和飞山庙修缮工作高度重视，一九九二年五月，县委、县政府委托县文化局、县民族宗教事务委员会，飞山乡人民政府三单位牵头，与飞山村委会和群众代表组成维修领导小组，重建飞山庙山门、碑廊、过厅，全面维修了正厅殿。一九九六年九月，飞山庙被省人民政府公布为省级文物保护单位，后殿因县第三中学改建为教室，后又作为学生食堂，无法维修。二〇一二年九月，县委、县政府从结合国家教育本质改革和国家对保护历史文化古迹的实际要求出发，将教育资源整合出来的县第三中学生食堂暨飞山庙后殿归还给飞山

① 该碑记现存于靖州飞山庙中。

庙，同意广大群众的强烈要求，重建飞山庙后殿，公元二〇一二年九月，经报请上级文化、文物主管部门同意，通过县文广新局、县文物管理所，飞山庙众香友负责人杨长清及退休老干部储世松、李儒富等人的共同努力，在县直机关单位、工矿企业、社会团体和社会各界大力支持下，筹措资金二十余万元，按照“修旧如旧”的原则，于农历公元二〇一二年九月九日重建，静坐于此的飞山太公之父（辅国大将军）和母亲的神像，庄严肃穆，慈善佑人，飞山后殿的修建使飞山太公之父及其母亲神灵有归，后人所庇，人民所祭也。将立此碑为记。

撰稿：王义树、储世松。打字、刻字：科文广告，

石刻：侯治成

公元二〇一三年六月六日立

六　四八姑娘节的传说：同日双节特祭女英雄

——姑娘节和乌饭节的来历①

中国历史上著名的北宋“杨家将”，保家卫国，智勇善战，屡建奇功，满门忠烈，受到朝廷特建“无佞府”“天波楼”之特殊嘉奖等系列英雄故事，早已家喻户晓，享誉千年。其中，有两次“乌饭救英雄”的故事世代相传。

传说，北宋真宗咸平年间，枢密院使王钦和副使谢金吾狼狈为奸，暗通辽邦，十分嫉妒“杨家将”受此钦赐殊荣。遂设诡计蒙骗皇帝下旨拆毁天波楼。杨令婆佘太君无奈，急派小女杨瑛（称九妹）去三关告知六郎杨延昭。杨六郎为保钦赐殊荣，急忙安排防务后，连夜下关回京。不料，莽撞的猛将焦赞，暗地跟随六郎回

① 由靖州退休教师杨非然整理并撰写。

家，酒醉之后，闻知谢副使如此仗势欺压杨府，愤怒之极，遂独自夜闯谢府，将奸贼谢金吾及全家13口杀绝，大快人心！焦赞素来是好汉做事好汉当，为了不连累他人，在墙壁上留下血书谜名诗曰：“四水连家下水流，二先并立背峰头。明明写出真名姓，仔细参详莫浪求。”谢金吾的死党王钦闻报后，急奏真宗皇帝下旨，以“私下三关”罪名，捉拿六郎下狱；同时，以杀人罪逮捕焦赞。王钦趁机收买狱卒，以不给饭吃的毒辣手段，企图饿死六郎，并将杨家送去的饭菜也叫狱卒抢食一空。急得送饭的两个妹妹（即八姐杨琪、九妹杨瑛）愁断肝肠。忽然想起在老家摘杨桐叶（俗称乌饭叶）染泡茶为乌黑色的往事，推定用杨桐叶将糯米煮成乌黑色，可能骗过狱卒不敢吃，而且还能多保存几天不致馊臭。遂回家与母亲佘太君及众嫂商议，一致赞成快试。急忙找来杨桐叶几大捆，并配上少量香料制成乌饭（也叫黑饭），送往牢房。果然不出所料，狱卒见了，谁也不敢吃，甚至闻也不敢闻。六郎和焦赞才得餐餐吃饱，挽救了国家栋梁的生命，后来，八贤王及众忠臣齐心搭救，六郎和焦赞都躲过了这一劫难。不久，辽邦在王钦的暗通下，趁机再次兴兵来犯，吓得真宗皇帝不得不重新重用六郎，官复原职御敌。辽兵一见杨六郎重新挂帅，个个吓得屁滚尿流，丢盔弃甲，望风而逃。杨六郎官复原职那一天，正是夏历四月初八。为了庆贺和纪念英雄杨六郎战胜邪恶、官复原职、重上沙场、保境安民的大喜事件，也为了感恩、祭祀心灵手巧、智勇双全的杨门女将以乌饭救兄，保护了国家栋梁的历史功绩，民间不约而同地选定每年的四月初八作为节日相庆，团团寨寨，家家户户都煮乌饭祭祖、待客，已经出嫁的姑娘也都要赶回娘家吃乌饭。后来逐渐延伸为纪念、祭祀一切古代女英雄，以壮姑娘们的豪气。从此，便形成了极具民族风韵的“姑娘节”和“乌饭节”。

这种同日并行的两个佳节，最初只有杨家盛行。因为“杨家将”（包括“杨门女将”）保家卫国、保境安民的英雄业绩，不止当时杨姓人家受益，凡是宋朝子民，不论各民族各姓氏普遍受益，因而逐渐发展成为中华各民族各姓氏的共同节日。

无独有偶，时过四十余载，正值北宋仁宗庆历四年（1044），南蛮广源州侬智高聚众造反，大举进攻邕、横、贵等八州，仁宗皇帝闻报，急派枢密使狄青挂帅，杨家小将文广（即杨六郎之孙）为先锋，前往镇压。因狄帅轻敌，指挥失当，使先锋杨文广误中埋伏，遭绊马索绊倒被俘，押入柳州大牢。朝廷闻报，仁宗又派杨门女将穆桂英之女杨宣娘，又号杨葩姐，为征南统领，取道诚州，向“飞山蛮”首领兼知州杨通汉借款兵三千，前往柳州救援。初到时，统领宣娘乔装打扮成“飞山蛮”村姑，直奔柳州大牢探监，会见胞弟文广，得知其牢狱生活极苦，餐餐没得吃饱，体力大降，不堪战斗。宣娘遂采取祖辈的乌饭经验，回营制作乌饭，内藏肉食，天天送饭给文广调理身体，不几日便恢复了体力。随即暗约于四月初八，姐弟俩及援军里应外合，杀出柳州城，大败侬智高。后来，杨文广歼灭侬智高叛军，平定广西。遂因功留任广西钤辖及邕、宜知州。从此，南方姑娘节及乌饭节的内涵更加深刻丰富了。

相传，宋神宗在位时，杨宣娘又协助杨文广征服西番，智除八臂鬼王，荣封代国夫人。居家之后，非常思念诚州“飞山蛮”借兵营救杨文广，并剿灭侬智高之恩德，遂回访诚州“飞山蛮”谢恩。因留恋飞山、渠水等迷人美景，乐不思归，终老渠阳，葬渠水东岸鹭鹚江边之仙人坡，至今留有“杨葩姐之古墓”，年年享祭。是靖州苗族侗族自治县一著名古迹，也是周边“姑娘节”的祭祀活动中心。

七　八百年土司，百余名将帅[①]

各位领导、诸位专家学者、众位宗亲：

---

① 此系在贵州黔东南某杨氏代表在“靖州飞山文化研究会”成立大会上的讲话稿。

我们唐末杨再思氏族，从上世纪迄今，历十七年时间，以国家《二十五史》《资治通鉴》系列丛书和湘、黔、川、桂省府县志为依据。编纂出版了《杨再思氏族通志》共四卷，收录了1170多支大宗，约400多万人口。历史告诉我们思公之父居本祖籍陕西华阴，是唐朝文宗开成四年（839）由淮南（今扬州）丞任上调任叙州（今湖南黔阳）长史（土官）的，并随职定居其地，系祖国西南夷（湘西、黔东、川南、桂北）的苗侗之乡。已是朝廷“改流归土”的年代。因此，思公于懿宗咸通元年（860）生于侗乡。青年时以土人身份知叙州事。开平元年（907）朱温篡唐，自立后梁。公以遗臣奉唐“正朔”，使用“天佑”年号，始改叙州为“诚州”，续娶侗女潘氏、郑氏为妻，开始血缘融合。于后晋天福九年（944）公放权于诸子执掌军政，与诸洞洞长建设成富庶的诚州。至后周显德元年（954）仙逝于治所湖耳（贵州锦屏），葬上里平（贵州黎平）佳所长岭岗。

建隆元年（960）宋兴起，在军事统一中未犯诚州边界。其子正隆、正韬等兄弟感其恩德。见唐祚已终，于北宋太祖开宝八年（975）赴京朝贡，献诚州版图，被荫封正岩世系诚州刺史。并分封诸子孙为渠河、古州、潭阳、思州、金容金达、都匀定匀、水德江、大小铜仁等土知府。至元十七年（1280）元朝建立，改土府为宣抚、安抚、宣慰司辖各地长官司（县制）。洪武元年（1368）朱元璋建立明朝，因土司势力权重，时有“土官护土民，土民爱土官”的俗谚，朝廷采取先废后立的策略，至永乐十一年（1413）朝廷开始“改土归流”，借平定思南、思州田氏争地之乱，建立贵州行省，改宣慰司为府，复置“流官”执政。保留各地长官司建制。增设流官“吏目”一员，协同长官管理司事。到清世祖顺治元年（1644）入主中原，土官仍沿用明制不变。再思裔孙受封的32长官司依然承袭，自康熙中叶至乾隆朝开始改司为“县”，废除土司制度。

杨氏世袭土官八百多年，承传清白传家的四知德范，亲地爱民，在政治上有巩固的地位，在军事上有强大的发展空间，在学识上有丰富的优势，在经济上有优厚的基础，经过历代西迁，特别是人丁繁衍，枝繁叶茂，至今聚居西部八省市区 72 县市，在云南、贵州占全省第一，分别为 14% 和 8%。历代以来，再思氏族人文蔚启，在科举上人才辈出。收入本届通志“人物传记”的，自思公以下犹以武职著称，有名可数的将帅超过百人以上。在第二代九房中各有名臣武将，享誉盛名的有元代城步“杨家将”集体，从湖广起兵转战皖、浙、苏等省，逝挽元廷于既倒。明代大竹坪出了靖边的武职将领 32 员，监察御史杨乔然改杨氏宗祠为“杨氏官厅”，现在政府列为“省级文物保护单位”，《城步人物谱》作了系统的收录。今世纪 2008 年被湖南省和国家文化部命名为“中国南方杨家将文化艺术之乡”。最显著的是从清代道光二十年（1840）后的近代社会，在推翻封建，建立中华民国，开创中华人民共和国发生的革命运动中，都有再思裔孙作出重大贡献。他们是：道光二十年（1840）六月在鸦片战争中冲锋陷阵的一等果勇侯杨芳；光绪十一年（1885）在广西镇南关抗击法军入侵和光绪二十年（1894）中日甲午战争固守山东海防的总兵杨昌魁；民国元年（1912）在贵阳率贵州新军反正，推翻清政府在贵州的专制政权，首任贵州都督的中将杨荩诚……，他们为国家和民族作出重大贡献，为再思氏族树立了光辉典范，充分地显示他们齐家治国的高贵品质，是族人宝贵的精神财富，是家庭教育的必读课本，世代相传。

在今天的盛大会议上，仅以数言与众共勉。

2013 年 11 月 2 日于靖州

参考文献

一　正史

（唐）李延寿撰《南史》，中华书局简体字本，1999。

（元）脱脱等撰《宋史》，中华书局简体字本，1999。

（清）张廷玉等撰《明史》，中华书局简体字本，1999。

二　地方志

（宋）王象之：《舆地纪胜》，李勇先校点，四川大学出版社，2005。

（明）唐宗元：《靖州洪武志》，刻印本。

（清）祝钟贤修，李大翥纂（康熙）《靖州志》，康熙二十三年（1684）刻印本。

（清）鄂尔泰监修，靖道谟、杜诠撰（乾隆）《贵州通志》，乾隆六年（1741）刻印本。

（清）吕宣曾修，张开东纂（乾隆）《直隶靖州志》，乾隆辛巳（1761）刻印本。

（清）蔡宗建修，龚传坤纂（乾隆）《镇远府志》，乾隆刻本，1965年贵州省图书馆据南京图书馆复制油印本。

（清）郝大成修，王师泰等纂（乾隆）《开泰县志》，乾隆十七年（1752）刻本，1964年贵州省图书馆复制油印本。

（清）魏德畹等修（道光）《靖州直隶州志》，道光七年（1827）刻印本。

（清）金蓉镜修（光绪）《靖州乡土志》，光绪三十四年（1908）刻印本。

（清）吴启凤等修，唐际虞等纂（光绪）《靖州直隶州志》，光绪五年（1879）刻印本。

（清）俞渭修，陈瑜纂（光绪）《黎平府志》，光绪十八年（1892）黎平府志局刻本。

（清）《会同县志》，清光绪二年（1876）刊本影印，成文出版社有限公司。

（清）龙绍讷：（光绪）《亮川集》，黔东南州锦屏县志办编印，1993。

城步苗族自治县志编纂委员会：《城步县志》，湖南出版社，1996。

三江侗族自治县志编纂委员会：《三江侗族自治县志》，中央民族学院出版社，1992。

湖南省会同县志编纂委员会：《会同县志》，生活·读书·新知三联书店，1994。

锦屏县地方志编纂委员会：《锦屏县志 1991～2009》，方志出版社，2011。

锦屏县地方志编纂委员会：《锦屏县志》，贵州人民出版社，1995。

靖州苗族侗族自治县县志编纂委员会：《靖州县志》，生活·读书·新知三联书店，1994。

靖州苗族侗族自治县史志办：《直隶靖州志选粹》，中国文化出版社，2013。

黎平县志编纂委员会：《黎平县志》，巴蜀书社出版社，1989。

绥宁县志编纂委员会：《绥宁县志》，方志出版社，1997。

天柱县志编纂委员会：《天柱县志》，贵州人民出版社，1993。

通道侗族自治县县志编纂委员会：《通道县志》，民族出版社，1995。

新晃侗族自治县地方志编纂委员会：《新晃县志》，生活·读书·新知三联书店，1993。

三　民间文献

《蔡氏族谱》，会同县沙溪乡玩洞村蔡氏家藏，民国22年（1933）版。

《陈氏族谱》，靖州县甘棠镇寨姓陈氏家藏，清宣统三年（1911）版。

《陈氏合修族谱》，靖州县甘棠镇寨姓陈氏家藏，民国38年（1949）版。

《储氏族谱》，靖州县档案馆存，版本不详。

《李氏族谱》，绥宁县东山乡翁溪村李氏家藏，1986。

《林氏族谱》，靖州县甘棠镇寨姓林氏家藏，1990。

《林氏族谱》，会同县沙溪乡沙溪村林氏家藏，2007。

《龙氏宗谱》，绥宁县东山乡东山村龙氏家藏，清宣统元年（1909）版。

《龙氏族谱》，绥宁县东山乡东山村龙氏家藏，民国35年（1946）版。

《龙氏家谱》，重庆市大足区宝顶镇白羊坪修谱委员会编，2012。

《王氏族谱》，会同县沙溪乡玩洞村王氏家藏，1988。

《吴氏族谱》，绥宁县东山乡吴氏祠堂藏，清宣统二年（1910）版。

《杨氏族谱》，会同县沙溪乡沙溪村杨氏家藏，清光绪甲辰年

(1904) 版。

《杨氏族谱》，会同县沙溪乡沙溪村杨氏家藏，1988。

《杨氏宗谱：修款馆三公合谱》，绥宁县东山乡横山村杨氏家藏，1990。

《杨氏族谱》，靖州县飞山乡飞山村杨氏家藏，咸丰三年(1853) 版。

《杨氏族谱》，靖州县飞山乡飞山村杨氏家藏，1988。

《杨氏族谱》，会同县杨家渡湾杨氏家藏，版本不详。

《杨氏族谱》，会同县金子岩乡品溪村杨氏家藏，民国 2 年(1913) 版。

四　其他文献资料

宝鼎文化发展中心：《日出东山》，内部刊物，2011。

邓学奎：《封侯演义》，香港：中国文化出版社，2009。

侗族百年实录编委会：《侗族百年实录》上册，中国文史出版社，2000。

庚辰村寨志编纂委员会：《庚辰村寨志》，中国国际文艺出版社，2008。

贵阳市苗学研究会·贵阳市花溪区苗学会：《苗学研究文集一》，内部资料，2005。

贵州省侗学研究会：《侗族地区经济文化保护与旅游》，中国言实出版社，2011。

贵州省志民族志编委：《民族志资料汇编·侗族》第三集，内部刊印，1986。

湖南省少数民族古籍办公室：《中国少数民族古籍总目提要·湖南卷·苗族分卷》，内部刊印，2001。

湖南省少数民族古籍办公室：《侗款》，岳麓书社，1988。

湖南省地方志编纂委员会：《湖南省志·宗教志》，线装书局，2013。

湖南省苗学学会2011年年会暨学术研讨会：《论文汇编》，内部刊物，2011。

会同县概况编写组编《会同县概况》，民族出版社，2012。

会同县文史资料委员会、民族事务委员会：《会同文史资料》第3辑，内部刊印，1988。

锦屏县政协文史委：《锦屏文史》第1期，内部刊物，2010。

锦屏县民族宗教事务局：《锦屏县民族志》，内部资料，2006。

靖州苗族侗族自治县文化局：《靖州县文化志》，内部刊物，1993。

《2005年靖州飞山开发学术研讨会》，内部刊物，2005。

《2013年中国飞山文化旅游学术座谈会论文汇编》，内部刊物，2013。

靖州县政协学习文史委：《文论集·靖州政协2008～2012年》，内部刊物，2013。

靖州苗族侗族自治县概况修订本编写组：《靖州苗族侗族自治县概况（修订版）》，民族出版社，2009。

靖州苗族侗族自治县概况编写组：《靖州苗族侗族自治县概况》，湖南出版社，1991。

靖州苗族侗族自治县民族事务委员会：《靖州苗族侗族自治县民族志》，湖南人民出版社，1997。

陆大君：《飞山蛮演义（缩写版）》，文物出版社，2009。

李显福、梁先学主编《湖南苗族风情》，岳麓书社，2012。

黎平县民族事务委员会：《黎平县民族志》，贵州人民出版社，1989。

明敬群主编《靖州印象》，岭南旅游出版社，2012。

黔东南州文艺研究所：《苗侗文坛》第4期，1993。

黔东侗族丛书·侗学会：《黔东侗族正本清源》，作家出版社，2009。

黔东侗族丛书·侗学会：《黔东侗族民风民俗》，作家出版社，2009。

三穗县民族事务委员会：《三穗县民族志》，贵州人民出版社，1990。

石佳能、林良兵、吴文志主编《独坡八寨志》，中国戏剧出版社，2011。

通道侗族自治县民族宗教事务局：《通道侗族自治县民族志》，民族出版社，2004。

吴炳升、陆中午主编《信仰大观》，民族出版社，2003。

吴浩主编《中国侗族村寨文化》，民族出版社，2004。

吴万源：《湖南民族探秘》上卷，人民出版社，2011。

王宗勋、杨秀廷：《锦屏林业碑文选辑》，内部刊物，2005。

湘黔桂“一州两市”毗邻地区民族工作联谊会：《民族工作论文集》，内部刊物，2007。

杨再思氏族通志编辑部：《杨再思氏族通志》1～4卷，中国图书文献出版社，2012。

杨再思历史文化研究会、杨再思氏族通志编委会：《杨再思历史文化》共7册，2009～2013。

中共湖南省委宣传部：《书记谈文化》，红旗出版社，2012。

中国人民政治协商会议靖县委员会文史资料研究委员会：《靖州文史资料》第1、2辑，内部刊物，1984。

中国人民政治协商会议松桃苗族自治县委员会：《杨芳集》，内部刊物，2008。

政协天柱县委员会·文史资料办公室编《文史资料》第1辑，内部刊物，1983。

政协通道侗族自治县学习文史委员会编《通道文史》第7辑，

内部刊物，2010。

政协城步苗族自治县委员会：《城步人物谱》第1辑，内部刊物，2006。

政协靖州苗族侗族自治县委员会：《靖州人物》，内部刊物，2000。

张世珊、杨昌嗣：《侗族文化概论》，贵州人民出版社，1992。

朱卫平主编《五溪之神——杨再思历史文化研究》，海南出版社，2011。

曾昭柱：《会同县史稿》，内部刊物，1995。

五 中文研究论著

1. 专著

〔法〕爱弥尔·涂尔干：《宗教生活的基本形式》，渠东、汲喆译，商务印书馆，2011。

〔英〕埃文斯·普里查德：《努尔人：对尼罗河畔一个人群的生活方式和政治制度的描述》，褚建芳、赵旭东译，华夏出版社，2002。

〔英〕布罗尼斯拉夫·马林诺夫斯基：《西太平洋上的航海者》，张云江译，中国社会科学出版社，2009。

程维荣：《中国近代宗族制度》，学林出版社，2008。

〔美〕杜赞奇：《文化、权力与国家：1900～1942年的华北农村》，王福明译，江苏人民出版社，2010。

〔美〕戴维·斯沃茨：《文化与权力：布尔迪厄的社会学》，陶东风译，上海世纪出版集团，2012。

邓敏文、吴浩：《没有国王的王国——侗款研究》，中国社会科学出版社，1995。

费孝通：《江村经济》，商务印书馆，2006。

范正义：《保生大帝信仰与闽台社会》，福建人民出版社，2006。

黄应贵：《反景入深林——人类学的关照、理论与实践》，商务印书馆，2010。

〔美〕韩森：《变迁之神——南宋时期的民间信仰》，包伟民译，浙江人民出版社，1999。

贺喜：《亦神亦祖：粤西南信仰构建的社会史》，三联书店，2011。

金泽、陈进国主编《宗教人类学》第1辑，民族出版社，2009。

金泽：《中国民间信仰》，浙江教育出版社，1989。

科大卫：《皇帝与祖宗：华南的国家与宗族》，卜永坚译，江苏人民出版社，2009。

〔美〕克利福德·格尔兹：《文化的解释》，韩莉译，译林出版社，2008。

林耀华：《金翼：中国家族制度的社会学研究》，庄孔韶、林宗成译，三联书店，2008。

廖君湘：《南部侗族传统文化特点研究》，民族出版社，2007。

刘学洙：《贵州开发史话》，贵州人民出版社，2001。

刘志伟：《在国家与社会之间：明清广东地区里甲赋役制度与乡村社会》，中国人民大学出版社，2010。

复旦大学文史研究院：《“民间”何在，谁之信仰》，中华书局出版社，2009。

林国平、彭文宇：《福建民间信仰》，福建人民出版社，1993。

路遥等：《中国民间信仰研究述评》，上海人民出版社，2012。

〔美〕露丝·本尼迪克特：《文化模式》，王炜等译，社会科学文献出版社，2009。

刘复生：《西南史地与民族——以宋代为重心的考察》，巴蜀书社，2003。

麻国庆：《家与中国社会结构》，文物出版社，1999。

麻国庆：《永远的家：传统惯性与社会结合》，北京大学出版社，2009。

〔英〕莫里斯·弗里德曼：《中国东南的宗族组织》，刘晓春译，上海人民出版社，2000。

〔德〕尼克拉斯·卢曼：《权力》，瞿铁鹏译，世纪出版集团，2005。

〔法〕皮埃尔·布迪厄：《实践感》，蒋梓骅译，译林出版社，2003。

王建新主编《南岭走廊民族宗教研究——道教文化融合的视角》，宗教文化出版社，2012。

王健：《厉害相关——明清以来江南苏松地区民间信仰研究》，上海人民出版社，2010。

王铭铭：《社会人类学与中国研究》，广西师范大学出版社，2005。

王明珂：《华夏边缘：历史记忆与族群认同》，社会科学文献出版社，2006。

王明珂：《羌在汉族之间：川西羌族的历史人类学研究》，中华书局，2008。

王明珂：《英雄祖先与兄弟民族：根基历史的文本与情景》，中华书局，2009。

〔英〕王斯福：《帝国的隐喻：中国的民间宗教》，赵旭东译，江苏人民出版社，2009。

〔美〕韦思谛：《中国大众宗教》，陈仲丹译，江苏人民出版社，2006。

乌丙安：《中国民俗学》，辽宁大学出版社，1985。

吴泽霖、陈国钧：《贵州苗夷社会研究》，民族出版社，2004。

杨庆堃：《中国社会中的宗教》，金耀基、范丽珠译，上海人民出版社，2006。

游建西：《近代贵州苗族社会的文化变迁（1895～1945）》，贵州人民出版社，1997。

叶涛、周少明主编《民间信仰与区域社会：中国民间信仰研究论文选》，广西师范大学出版社，2010。

张应强：《木材之流动：清代清水江下游地区的市场、权力与社会》，三联书店，2006。

赵世瑜：《小历史与大历史：区域社会史的理念、方法与实践》，三联书店，2006。

赵旭东：《权力与公正》，天津古籍出版社，2003。

郑振满、陈春声主编《民间信仰与社会空间》，福建人民出版社，2003。

郑锐达：《移民、户籍与宗族：清代至民国期间江西袁州府地区研究》，三联书店，2009。

2. 论文

陈春声：《正统性、地方化与文化的创制——潮州民间神信仰的象征与历史意义》，《史学月刊》2001年第1期。

陈春声：《“正统”神明地方化与地域社会的建构——潮州地区双忠公崇拜的研究》，《韩山师范学院学报》2003年第2期。

陈春声：《信仰空间与社区历史的演变——以樟林的神庙系统为例》，《清史研究》1999年第2期。

陈春声：《明末东南沿海社会重建与乡绅之角色——以林大春与潮州双忠公信仰的关系为中心》，《中山大学学报》2002年第4期。

陈春声：《社神崇拜与社区地域关系——樟林三山国王的研究》，载《中山大学史学集刊》第2辑，广东人民出版社，1993。

陈建坡：《“‘民间信仰与中国社会’编纂研讨会”综述》，

《文史哲》2006年第1期。

曾昭柱：《历史上的诚徽州》，《怀化师专学报》1992年第4期。

杜树海：《中国文化的一统与多元何以达致？——中西学界有关神明“标准化”与仪式“正统行为”的争论》，《民俗研究》2013年第4期。

邓敏文：《从杨再思的族属看湘黔桂边界的民族关系》，《怀化师专学报》1994年第1期。

邓启耀：《田野观察的视野》，《民族艺术》2000年第3期。

丁中炎：《“飞山蛮”初探》，《贵州民族研究》1985年第3期。

范正义：《民间信仰研究的理论反思》，《东南学术》2007年第2期。

符平：《中国民间信仰研究的主体范式与社会学的超越》，《浙江社会科学》2007年第6期。

高丙中：《作为非物质文化遗产研究课题的民间信仰》，《江西社会科学》2007年第3期。

高丙中：《民间的仪式与国家的在场》，《北京大学学报》2001年第1期。

贾慧：《祖先·神庙·宗祠——湖南靖州杨氏宗族活动复兴研究》，中山大学人类学系硕士学位论文，2009年5月。

景军：《知识、组织与象征治本——中国北方两座孔庙之实地考察》，《社会学研究》1998年第1期。

科大卫，刘志伟：《“标准化”还是“正统化”？——从民间信仰与礼仪看中国文化的大一统》，《历史人类学学刊》第6卷第1、2期合刊，2008年10月。

李绍明：《从川黔边杨氏来源看侗族与土家族的历史关系》，《贵州民族研究》1990年第4期。

廖耀楠：《杨再思的史实及其族别初探》，《贵州民族研究》1983年第1期。

刘志伟：《神明的正统性与地方化——关于珠江三角洲地区白帝崇拜的一个解释》，载《中山大学史学集刊》第2辑，广东人民出版社，1994。

刘志伟：《宗族与地方社会的国家认同——明清华南地区宗族发展的意识形态基础》，载《中国社会文化史读本》，北京大学出版社，2011。

刘志伟：《大族阴影下的民间神祭祀：沙湾的北帝崇拜》，载《寺庙与民间文化》，台北：汉学研究中心，1995。

刘志伟：《传说、附会与历史真实：珠江三角洲族谱中宗族历史的叙事结构及其意义》，载《中国谱牒研究》，古籍出版社，1999。

刘志伟：《族谱与文化认同——广东族谱中的口述传统》，载《中华谱牒研究》，科学技术文献出版社，2000。

刘志伟：《祖先的世系与文化认同——关于明清时期广东地区家谱的几个问题》，载纪宝坤等编《族谱与海外华人移民研究》，新加坡华裔馆，2002。

刘志伟：《满天神佛：华南的神祇与俗世社会》，载香港城市大学中国文化中心编《岭南历史与社会》，香港：香港城市大学出版社，2003。

刘志伟：《地域社会与文化的结构过程——珠江三角洲的历史学与人类学对话》，《历史研究》2003年第1期。

刘志伟：《大洲岛的神庙与社区关系》，载郑振满，陈春声主编《民间信仰与社会空间》，福建人民出版社，2003。

马力：《羁縻诚、徽州考》，《民族研究》1991年第1期。

〔美〕苏堂栋：《明清时期的文化一体性、差异性与国家——对标准化与正统实践的讨论之延伸》，汤芸、张原译，《历史人类学学刊》第7卷第2期，2009年10月。

覃琮：《人类学语境中的“民间信仰与中国社会研究”》，《民俗研究》2012年第5期。

陶思炎、铃木岩弓：《论民间信仰的研究体系》，《世界宗教研究》1999年第1期。

王健：《近年来民间信仰问题研究的回顾与思考：社会史角度的考察》，《史学月刊》2005年第1期。

吴万源：《试论“飞山蛮”与侗族》，《贵州民族研究》1987年第2期。

王铭铭：《中国民间宗教：国外人类学研究综述》，《世界宗教研究》1996年第2期。

王守恩：《民间信仰研究的价值、成就与未来趋向》，《山西大学学报》2008年第5期。

吴真：《民间信仰研究三十年》，《民俗研究》2008年第4期。

谢国先：《试论杨再思其人及其信仰的形成》，《民族研究》2009年第2期。

肖群英：《祖先·神明·民族英雄——陈文龙崇拜与莆田玉湖陈氏家族的文化实践》，厦门大学人类学系硕士学位论文，2009。

袁乘风：《五代吕师周所破“飞山”不在徽州而在靖州——驳丁中炎“飞山蛮初探”》，《贵州民族研究》1990年第1期。

杨彦杰：《从祖先到神明：闽台“东峰公”崇拜之研究》，《客家研究辑刊》2010年第1期。

岳永逸：《乡村庙会传说与村落生活》，《宁夏社会科学》2003年第4期。

张佩国：《祖先与神明之间——清代绩溪司马墓“盗砍案”的历史民族志》，《中国社会科学》2011年第2期。

张佩国：《正统化、祭祀权与庙产之争——清末至民国初年杭州吴山汪王庙的两次重修》，《中国社会历史评论》第13卷，

2012。

钟国发：《20世纪中国关于汉族民间宗教与民俗信仰的研究综述》，《当代宗教研究》2004年第2期。

朱海滨：《民间信仰的地域性——以浙江胡则神为例》，《社会科学研究》2009年第4期。

张晓虹：《区域信仰的本土化与地方信仰的转型—基于清代陕南杨泗将军信仰的考察》，《陕西师范大学学报》2008年第6期。

张应强：《湘黔界邻地区飞山公信仰信仰的形成与流播》，《思想战线》2010年第6期。

张应强：《祖先与神明：湘黔交界地区的飞山公信仰》，载李东升、谢克铨、陆大君主编《飞山文化探析》，黄河出版社，2014。

张应强：《湘黔界邻地区飞山的飞山公信仰——一个基于田野和文献的考察报告》，载王建新主编《南岭走廊民族宗教研究——道教文化融合的视角》，宗教文化出版社，2012。

郑振满、陈春声：《国家意识与民间文化的传承——“民间信仰与社会空间”导言》，《开放时代》2001年第5期。

郑振满：《神庙祭奠与社区发展模式——莆田江口平原的例证》，《史林》1995年第1期。

六 外文研究论著

Arthrur Wolf, *Religion and Ritual in Chinese Society*, Stanford University Press, 1974.

Emily Martin Ahern, *Chinese Ritual and Politics*, Cambridge University Press, 1981.

Kenneth Dean, *Taoist ritual and Popular cults of Southeast China*, Princeton University Press, 1993.

David Faure & Ho Ts'ui-ping, *Chieftains into Ancestors: Imperial Expansion and Indigenous society in Southwest China*, University of British Columbia Press, 2013.

Donald S. Sutton, "Death Rites and Chinese Culture: Standardization and Variation in Ming and Qing Times," *Modern China*, 2007 (33): 125.

Donald S. Sutton, "Ritual, Cultural Standardization, and Orthopraxy in China: Reconsidering James L. Watson's Ideas," *Modern China*, 2007 (33): 3.

Kao Ya-ning, *Cheif, God, or National Hero? Representing Nong Zhigao in Chinese Ethnic Minority Society. Chieftains into Ancestors: Imperial Expansion and Indigenous society in Southwest China*, University of British Columbia Press, 2013.

Kenneth Pomeranz, "Orthopraxy, Orthodoxy, and the Goddess (es) of Taishan," *Modern China*, 2007 (33): 22.

Michael Szonyi, "Making Claims about Standardization and Orthopraxy in Late Imperial China: Rituals and Cults in the Fuzhou Region in Light of Watson's Theories," *Modern China*, 2007 (33): 47.

Melissa J. Brown, "Ethnic Identity, Cultural Variation, and Processes of Change: Rethinking the Insights of Standardization and Orthopraxy," *Modern China*, 2007 (33): 91.

Paul R. Katz, "Orthopraxy and Heteropraxy beyond the State: Standardizing Ritual in Chinese Society," *Modern China*, 2007 (33): 72.

后　记

本书是在我的博士学位论文基础上略加修改而成的。本人有幸于 2012 年进入中山大学社会学与人类学学院人类学系攻读博士学位，并在张应强教授的指导下研习民族文化发展与研究。在康乐园度过了三个充实而愉快的春秋，于 2015 年顺利完成学业并获得博士学位。

首先要感谢我的导师张应强教授。恩师知识渊博、治学严谨、学术造诣深，为人谦虚，又践行宽厚仁和的待人之道，令人钦佩。本书从选题、田野调查，到写作成文都是在恩师的悉心指导下完成的。对于资质平平的我，恩师从未批评过，而是通过各种方式给予鼓励与支持，他不辞辛苦，在百忙之中曾多次前往我的田野点给予悉心指导与帮助，这也是我能完成学业及本书的最大动力。能成为恩师的弟子，三生有幸，正如我田野点的诸多朋友在与恩师接触后的评价：有这样的导师真好。

我还要深深感谢王建新教授，能有机会进入马丁堂学习，王老师给予了我诸多无私帮助。王老师理论视野开阔、学术造诣深，为我辈所敬仰，同时对晚辈的厚爱我也将铭记于心。而回顾在人类学系学习的三年时间，麻国庆教授、刘昭瑞教授、张振江教授、刘志杨教授、何国强教授、周大鸣教授、邓启耀教授等老师的言传身教，让我对人类学、民族学有了进一步的理解。也非常感谢在论文开题及答辩过程中提出诸多宝贵意见的四川大学石硕教授、南京大学范可教授、云南大学何明教授等。

同门情深，深有感触。本书能顺利完成，得到了与我同时进入张门的刘彦、区锦联以及台文泽、谢景连、孙旭等师兄和王彦芸、党云倩等师姐的指导与帮助，并得到王健、吴声军、王君、王勤美、聂羽彤、董秀敏、宋靖野、吴晓美、王慧、周凯、胡蕊纯等众师弟师妹的帮助。尤其是台兄为本著作框架、写作思路提供了诸多建设性意见，在此对同门深表感谢。

在中大校园中，最为难忘的是那些曾一起走过、共经患难的好友们。聚餐、闲聊、逗乐、喝酒，为读博的岁月增加了灿烂的笑容，同时也是书稿写作遭遇困惑之时最好的调节方式。这些好友诸如王晓、罗波、桂华姐、襄姐、建芳姐、何春、拉马兄等，同学邵峰、尚文鹏、童莹、王思亓、詹虚致、廖子宜、赵斯羽、温士贤、牛冬等也给予了诸多学习、生活上的帮助，一并谢过。

在此还应特别感谢徐祖祥教授。对我来说，徐老师既是严师又是朋友，是他引导我走上学术的道路，坚定了我继续攻读博士学位的信念。在书稿的写作及其他方面都给予了我很大的帮助，在此表达诚挚的谢意。

书稿写作期间，每每想起田野调查期间的场景，都有些激动而难以入眠。靖州县政协文史委李东升主任、民委吴才政主任、文化局副局长陆大君等在关注我调研的同时也关心着我的生活。以龙局长、龙书记等为代表的靖州民委、政协、文化局等相关部门同志都为我的田野调查提供了最大的帮助。靖州县二中退休教师杨非然老师为我提供了许多具有价值的资料。当我在该区域进行田野调查时，还得到了通道县民委的帮助，并赠送我近二十本地方文化研究图书；广西三江县民委老吴主任亲自陪同我走访了独洞乡等地的田野点并提供了一些相关书籍；绥宁县民委叶副局长作为中大人类学系毕业的师姐，为我提供了诸多帮助；黎平县政协、旅游局，会同、东山等乡镇的政府部门为我提供了田野调查中的食宿等诸多方面帮助；怀化市人大常委蒙汉副主任（兼溆浦县委书记）在百忙之中陪同并指导我在溆浦县的田野调查，给了我许多宝贵的研究意见。还有许多相关的政府部门和地方人士给我提供了无私的帮助，在此一并感谢。

无法忘记靖州飞山庙中诸位慈祥的老人，他（她）们一边为我讲述着飞山爷爷的事情一边因虔诚信奉而不断忙碌着举行各种祭祀仪式。作为庙中实际管理人员的退休干部储世松老人、杨长清老人，为我提供了许多有价值的资料，每次庙中举行仪式或者召开会议都会邀请我参加，每次到饭点都挽留我和他们同吃斋饭，他们已把我当成了飞山庙中的一分子。而不同空间场景下，不同族群的飞山公信仰实践者们，都乐于讲述他（她）们所知道的飞山公神明，也正是他们的信仰实践，构成了本书的主体内容。

再次感谢所有帮助过我的人，特别要感谢勤劳、淳朴、善良的家人们对我的包容与支持，并深切缅怀远去的兄弟。

飞山公信仰是该区域社会侗、苗等族群长时间基于地方生活实践下的文化创造与实践，由于深入区域社会的时间较短，我作为外来的他者对该地方社会的理解不够深入，再加上本人学识有限及对师友的研究建议领悟不够，因此，拙著尚存在诸多问题，希望在未来的研究生涯中能进行相应弥补。

图书在版编目（CIP）数据

人神之间：湘黔桂界邻地区飞山公信仰研究 / 罗兆均著. -- 北京：社会科学文献出版社，2019.8
（清水江研究丛书）
ISBN 978 - 7 - 5201 - 3243 - 5

Ⅰ. ①人… Ⅱ. ①罗… Ⅲ. ①神 - 信仰 - 研究 - 中国 Ⅳ. ①B933

中国版本图书馆 CIP 数据核字（2018）第 179698 号

清水江研究丛书
人神之间：湘黔桂界邻地区飞山公信仰研究

著　　者 / 罗兆均

出 版 人 / 谢寿光
责任编辑 / 李期耀
文稿编辑 / 杨鑫磊

出　　版 / 社会科学文献出版社 · 历史学分社（010）59367256
地址：北京市北三环中路甲 29 号院华龙大厦　邮编：100029
网址：www.ssap.com.cn
发　　行 / 市场营销中心（010）59367081　59367083
印　　装 / 三河市龙林印务有限公司

规　　格 / 开 本：787mm × 1092mm　1/16
印 张：22.25　字 数：296 千字
版　　次 / 2019 年 8 月第 1 版　2019 年 8 月第 1 次印刷
书　　号 / ISBN 978 - 7 - 5201 - 3243 - 5
定　　价 / 128.00 元

本书如有印装质量问题，请与读者服务中心（010 - 59367028）联系